U0910267

ZHONGDENG ZHIYE XUEXIAO
QICHE LEI ZHUANYE GUIHUA JIAOCAI

汽车电工电子

主　编　刘　军　曾有为　陈　彬

副主编　赖　霞　石英俊　欧汉福
　　　　李禄尧

主　审　陈　刚

参　编　陈果真　郑雪峰　饶　慧
　　　　江红珩　刘元洪

西南师范大学出版社
国家一级出版社　全国百佳图书出版单位

图书在版编目(CIP)数据

汽车电工电子 / 刘军, 曾有为, 陈彬主编. — 重庆:
西南师范大学出版社, 2018.3(2022.1重印)
ISBN 978-7-5621-8845-2

Ⅰ. ①汽… Ⅱ. ①刘… ②曾… ③陈… Ⅲ. ①汽车—
电工—中等专业学校—教材②汽车—电子技术—中等专业
学校—教材 Ⅳ. ①U463.6

中国版本图书馆CIP数据核字(2018)第035180号

汽车电工电子

QICHE DIANGONG DIANZI

主　　编:刘　军　曾有为　陈　彬
主　　审:陈　刚

策　　划: 刘春卉　杨景罡
责任编辑: 曾　文
封面设计: 杨　涵
出版发行: 西南师范大学出版社
(重庆·北碚　邮编:400715
网址:http://www.xscbs.com)
印　　刷: 重庆华林天美印务有限公司
幅面尺寸: 185mm×260mm
印　　张: 13.5
字　　数: 346千字
版　　次: 2018年3月 第1版
印　　次: 2022年1月 第2次
书　　号: ISBN 978-7-5621-8845-2

定　　价: 35.00元

尊敬的读者,感谢您使用西师版教材! 如对本书有任何建议或要求,请发送邮件至xszjfs@126.com。

编委会

序言 XUYAN

随着我国经济发展和产业结构的调整，职业教育越来越凸现出其重要性，大力发展职业教育是当今举国之策，重庆市在这大背景下，下发了《中共重庆市委重庆市人民政府关于大力发展职业技术教育的决定》(渝委发〔2012〕11号)文件。该文件对培养现代制造业、现代服务业的高素质技能型紧缺人才的现代职业教育的发展起到了很大的政策支撑和引领作用。

由于汽车产业的快速发展，尤其是现代汽车新技术、新工艺的广泛应用，对汽车制造和汽车后市场人才的要求越来越高。然而，目前许多中职学校汽车运用与维修专业的办学软硬件设施还没有和市场真正接轨，没有适合学生的职业发展规律，更没有结合学校自身的实际情况。最为突出的是在专业教学方面，存在课程体系不合理、教学内容陈旧、教学方法落后等问题，完全不能满足现代汽车产业岗位职业能力培养的需求。

为了更好地满足中等职业学校汽车类专业的教学要求，体现职业教育特色，促进汽车专业人才的培养，我们一线教师和行业专家在广泛调研和深入实践的基础上，按“项目引领、任务驱动”的最新教学理念编写了这套中等职业学校汽车类专业教材。本系列教材共计17本，分别为《汽车文化》《汽车维修机械基础》《汽车维修基本技能》《汽车发动机基础维修》《汽车底盘基础维修》《汽车电气设备构造与维修》《汽车发动机电控系统检修》《汽车底盘电控技术》《汽车电工电子》《汽车车身电控技术》《汽车故障诊断与排除》《汽车维护与保养》《汽车美容与装饰》《汽车车身修复》《汽车维修涂装技术》《汽车评估》《洗车中级技能培训》。

本套教材是以市场人才需求为导向，围绕学生职业能力培养，结合中职学生职业教育规律进行编写的。其主要特点如下:

1．根据学生岗位职业和发展，教材体系体现了“宽、专、精”三个不同层面的内涵。提炼、整合了传统专业基础课程，拓宽专业基础知识、技能的实用性，满足不同岗位的需要；针对不同工种的工作需求，编写了不同工种的专门化核心专业课程；依据“知识够用、技能实用”原则，精细打造课程，实现与实际岗位工作任务无缝对接。

2. 专业课程体例是按“任务驱动的‘理实一体化’”模式编写的，体现了以完成工作任务为目的、以应用为中心的职业技能教育特点，实施了“学中做，做中学”的理论与实践相结合的教学理念。

3. 课程内容满足专业能力培养的需要。坚持“必需、够用”的原则，内容严谨、容量适宜、难易得当。

4. 结合了汽车行业职业技能考核的要求，注重培养“双证”技能型人才。

5. 注重学生职业道德与情感的培养，树立安全和环保的意识。

本套教材是在充分调研和深入实践的情况下，在重庆市多所职业学校和相关高校的一线专业课教师、“双师型”教师共同参与下研发、编写而成。这将更能体现其在实际教学中的适用性和地方特色，满足中职学校汽车运用与维修专业的人才培养要求，从而推动地方职业教育的教学改革，为我国汽车产业发展发挥积极的作用。

前言

QIANYAN

根据《重庆市高技能人才队伍建设中长期规划(2010—2020年)》,组织汽车企业技能师及学校教师共同编写了《汽车电工电子》这本教材,以改善汽车专业课教学,提高学生的知识水平与动手能力。

本书借鉴国际先进的职业教学理念,突出“项目为载体,任务来驱动,活动以实施”的原则,本着“实用、适用、够用”的编写思想,结合“通俗、简要、可操作”的编写风格,从而着力培养企业要求的、能够直接从事实际工作并解决具体问题的、具有良好职业素养的汽车制造与检修高技能型人才。

本书取材广泛,内容难易适中,图文并茂,符合当前汽车检修行业发展步伐。学习项目内容由浅入深逐层展开,每个项目选自汽车电工电子中最具代表性的科目。教学内容以任务目标、任务描述、知识准备、任务实施、任务检测、评价与反馈、教师评估等展开。

实际教学中,教师与学生可以充分利用现代化的教学资源,选择灵活的开放式教学活动和丰富多样的教学手段,以达到教学目的。学生还可以通过小组讨论、现场模拟、案例分析、声像教学、互动式、叙述式等方法进行教学互动。本书注意知识与技能并重,通过各种形式的技能鉴定方法,使学习者达到能力标准的要求,这充分体现了“以学习者为中心”的现代职业教育思想。同时,各个任务将渐进性鉴定与终结性鉴定相结合,这样,有利于学习者及时知道自己的学习情况,以提高学习者的学习兴趣与自信心,有利于提高教学质量。

本书共分7个项目,20个任务,参考学时120学时。

本书可以作为中等职业学校汽车类专业教学培训的师生用书,汽车检修行业中高级工、技师及相关企业员工的专业培训教材,汽车爱好者的参考用书,也可作为下岗职工、农民工技能培训(中高级工)的教材。

本书由重庆市工贸高级技工学校刘军、重庆五一高级技工学校曾有为、重庆市巴南区职业教育中心陈彬担任主编,重庆市机械高级技工学校赖霞、重庆市北碚区职业教育中心石英俊,重庆市工贸高级技工学校欧汉福和李禄尧担任副主编。具体的编写分工如下:项目一、三由刘军、赖霞、石英俊编写;项目二由曾有为、陈果真、郑雪峰编写;项目四、六由刘军、李禄尧、饶慧和重庆市工业学校江红珩编写;项目五、七由欧汉福、刘元洪编写。全书由重庆市工业学校陈刚主审。

由于编者水平有限,书中不妥之处难免有之,恳请读者及同行批评、指正。

目　录

项目一　安全用电

任务一　安全用电的基本知识

【任务目标】

目标类型	目标要求
知识目标	(1)能了解触电的原因 (2)能知道人体的安全电压和电流 (3)能识读安全标志
技能目标	(1)会电火灾的预防 (2)能正确、安全地用电
情感目标	(1)增强安全用电意识 (2)养成良好的用电习惯

【任务描述】

电与我们生产生活息息相关,我们生活在一个离不开电的世界里,电给我们带来便利的同时,如果对它使用不当也能给我们带来危险和伤害。由于用电不当引起的安全事故给我们带来了惨痛的教训,我们身边的生活、学习场所是否存在安全隐患,我们平日的用电习惯真的安全吗?下面就让我们来学习如何安全用电。

【知识准备】

一、触电与安全电压

人体是导体,当人体触及或者靠近带电体时,有一定电流通过人体,引起伤害,这就是触电。

想一想:

(1)用手分别触摸一节干电池的正负极为什么没有发生触电事故?

(2)在什么情况下会发生触电事故?

(3)触电会有哪些伤害?

(一)触电对人体的伤害

触电对人体的伤害可分为电击和电伤两种类型。电击是指电流通过人体时,破坏人的心脏、神经系统、肺部等的正常工作而造成的伤害。它可能使肌肉抽搐、内部组织损伤,造成发热、发麻等,甚至引起昏迷、窒息、心脏停止跳动而死亡。大部分触电死亡事例是由电击造成的。人体触及带电的导线、漏电设备的外壳或其他带电体,以及由于雷击或电容放电,都可能导致电击。

电伤一般是指由于电流的热效应、化学效应和机械效应对人体外部造成的局部伤害,如电弧伤、电灼伤等。

(二)影响人体对电的承受能力的因素

电流是造成电击伤害的主要因素,人体对电的承受能力与以下因素有关。

(1)电流的种类和频率。工频电流(50 Hz的交流电流)的危害要大于直流电流。

(2)电流的大小和通电时间的长短。电流越大,通电时间越长越危险。人体对电流的反应见表1-1-1。

(3)通过人体的电流路径。电流通过人的脑部和心脏时最为危险。

(4)电压的高低。电压越高越危险。

(5)人的身体状况。

表1-1-1　人体对电流的反应

电流/mA	交流电	直流电
0.6 ~ 1.5	手指开始感觉发麻、刺痛	无感觉
2 ~ 3	手指感觉强烈发麻、刺痛	无感觉
5 ~ 7	手指感觉肌肉痉挛	感到灼热和刺痛
8 ~ 10	手指关节与手掌感觉痛,手已难于脱离电源,但仍能脱离电源	灼热增加
20 ~ 25	手指感觉剧痛,迅速麻痹,不能摆脱电源,呼吸困难	灼热感更强,手的肌肉开始痉挛
50 ~ 80	呼吸麻痹,心室开始震颤	强烈灼痛,手的肌肉痉挛,呼吸困难
90 ~ 100	呼吸麻痹,持续3 s或更长时间后心脏停搏	呼吸麻痹
500以上	延续1 s以上有死亡危险	呼吸麻痹,心室震颤,停止跳动

注:表中电流区间只是选取部分列举,以示说明。

(三)触电种类

人体触电的方式主要有单相触电、两相触电、跨步电压触电和电弧触电等,此处着重介绍前三种触电方式。

1.**单相触电**

单个相线之间的触电，当人体直接或者间接接触一根相线（火线），电流通过人体到零线或到地的触电方式，如图 1-1-1 所示。

图 1-1-1 单相触电

2.**两相触电**

人体同时接触两根相线的触电方式，如图 1-1-2 所示。

图 1-1-2 两相触电

3.**跨步电压触电**

在高压线接触的地面附近，产生了环形的电场。人踩到电压不同的两点时引起的触电，如图 1-1-3 所示。

图 1-1-3 跨步电压触电

(四)安全电压

我国安全电压额定值的等级为42 V、36 V、24 V、12 V和6 V,应根据作业场所、操作员条件、使用方式、供电方式、线路状况等因素选用。凡手提照明灯,危险环境和特别危险环境的携带式电动工具,一般采用42 V或36 V安全电压;凡金属容器内、隧道内、矿井内等工作地点狭窄、行动不便,以及周围有大面积接地导体的环境,应采用24 V或12 V安全电压;除上述条件外,特别潮湿的环境采用6 V安全电压。

通常情况下,不高于36 V的电压对人是安全的,称为安全电压。

想一想:

鸟儿落在电线上为什么不会触电?如图1-1-4所示。

图1-1-4　小鸟站在电线上

二、防止触电的技术措施

(一)绝缘

绝缘指的是用绝缘材料把带电体封闭起来。瓷、玻璃、云母、橡胶、木材、胶木、塑料、布、纸和矿物油等都是常用的绝缘材料。

应当注意:很多绝缘材料受潮后或在强电场作用下会遭到破坏,丧失绝缘性能。

(二)屏护

屏护是采用遮拦、护罩、护盖、箱匣等把带电体同外界隔绝开来,是用来防止直接触电的措施。例如,铁壳开关、磁力起动器、电动机的金属外壳,在公共场所的变配电装置都要设遮拦作为屏护。

电器开关的可动部分一般不能使用绝缘,而需要屏护。高压设备不论是否有绝缘,均应采取屏护。

(三)间距

间距是保证人体与带电体之间的安全距离,防止人体无意地接触或过分接近带电体。安全距离的大小由电压的高低决定,见表1-1-2。

间距除用来防止触及或过分接近带电体外,还能起到防止火灾、防止混线、方便操作的作用。在低压工作中,最小检修距离不应小于0.1 m。

表1-1-2 人体与带电体间的最小距离

电压等级/kV	安全距离/m	
	无遮拦	有遮拦
1及以下	0.10	—
10	0.70	0.35
35	1.00	0.60
110	1.50	1.50
220	3.00	3.00

(四)接地

如果电气设备外壳采用了接地,人体接触到带电外壳时,接地电阻与人体电阻呈并联关系,由于人体电阻远大于接地电阻,所以通过人体的电流很小,避免了触电危险。

三、电火灾

城市里用电引起的火灾已经成为火灾的主要原因之一。电火灾的原因主要有:短路引起的电火灾、过载引起的电火灾、接触不良引起的电火灾、假冒伪劣产品引起的电火灾、雷电引起的电火灾等。

(一)短路引起的火灾

短路是电气设备最严重的事故之一。根据焦耳定律($Q=I^2Rt$)可看出,发热量(Q)与电流的平方(I^2)成正比,也就是说,当短路发生后电流将成倍数上升,瞬间将在导线上产生大量的热量,最终引起线路绝缘材料起火,引燃附近的可燃易燃物,从而造成电火灾。

预防短路事故的措施:(1)严格检查线路敷设是否符合规范要求,如电缆(线)的选型、漏电保护器及熔断器的规格型号是否正确;(2)定期测量线路的绝缘电阻值,如测得数值低于规范要求的最低标准值,应尽快修复,直至绝缘电阻值合格为止。

(二)过载引起的电火灾

所谓过载是指电气设备或导线的功率和电流超过了其额定值。电气设备或导线过载后发生过热现象,引燃自身和周围物体。

预防导线过载的措施:(1)严格按设计标准及规范要求施工,发现过热或异味应及时采取降低负荷及停电措施;(2)严格照设备容量来选择导线,自动空气开关动作整定电流选定为1.5倍额定电流;(3)每一回路不允许带过多的用电设备。

(三)接触不良引起的火灾

如果是开关插座接触不良,就会烧毁开关插座;如果是电线接头接触不良,就会导致电线起火;如果是电器本身接触不良,就会烧坏电器。

预防措施:(1)发现接头处过热或有异味要立即停电处理,对接头处产生的不良导体氧化膜要及时清除;(2)新使用的电气设备或在震动环境下使用的电气设备,要注意检查其电接触的紧固件的紧固是否牢靠。

【任务实施】

一、操作名称

汽车实训车间安全用电检查。

二、器材(场地)准备

实训车间。

三、操作步骤

1.检查不安全的用电行为

(1)是否使用了绝缘层已经损坏的电器,如图1-1-9所示。

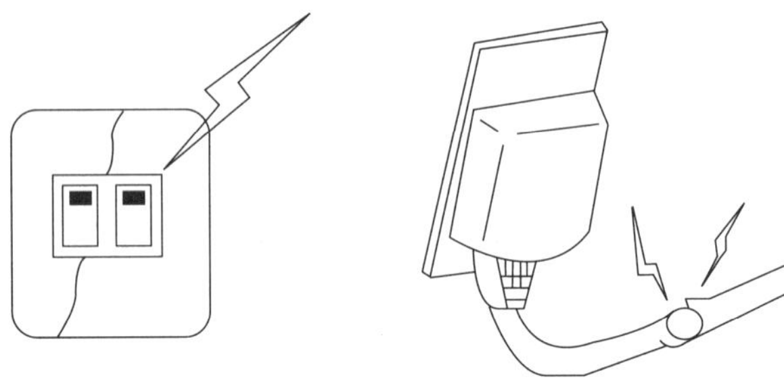

图1-1-9　绝缘层损坏

(2)是否有私拉乱接的情况。

(3)插座上是否接了功率过大的电器,如图1-1-10所示。

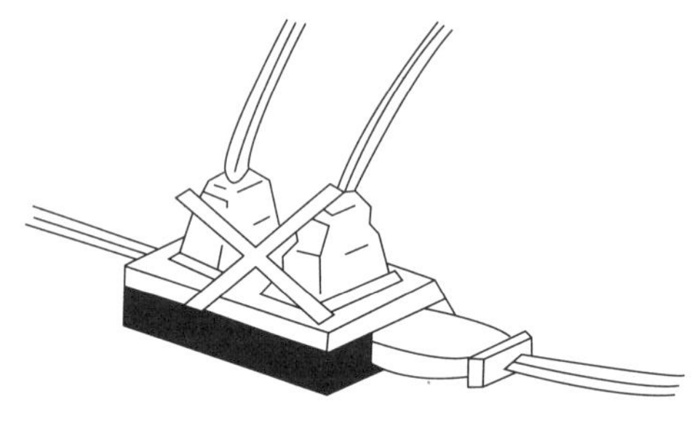

图1-1-10　插座上接多个大功率电器

(4)检查使用手持电动工具的安全行为。

(5)使用移动手持电动工具时要先断电,严禁以拽拉电缆的方式移动工具。

(6)电气设备异常检查时,要先切断电源才能详细检查。

想一想:

(1)如遇发生电器火灾,第一步做什么?

(2)电器火灾不能用水灭火,为什么?

2.试电

试电笔试电，正确使用试电笔判断相线，如图1-1-11所示。

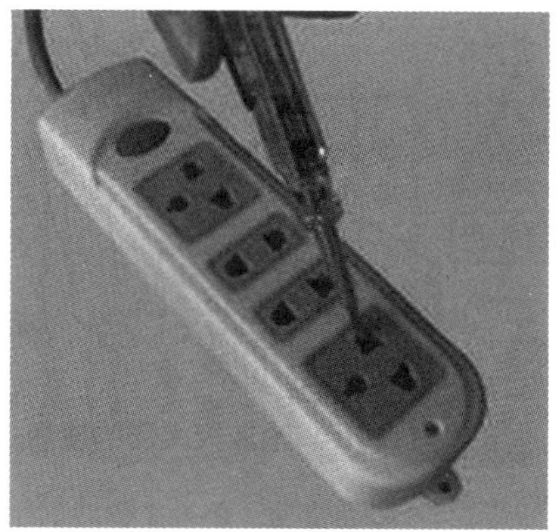

图1-1-11 试电笔试电

【任务拓展】

一、灭火器及使用

(一)灭火器的外形、分类

常见的灭火器主要有泡沫灭火器、二氧化碳灭火器、干粉灭火器、1211灭火器和水基灭火器，其外形如图1-1-5所示。

泡沫灭火器　二氧化碳灭火器　干粉灭火器　1211灭火器　水基灭火器

图1-1-5 常见灭火器的外形

(二)常见灭火器的使用

此处主要介绍干粉灭火器、泡沫灭火器和二氧化碳灭火器的使用。

1.干粉灭火器的使用

将灭火器提到距火源适当位置后，先上下颠倒几次，使筒内的干粉松动，然后让喷嘴对准燃烧最猛烈处，拔去保险销，压下压把，灭火剂便会喷出灭火。

2.泡沫灭火器的使用

(1)右手握着压把，左手托着灭火器底部，轻轻地取下灭火器，右手提着灭火器到现场。右手捂住喷嘴，左手执筒底边缘，把灭火器颠倒过来呈竖直状态，用力上下晃动几下，然后放开喷嘴。

(2)如图1-1-6，右手抓筒耳，左手抓筒底边缘，把喷嘴朝向燃烧区，站在离火源8 m的地方喷射，并不断前进，兜围着火焰喷射。灭火后，把灭火器卧放在地上，喷嘴朝下。

二、判断题

1. 两相触电比单相触电更危险。 ( )

2. 0.06 A电流很小，不足以致命。 ( )

3. 因为零线比火线安全，所以开关大都安装在零线上。 ( )

4. 在任何环境下，36 V都是安全电压。 ( )

5. 交流电比同等强度的直流电更危险。 ( )

三、选择题

1. 下列图示，三孔插座（正向面对）安装接线正确的是( )。

A. 

B. 

C. 

D. 

2.在进行检修工作时，凡一经合闸就可送电到工作地点的断路器和隔离开关的操作手把上应悬挂( )标志。

A.止步，高压危险！

B.禁止合闸，有人工作！

C.禁止攀登，高压危险！

3.电气灭火在断电前不可选择( )灭火。

A.二氧化碳灭火器　　B.泡沫灭火器

C.1211灭火器　　D.干粉灭火器

4. 下列关于决定触电伤害程度的因素，描述错误的是( )。

A. 与触电电流的大小、频率有关

B. 与触电时间的长短有关

C. 与电流通过人体的途径有关

D. 与触电者的年龄和健康状况无关

5. 在下列电流路径中，对人体危险性最小的是( )。

A. 左手—前胸　　B. 左手—双脚

C. 左脚—右脚　　D. 左手—右手

四、案例分析题

某市电机厂停电整修厂房，并悬挂了“禁止合闸！”的标示牌。但组长甲为移动行车便擅自合闸，此时在扶梯上的乙正在维修电器，引起触电。当组长甲发现并立即切断电源时，乙已经从3.4 m高处摔下，经抢救无效于当夜死亡。

根据学过的安全知识，试分析此事故发生的原因有哪些。

【评价与反馈】

序号	考核项目	分值	考核内容	配分	考核标准	得分
1	出勤、纪律	5分	出勤	2分	违规一次不得分	
			行为规范	3分	违规一次不得分	
2	安全、防护、环保	20分	着装	2分	违规一次不得分	
			个人防护	3分	违规一次不得分	
			“5S”“EHS”	5分	违规一次不得分	
			设备使用安全	5分	违规一次不得分	
			操作安全	5分	违规一次不得分	
3	任务检测	20分	任务测验成绩	20分	测验成绩的20%计	
4	技能考核	35分	技能测验成绩	35分	测验成绩的35%计	
5	学习能力	10分	工艺计划制订	4分	未做不得分	
			组内活动情况	5分	酌情扣分	
			资料查阅和收集	1分	未做不得分	
6	任务拓展	10分	知识拓展任务	2分	未做不得分	
			技能拓展任务	8分	未做不得分	
总分		100分				

【教师评估】

序号	优点	存在问题	解决方案
教师签字：			

【学习后记】

任务二　触电现场的抢救

【任务目标】

目标类型	目标要求
知识目标	(1)能理解触电急救的意义 (2)能掌握人工呼吸法的要领 (3)能掌握人工胸外挤压心脏法的要领
技能目标	(1)会触电急救的方法 (2)会触电现场的处理
情感目标	提高运用知识解决问题的能力

【任务描述】

我们生活在一个电的世界里，如果发生触电事故，该如何处理？触电的人员该如何救助？如果处理得当会挽救别人的生命，如果处理不当可能会酿成更大的悲剧。

进行触电急救是分秒必争的事，在医务人员未接替救治前，我们该如何处理？下面就让我们进入触电处理的学习。

【知识准备】

一、触电急救的处理原则

触电急救指的是对触电人员实施的现场抢救。人体触电后，常会出现心脏停搏、呼吸停止、失去知觉的现象。实践证明，由于电流对人体作用的能量较小，多数情况下不会对内脏器官造成严重的器质性损坏，所以这时人不是真正的死亡，而是一种“假死”状态。如果能够进行及时、正确的急救，绝大多数触电者是可以“死”而复生的。

想一想：

如图1-2-1，如果有人触电可以用手直接去拽拉触电人吗？

图1-2-1　错误触电处理措施

(一)迅速脱离(切断)电源

触电急救的关键就是要迅速脱离(切断)电源。一方面,通电时间越长,触电者身体流经的电流越多,对人体的伤害越重;另一方面,从救护人员的安全考虑,除非万不得已,我们不能带电抢救,否则可能造成触电事故的扩大。

脱离(切断)电源的具体方法,如图1-2-2所示,可用"拉""切""挑""拽""垫"五字来概括。

(1)拉。就近拉开电源开关,使电源断开。

(2)切。指用带有可靠绝缘柄的电工钳、锹、镐、刀、斧等利器将电源切断,切断时应注意防止带电导线断落碰触周围人。

(3)挑。如果导线搭落在触电者身上或压在身下,可用干燥的木棒、竹竿将导线挑开。

(4)拽。指救护人戴上手套或在手上包缠干燥的衣物等绝缘物品拖拽触电者脱离电源。

(5)垫。指如果触电人由于痉挛而手指紧握导线或导线绕在身上,这时可先用干燥的木板或橡胶绝缘垫塞进触电人身下使其与大地绝缘,隔断电源的通路。

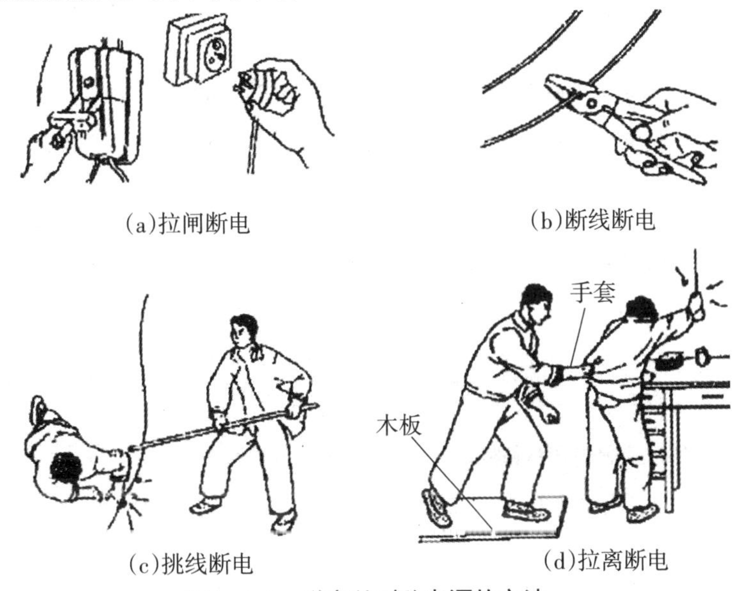

图1-2-2 脱离(切断)电源的方法

(二)就地正确抢救

触电者脱离电源后,处于"假死"状态时,恢复心跳和呼吸是最重要的。时间就是生命,如果只知道送往医院让大夫去抢救,就会把最佳抢救时间耽误在路途上。触电者心跳和呼吸停止时间越长,大脑细胞坏死速度越快,医术再高明的医生也难以恢复了。有资料显示,从触电1 min开始救治者,90 %有良好效果;从触电6 min开始救治者,10 %有良好效果;从触电12 min开始救治者,救活的可能性很小。因此,要刻不容缓地就地抢救。

(三)坚持到底不中断

对触电"假死"者的抢救,一旦开始,就应该持续不断地进行到底。抢救的结果只有两个,一个是生还,一个是死亡。但这里的死亡,指的是真正的死亡,即触电者身体僵硬、出现尸斑等症状,经医生确诊的死亡。只要触电者未出现真正死亡的症状并被医生确诊(二者缺一不可)，救护者就要尽100%的努力，继续抢救。有触电者经4 h或更长时间的人工急救而得救的先例。

二、触电急救的意义

(一)触电急救要争分夺秒

有学者分析了1000多例心肺复苏成功的资料，其中94%的伤员心脏循环骤停时间在4 min之内，6%的伤员超过4 min，均有神经系统的后遗症。据国内不完全资料统计，至少有30例以上循环骤停超过8 min而完全复苏成功的，其中包括长达18 min的病例。也就是说对触电造成循环骤停的伤员，既要争分夺秒地去进行抢救，又要对抢救充满信心，要不间断地进行抢救，直到医务人员接替为止。

众所周知，脑组织的体积并不大，但耗氧量很大，成人脑组织的耗氧量占全身耗氧量的20%~25%，所以缺氧对脑组织细胞的损害很大。而大脑对缺氧的耐受性最差，为5~8 min，也就是说脑缺氧超过8 min可造成不可逆转的损伤，即使心肺复苏成功后，脑细胞的损伤也是不可逆的(植物人)。

(二)不能只根据没有呼吸或脉搏擅自判断伤员死亡而放弃抢救

确定伤员是否真正死亡(指临床死亡)，只能靠心电图确诊，所以不能只根据没有呼吸或脉搏自行判断伤员死亡而放弃抢救。

三、脱离电源后的现场抢救方法

1.神志清醒者

伴有乏力、心慌、全身软弱的轻症伤员，让其平躺，不要站立和行动，随后带其去医院检查。

2.触电者神智有时清醒，有时昏迷

应静卧休息，并立即请医生救治。

3.神志不清者

使其仰面平躺确保其呼吸道畅通，用10 s时间大声呼叫伤员或轻拍其肩部，以判断其意识情况，察看伤员呼吸、对刺激的反应和其他循环体征，禁止摇动伤员头部进行呼叫。

4.呼吸、心跳情况的判断

看:看伤员的胸部、腹部有无起伏动作。听:用耳贴近伤员的口鼻，听有无气流声音，或直接用耳贴在心前区，听心脏搏动声。试:用手试伤员的口鼻有无呼吸的气流，试有无颈动脉搏动。

(1)触电者无知觉，有呼吸、心跳。在请医生的同时，应施行人工辅助呼吸。

(2)触电者呼吸停止，但心跳尚存，应立即施行人工辅助呼吸。

(3)若心跳停止，呼吸尚存，应采取人工胸外挤压心脏法。

(4)若呼吸及心跳均停止者，则同时应用人工呼吸法和人工胸外挤压心脏法。

【任务实施】

一、工作准备

演练场地，分组演练，组员角色定位。

二、器材准备

干木棒、干木板或者橡胶垫，触电急救模拟人。

三、操作步骤

发现有人触电，立即切断电源，查看伤情，进行神智判断及处理，呼吸、心跳、脉搏判断，做人工呼吸或人工胸外挤压心脏。具体任务实施要领及考核见表1-2-1。

表1-2-1 触电急救操作要领考核

序号	项目	操作要领	配分	备注
1	断电源	运用“拉”“切”“挑”“拽”“垫”的方法正确切断电源	10分	操作
2	心肺复苏的目的	用人工的方法使患者迅速建立有效的循环和呼吸，恢复全身血氧供应，促进脑功能的恢复，防止加重脑缺氧	5分	口述
3	判断病人的方法	(1)意识丧失：呼叫，刺激人中、合谷穴有无反应 (2)呼吸停止：视胸廓有无起伏或棉纤维置口鼻处能否被吹动 (3)心跳停止：触摸颈动脉、股动脉有无搏动	15分	边操作边口述
4	畅通呼吸道	松开病人衣扣、裤带	2分	边操作边口述
5		清除口鼻腔分泌物，取下活动的假牙	3分	
6		压头抬颏，使头后仰保持呼吸道通畅	3分	
7	人工呼吸	捏紧病人鼻孔	2分	操作
8		深吸一口气，双唇紧贴包严患者口部	5分	
9		用力快速向患者口内吹气，使胸部隆起	5分	
10		吹毕，立即离开口部，松开鼻腔，视病人胸部下降后再重新吹气一口	5分	
11		每次吹气时间2s，量400～600 mL	5分	

续表

序号	项目	操作要领	配分	备注
12	胸外心脏按压加人工呼吸	定位:将一只手的掌根放在心窝稍高一点的地方,中指指尖对准锁骨间凹陷处边缘	10分	边操作边口述
13		一手掌根紧贴按压区,另一手掌根重叠于下一手背上,双手指交叉,并抬起	5分	
14		身体前倾,双肩在病人正上方,肘关节伸直内收,以身体的重量垂直向下按压	5分	
15		按压深度,成人至少5 cm	5分	
16		迅速除去压力,使胸骨复原,但手掌不离开胸壁	5分	
17		按压频率100次/分	5分	
18		吹按压30次后,至少吹气两口后,周而复始,每次按压前应先定位	5分	
总计得分				

【任务拓展】

一、人工呼吸法

1.人工呼吸口诀

呼吸停,人缺氧。
松领扣,解衣裳。
清理口腔防阻塞,
鼻孔朝天头后仰。
捏紧鼻孔掰开嘴,
贴嘴吹气胸扩展。
吹气量,看对象,
小孩肺小吹少量,
吹两秒放三秒,
五秒一次最恰当。

2.操作步骤

(1)先使触电者仰卧,解开衣领、围巾、紧身衣服等,除去口腔中的黏液、血液、食物、假牙等杂物。

(2)将触电者头部尽量后仰,鼻孔朝天,颈部伸直。救护人一只手捏紧触电者的鼻孔,另一只手掰开触电者的嘴巴,如图1-2-3所示。

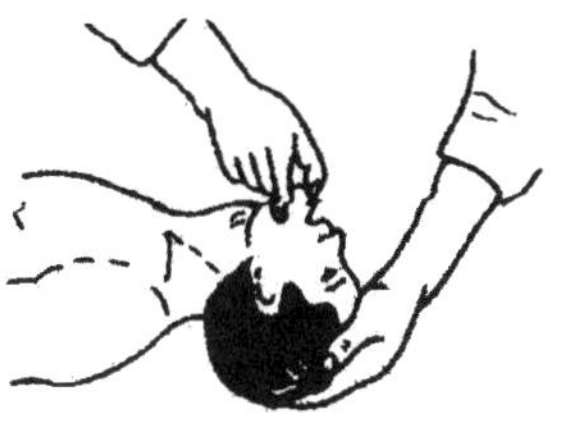

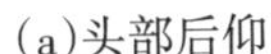

(a)头部后仰

(b)捏鼻掰嘴

图1-2-3 人工呼吸方法

(3)救护人深吸气后,紧贴着触电者的嘴巴大口吹气,使其胸部膨胀;之后救护人换气,放松触电者的嘴鼻,使其自动呼气。如此反复进行,吹气2 s,放松3 s,大约5 s一个循环,如图1-2-4所示。

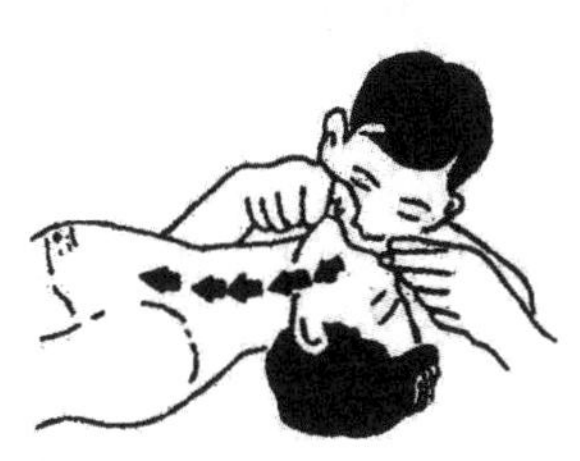

(a)贴紧吹气

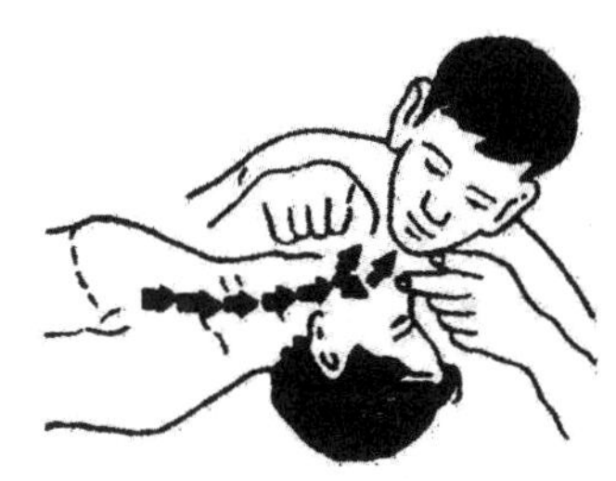

(b)放松换气

图1-2-4 人工呼吸方法

小提示:

吹气时要捏紧鼻孔,紧贴嘴巴,不能漏气,放松时应能使触电者自动呼气;如触电者牙关紧闭,无法撬开,可采取口对鼻吹气的方法;对体弱者和儿童吹气时用力应稍轻,以免肺泡破裂。

二、人工胸外挤压心脏法

人工胸外挤压心脏法口诀

掌根下压不冲击,突然放松手不离;

手腕略弯压一寸,一秒一次较适宜。

操作步骤如图1-2-5所示:

(1)解开触电人的衣裤,清除口腔内异物,使其胸部能自由扩张。

(2)使触电人仰卧,姿势与口对口吹气法相同,但背部着地处的地面必须牢固。

(3)救护人员位于触电人一边,最好是跨跪在触电人的腰部,将一只手的掌根放在心窝稍高一点的地方(胸骨中下三分之一部位),中指指尖对准锁骨间凹陷处边缘,另一只手压在那只手上,呈两手交叠状(对儿童可用一只手)。

(4)救护人员找到触电人的正确压点,自上而下,垂直均衡地用力挤压,压出心脏里面的血液,注意用力适当。

(5)挤压后,掌根迅速放松(但手掌不要离开胸部),使触电人胸部自动复原,心脏扩张,血液又回到心脏。

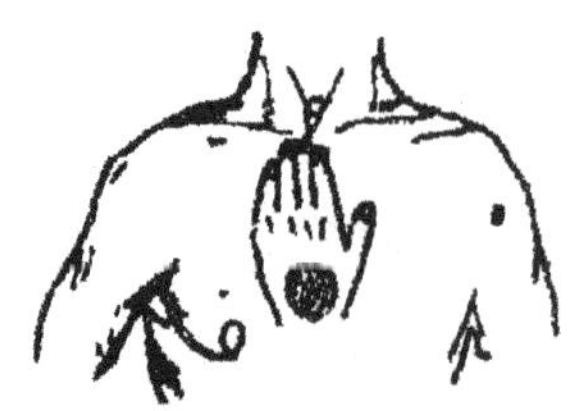

(a)中指对凹膛

(b)掌根向下压

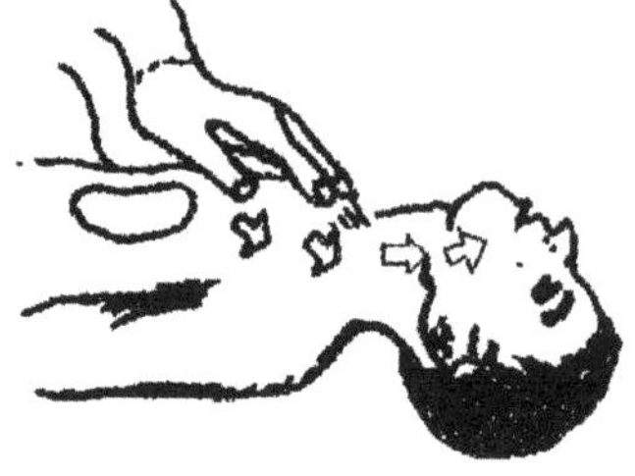

(c)慢压帮呼气

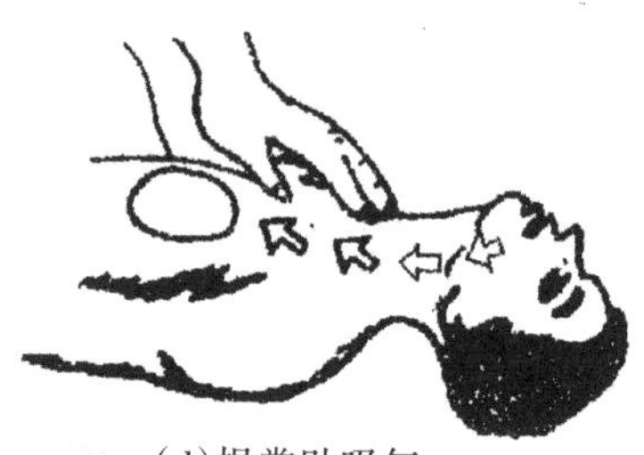

(d)提掌助吸气

图1-2-5 人工胸外挤压心脏法

【任务检测】

一、填空题

1.在处理触电事故现场时首先要做的事是__________。

2.发现触电伤员呼吸、心跳停止时,应立即在现场用__________方法就地抢救,以支持呼吸和循环。

3.对触电者进行抢救采用胸外按压要匀速,以每分钟按压__________次为宜。

4.触电者无知觉,有呼吸、心搏。在请医生的同时,应实施__________。

5.人体触电后,常会发生心脏停搏、呼吸停止、失去知觉的现象,从外观上呈现出死亡的征象,这时人不是真正的死亡,称为__________状态。

二、判断题

1.心肺复苏应在现场就地坚持进行,但为了方便也可以随意移动伤员。 ( )

2.触电急救时,一旦触电者没有呼吸和脉搏,即可放弃抢救。 ( )

3.如果电流通过触电者入地,并且触电者紧握电线,用有绝缘柄的钳子将电线剪断时,必须快速一下将电线剪断。 ( )

4.在易爆易燃场所带电作业,只要注意安全,防止触电,一般不会有危险。 ( )

5.对神志不清的触电伤员,应将其就地仰面躺平,且确保呼吸道通畅,呼叫伤员或轻拍其肩部,以判断伤员是否丧失意识。 ( )

三、简答题

1.触电伤员如意识丧失应怎样确认伤员呼吸心跳情况?

2.简述人工呼吸的方法。

3.简述人工胸外挤压心脏的方法。

【评价与反馈】

序号	考核项目	分值	考核内容	配分	考核标准	得分
1	出勤、纪律	5分	出勤	2分	违规一次不得分	
			行为规范	3分	违规一次不得分	
2	安全、防护、环保	20分	着装	2分	违规一次不得分	
			个人防护	3分	违规一次不得分	
			“5S”“EHS”	5分	违规一次不得分	
			设备使用安全	5分	违规一次不得分	
			操作安全	5分	违规一次不得分	
3	任务检测	20分	任务测验成绩	20分	测验成绩的20%计	
4	技能考核	35分	技能测验成绩	35分	测验成绩的35%计	
5	学习能力	10分	工艺计划制订	4分	未做不得分	
			组内活动情况	5分	酌情扣分	
			资料查阅和收集	1分	未做不得分	
6	任务拓展	10分	知识拓展任务	2分	未做不得分	
			技能拓展任务	8分	未做不得分	
总分		100分				

【教师评估】

序号	优点	存在问题	解决方案
教师签字：			

【学习后记】

项目二　直流电路的认知

任务一　电路的组成认知及基本物理量的测量

【任务目标】

目标类型	目标要求
知识目标	(1)能识别电源、导线、开关、负载 (2)能知道电源、导线、开关、负载在电路中的作用 (3)能认识电路基本结构及电路符号
技能目标	(1)会测量电压的方法 (2)会测量电流的方法 (3)会连接简单电路
情感目标	提高对电学的学习兴趣

【任务描述】

汽车里有各种各样的电路，每种电路中的元器件有所差异，他们的结构和功能各有不同。要想知道电路元器件的作用和功能，需要从电路的组成和结构入手，认识电路的组成及相关物理量。因此，我们将在下面的内容中认识电路基本组成与符号，以及基本物理量的测量。

【知识准备】

一、电路的组成

(一)电路的含义及作用

电路是指电流流过的路径，是人们将电气设备和元器件按照一定方式连接起来实现相应功能的一个整体。例如，我们的手电筒，电流由电池正极流出，经过导线开关和灯泡回到负极，电流流过灯泡使灯泡发光。电路的作用主要分为两个：电能的传输、分配和转换；电信号的产生、传递和处理。

(二)电路的组成

电路通常由电源、负载、控制装置及导线四部分组成。电路实物图如图2-1-1所示，电路模型图如图2-1-2所示，该电路由电源（电池）、负载（小灯泡）、控制装置（开关）及导线组成。

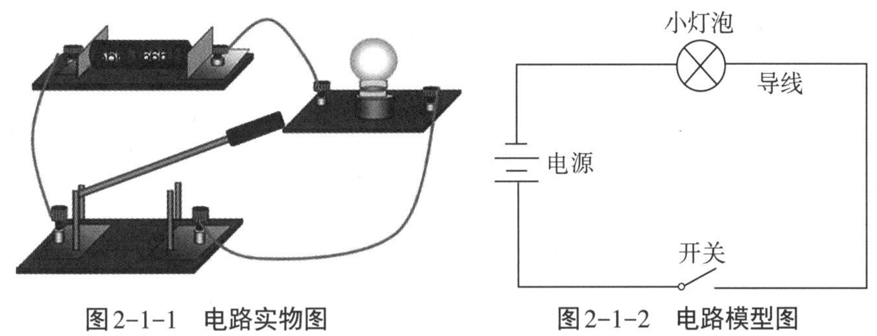

图2-1-1 电路实物图　　图2-1-2 电路模型图

1.**电源**

电源是提供电能的设备，将其他形式的能量转换为电能，向负载提供能量。干电池、蓄电池、发电机等都属于电源，实物如图2-1-3所示。

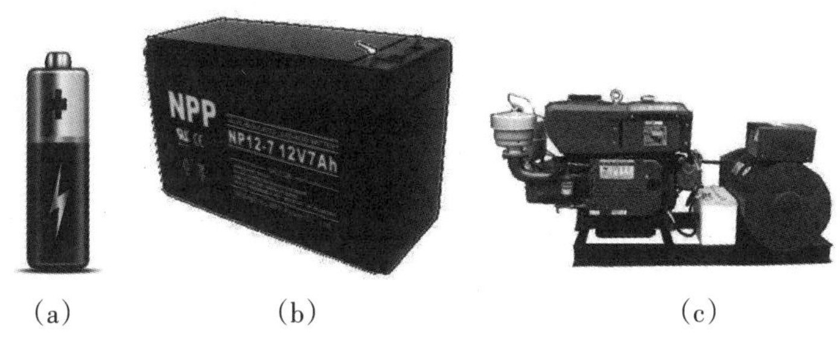

(a)　(b)　(c)

图2-1-3 电源实物图

2.**负载**

负载是各种用电设备的总称，它是将电能转换为其他形式的能量的装置。例如，汽车灯泡将电能转换为光能，汽车喇叭将电能转换成机械震动。

3.**控制装置**

控制装置是对用电设备进行通断控制或保护的装置。例如，闸刀、空气开关、熔断器等，实物如图2-1-4所示。

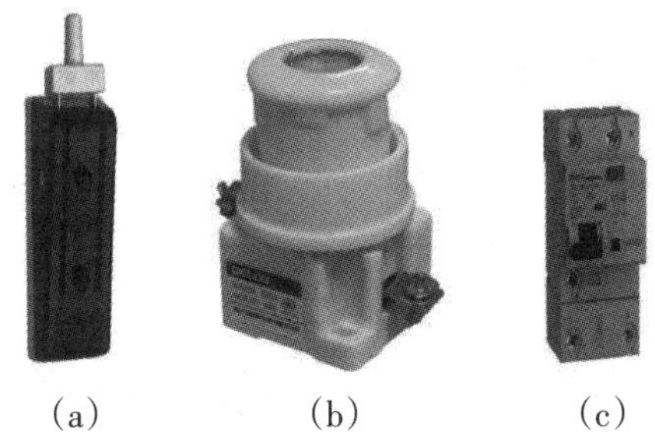

(a)　(b)　(c)

图2-1-4 控制装置实物图

4.**导线**

导线将电源、负载、控制装置连接起来构成闭合回路，起电能的传输和分配作用。一般导线材质有铜和铝，如图2-1-5所示。

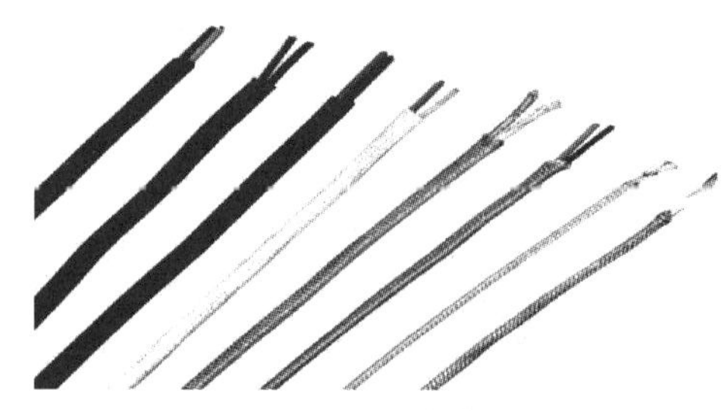

图2-1-5　导线实物图

(三)电路符号

由于实物电路符号绘制难度较大,比较烦琐,所以将电路实物模型转换成简单易懂的电路符号来绘制电路图,方便我们识读、分析电路图,这些特定符号就是常说的电子元件。电子元件是电路最基本的组成部分,常用电子元件和电子设备的电路符号见表2-1-1。

表2-1-1　常用电子元件和电子设备的电路符号

名称	符号	名称	符号
开关		发电机	G
电源		熔断器	
灯		铁芯线圈	
电阻		电压表	V
电位器		电流表	A
电容		接地	
电感		交叉连接导线	

(四)电路的状态

电路通常分为以下三种状态,如图2-1-6所示。

1.通路

通路也称闭路,电路连接是一个闭合回路,有电流流过负载。开关S置于“1”,灯泡发光,电路正常工作。

2.开路

开路也叫作断路,电路断开不能构成回路,电路中没有电流流过负载。开关S置于“2”,电路断开,灯泡不亮。

3.短路

电路中电源两端或者负载两端直接被导线连接,电流不经过负载,通过导线流向电源,这种状态叫作短路状态。短路时,电流很大,容易损坏电源,在实际中应避免发生短路现象。开关S置于“3”,危险,可能损坏电源。

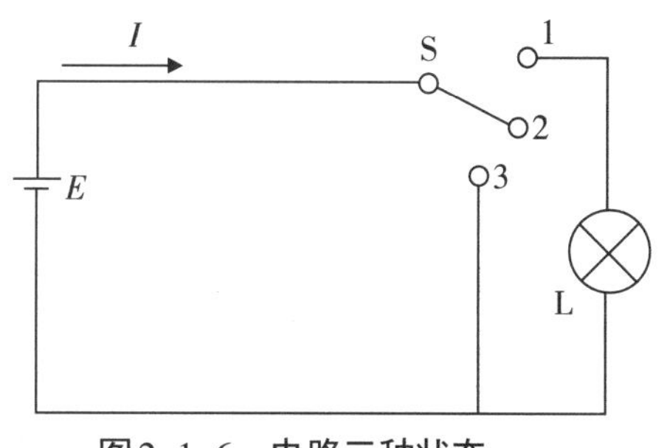

图2-1-6　电路三种状态

二、电路基本物理量及测量

（一）电流

1.电流的表示

电荷的定向运动形成电流，其大小用电流强度I表示，单位是A（安培），即单位时间内通过导体某一横截面的电荷量。实际中要测量电流的大小，通常用电流表或万用表的电流挡。

2.电流单位换算

$$1\ \text{MA(兆安)}=10^3\ \text{kA(千安)}=10^6\ \text{A(安)}$$

$$1\ \text{A(安)}=10^3\ \text{mA(毫安)}=10^6\ \mu\text{A(微安)}$$

3.电流的方向

电流方向：电流为正值（$I>0$），表明电流的实际方向与假设的参考方向相同；电流为负值（$I<0$），表明电流的实际方向与假设的参考方向相反，如图2-1-7所示。

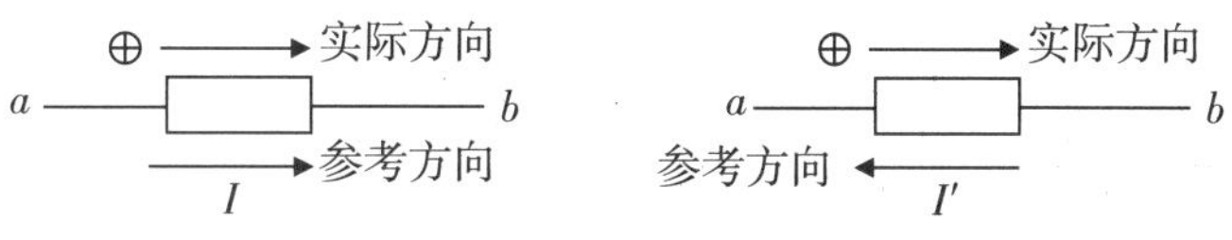

图2-1-7　电流方向

（二）电流的测量

1.电流表的使用方法

电流表的实物图如图2-1-8所示，用符号—Ⓐ—表示。电流表有三个接线柱，两个正接线柱，一个负接线柱，当“+”接线柱与“0.6”接线柱接入电路时，量程为0~0.6 A，分度值为0.02 A；当“+”接线柱与“3”接线柱接入电路时，量程为0~3 A，分度值为0.1 A。

电流表在使用前先要调零，检查电流表指针是否对准零刻度线，如有偏差，应进行校正。

（1）电流表必须和被测的用电器串联。

（2）电流必须从正接线柱流入，从负接线柱流出。

（3）必须正确选择电流表的量程。如果不能估计电流大小，可以先用较大量程进行试触。

（4）不允许把电流表直接连到电源两极。

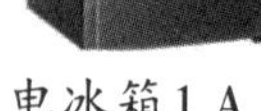

电冰箱1 A

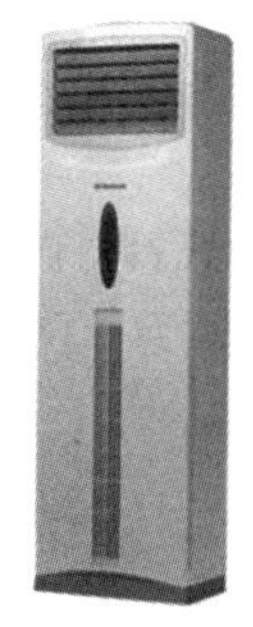

立式空调10 A

高压输电200 A

图2-1-11　生活中各种大小的电流

【任务实施】

一、器材准备

电压表、电流表、电池、开关、导线、小灯泡。

二、电路装接

按图2-1-12所示电路图，利用准备的器材连接电路实物图，通电验证电路是否成功，并在表2-1-2中记录电路中每个元件名称、功能或作用。电路连接成功后，读出电流表和电压表的数值。

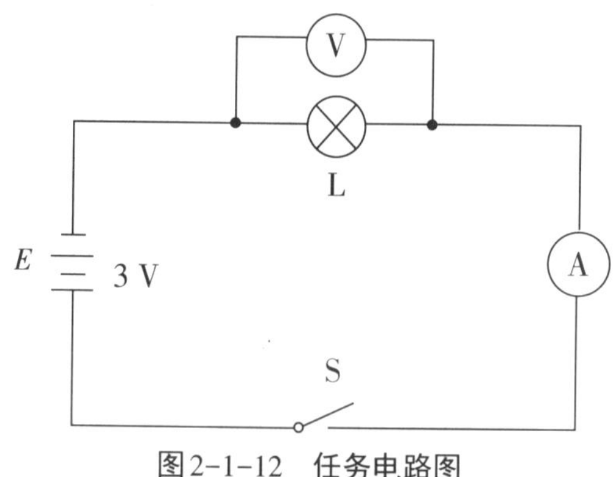

图2-1-12　任务电路图

表2-1-2　任务数据记录

序号	名称	功能（作用）
电路是否成功		
L两端电压		
电路电流		

【任务拓展】

在电路中,电源是电路的重要组成部分,通常用电池作为电子产品的电源。电池有两个极性,分别为正极和负极。电池主要有标称电压和额定容量两个参数,电池的种类不同,电压大小、极性标注位置也就不同。常见标称电压有1.2 V、1.5 V、3.7 V、4.2 V、9 V、12 V、15 V等。额定容量单位用A/h(安/时)或mA/h(毫安/时)表示,例如手机锂电池额定容量为2000 mA/h,其含义是用2000 mA的电流放电,能够使用一个小时。电池种类繁多,通常分为以下几种,见表2-1-3。

表2-1-3 常见电池种类

种类	外形	特点
干电池		最常用的电池,电压值一般为每节1.5 V,根据体积不同,由大到小依次分为1、2、5、7号
叠层电池		电压较高,常用的有9 V、15 V等。通常用于麦克风、万用表中
纽扣电池		体积小、重量轻、容量较小。输出电压有1.5 V、3 V等多种,通常用于电子表、计算机等
太阳能电池		太阳能电池是一种环保能源,常用于计算器、家用电器(如电热水器)的户外太阳能供电等
锂电池		可以充电重复使用,电压主要有3.7 V、4.2 V、5 V等,常用于手机等智能电子产品
蓄电瓶		可以充电重复使用,电压较高,电压主要有12 V、24 V、48 V、100 V等,常用于电动车、汽车中
充电电池		可以充电重复使用,电压较低,一般为1.5 V,常用于照相机、电动剃须刀、儿童玩具中

【任务检测】

一、填空题

1. 电路通常由__________、__________、__________和__________四部分组成。
2. 电路的作用主要分为__________和__________。
3. 电路通常分为__________、__________和__________三种状态。

二、简答题

1. 画出电源、开关、灯泡、电压表及电流表的电路符号。

2. 在1 min时间内，通过导线的电荷量为6 C，求这段时间内该导线中通过的电流是多少。

3. 在某电路中，测得a点电位为5 V，b点电位为−3 V，则a、b两点之间的电压为多少？

4. 如果测得电路中d、e两点间的电压为10 V，且e点电位为2 V，求d点的电位。

【评价与反馈】

序号	考核项目	分值	考核内容	配分	考核标准	得分
1	出勤、纪律	5分	出勤	2分	违规一次不得分	
			行为规范	3分	违规一次不得分	
2	安全、防护、环保	20分	着装	2分	违规一次不得分	
			个人防护	3分	违规一次不得分	
			“5S”“EHS”	5分	违规一次不得分	
			设备使用安全	5分	违规一次不得分	
			操作安全	5分	违规一次不得分	
3	任务检测	20分	任务测验成绩	20分	测验成绩的20%计	
4	技能考核	35分	技能测验成绩	35分	测验成绩的35%计	
5	学习能力	10分	工艺计划制订	4分	未做不得分	
			组内活动情况	5分	酌情扣分	
			资料查阅和收集	1分	未做不得分	
6	任务拓展	10分	知识拓展任务	2分	未做不得分	
			技能拓展任务	8分	未做不得分	
总分		100分				

【教师评估】

序号	优点	存在问题	解决方案
教师签字：			

【学习后记】

任务二　欧姆定律的探究实验

【任务目标】

目标类型	目标要求
知识目标	(1)能理解电阻的概念,了解导体和绝缘体的特点 (2)能理解欧姆定律的内容 (3)能复述电阻、电压、电流在纯电阻电路中的关系
技能目标	(1)能正确识读色环电阻,会用万用表测量电阻 (2)能用欧姆定律计算电路中的电阻、电流、电压 (3)会用万用表测量电阻
情感目标	(1)培养持之以恒的品质 (2)提高依据实验现象分析、归纳问题的能力

【任务描述】

在小灯泡发光电路实验中,小灯泡两端有一个电压值,电流流过小灯泡有一个电流值。在汽车电器工作时,电器两端有一定的电压并且有一定值的电流经过电器。在纯电阻电路中电压、电流与电阻之间有什么关系呢?本任务就让我们一起来探究电压、电流、电阻之间的关系,运用它们的关系来计算电路中的基本物理量。

【知识准备】

一、电阻的识别与检测

(一)电阻的表示

在生活中,可以导电的物体非常多。导体能够导电,说明导体对电流的阻碍作用比较小,才会有电流经过导体。导体都有电阻,例如:白炽灯、烤火炉、铜芯线等。通常,将导体对电流的阻碍作用称为导体电阻,用R表示,单位为欧姆(Ω)。

导体电阻的大小不仅与导体材料有关,还与导体的长度和横截面积有关,这种关系叫作电阻定律。即

$$R=\rho L/S$$

上式中:ρ——电阻率,由导体材料决定,单位为欧姆·米(Ω·m);L——长度,单位为米(m);S——横截面积,单位为平方米(m^2)。

(二)电阻的识别

电阻器主要参数包括标称阻值、偏差及功率三个,我们通常通过电阻器的参数标注来识别。常见电阻器外形如图2-2-1所示。

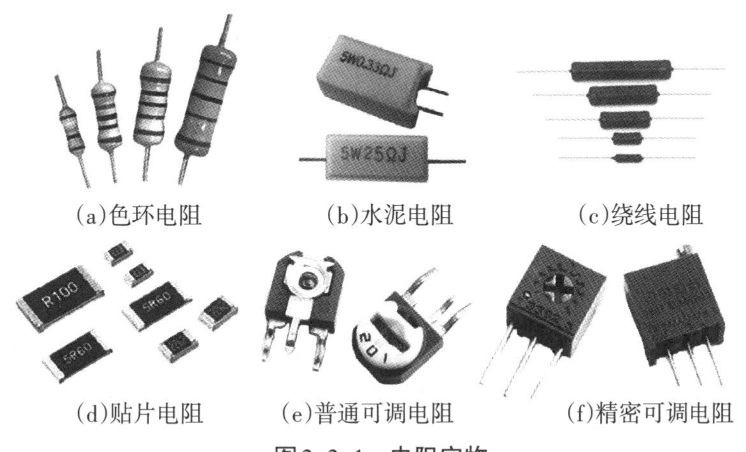

(a)色环电阻　(b)水泥电阻　(c)绕线电阻

(d)贴片电阻　(e)普通可调电阻　(f)精密可调电阻

图2-2-1　电阻实物

(三)电阻器参数标注

表2-2-1　电阻参数标注

标注法	含义	实例及说明
直标注	用数字直接将电阻值、误差等标注在电阻体上。(用字母表示误差，F为±1%，G为±2%，J为±5%，K为±10%，M为±20%)	510 kΩ±5%、1 W 47 Ω±10%等。如下图所示，该电阻参数为5 W 25 Ω±5% 5W25ΩJ
文字符号法	用数字和字母有规律地组合起来表示电阻器的电阻值和误差。	5R1K、4K7J等(分别表示5.1Ω±5%、4.7 kΩ±10%)
数码标注法	用三位数字表示电阻器的阻值，其中前两位为有效数字，第三位为倍率(即后边加0的个数)，单位为Ω。	103 103：表示阻值为10 kΩ

续表

标注法	含义	实例及说明
色环标注法	在电阻器表面上用色环表示电阻器的参数，分为4环标注法和5环标注法两种，5环标注法更精密(靠端头更近的一边为第1环)。 ①4环标注法：有4道颜色环，前2环为有效数字，第3环为倍率，单位为Ω，第4环为误差，如图(a)所示。 ②5环标注法：有5道颜色环，前3环为有效数字，第4环为倍率，第5环为误差；如图(b)所示。 第4环：允许偏差 第3环：倍乘数10 第2环：第二位有效数字 第1环：第一位有效数字 (a)四环电阻 第5环：允许偏差 第4环：倍乘数10 第3环：第三位有效数字 第2环：第二位有效数字 第1环：第一痤有效数字 (b)五环电阻	颜色代表的数字：黑0棕1红2橙3黄4绿5蓝6紫7灰8白9 4环标注的误差：金±5%银±10%； 5环标注法的误差：棕±1%红±2%绿±0.5% 例1：如下图所示 金 橙 紫 红 电阻参数为：27 kΩ±5% 例2：如下图所示 红 金 绿 黑 棕 电阻参数为：10.5 Ω±2%

二、欧姆定律

1.欧姆定律定义

在同一电路中，导体中的电流跟导体两端的电压成正比，跟导体的电阻成反比，这就是欧姆定律。即公式：

$$I = U/R$$

公式中物理量的单位：I(电流)的单位是安(A)、U(电压)的单位是伏(V)、R(电阻)的单位是欧(Ω)。

2.欧姆定律的公式变形

欧姆定律公式变形可得：$U=I\times R$或者$R=U/I$。电压U不变时，通过导体的电流与导体的电阻成反比；电阻R不变时，通过导体的电流与加在导体两端的电压成正比。

但不能说导体的电阻与其两端的电压成正比，与通过其的电流成反比，因为导体的电阻是它本身的一种性质，取决于导体的长度、横截面积、材料和温度，即使它两端没有电压，没有电流通过，它的阻值也是一个定值，永远不变。

3.欧姆定律的应用

运用欧姆定律我们可以计算：

电流 $I=U/R$；

电压 $U=I\times R$；

电阻 $R=U/I$。

4.欧姆定律只适用于线性电路

想一想：

(1)有一导体的电阻是1.5 kΩ，加在其两端的电压是220 V，那么通过它的电流是多大？

(2)通过电阻值是10 Ω电阻的电流是0.5 A，那么它两端的电压是多少？

(3)某导体两端的电压是2 V，通过导体的电流为500 mA，此导体的电阻值为多少？如果切断电源，导体两端的电压为零时，导体的电阻为多少？

【任务实施】

一、准备工作

(一)任务电路图(图2-2-2)

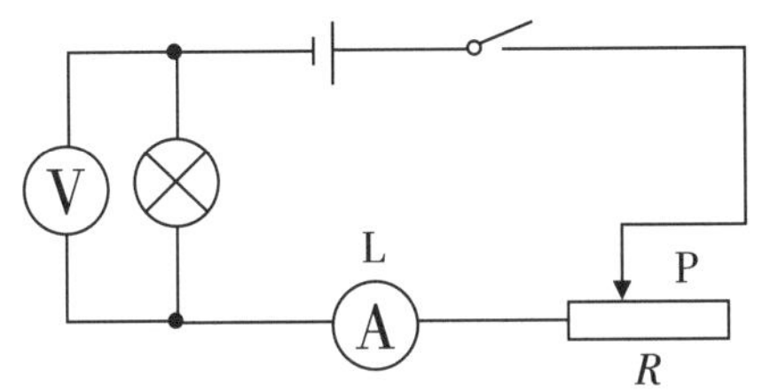

图2-2-2 任务电路图

(二)器材清单

表2-2-2 器材清单

名称	数量
直流电源	1个
变阻器	1个
开关	1个
电阻	1只
灯泡	1个
导线	若干
电压表	1只
电流表	1只

二、实施步骤

(1)按电路图连接好电路。闭合开关前应将变阻器的划片滑到电阻最大值,如图2-2-3所示。

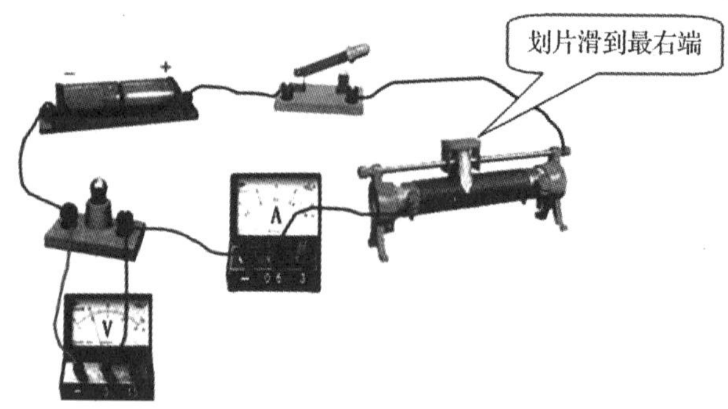

图2-2-3　电路实物图

(2)观察小灯泡的金属灯口上标着的额定电压值,接通电源后通过变阻器把小灯泡两端的电压调到额定电压,使小灯泡正常发光,将此时的电压表和电流表的读数填入表2-2-3中。

(3)逐次降低灯泡两端的电压,获得几组数据,填入表2-2-3中。

表2-2-3　测小灯泡的电阻值

序号	U(V)	I(A)	小灯泡电阻R(Ω)
1			
2			
3			
4			
想一想:四次测得灯泡电阻值一样吗?为什么?			

(4)把电路中小灯泡换成一只电阻,重复试验,把所得数据填入表2-2-4中。

表2-2-4　测电阻的电阻值

序号	U(V)	I(A)	R(Ω)	电阻R(Ω)平均值	用万用表测得R值
1					
2					
3					
4					
电阻测量值和计算值相同(接近)吗?为什么?					

(5)实验注意事项。

①实验开始前,开关应处于断开状态。

②实验开始前,滑动变阻器处于电阻最大值。

③认清电压表、电流表正负接线柱。

④电压表、电流表正确选择量程。

【任务检测】

一、选择题

1. 有一条电阻线，在其两端加1 V电压时，测得电阻值0.5 Ω，如果在其两端加10 V电压时，其电阻值应为（　　）。

A.0.5 Ω　　B.5 Ω　　C.0.05 Ω　　D.20 Ω

2. 导体两端的电压是4 V，通过的电流是0.8 A，如果使导体两端的电压增加到6 V，那么导体的电阻和电流分别是（　　）。

A.5 Ω，1.2 A　　B.5 Ω，2 A　　C.7.5 Ω，0.8 A　　D.12.5 Ω，0.8 A

3. 如图2-2-4所示的电路，U=24 V，电流表的示数为1.2 A，电压表的示数为12 V，则R_1的电阻值为（　　）。

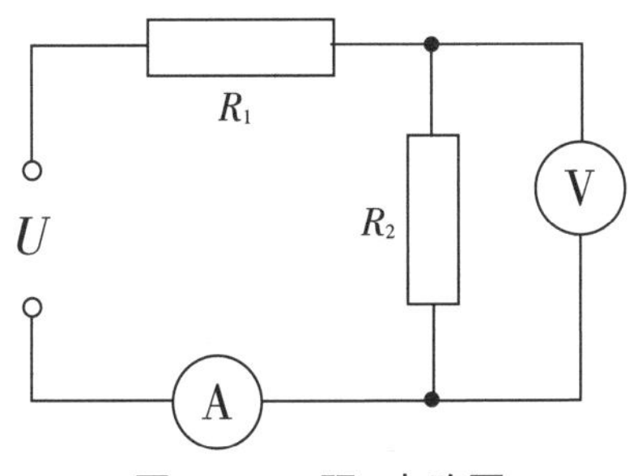

图2-2-4　题3电路图

A.8 Ω　　B.6 Ω　　C.5 Ω　　D.10 Ω

4. 如图2-2-5所示的电路接通时，滑动变阻器的滑动触头由a滑到b的过程中（　　）。

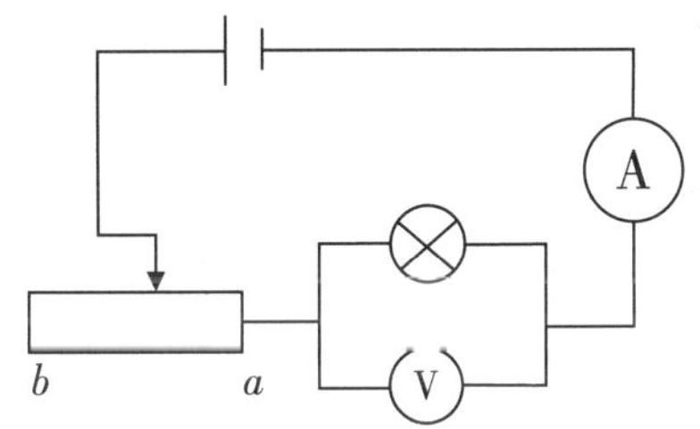

图2-2-5　题4电路图

A.电流表和电压表的示数都变小

B.电流表和电压表的示数都变大

C.电流表的示数变大，电压表的示数变小

D.电流表的示数变小，电压表的示数变大

5. 从欧姆定律可以导出公式$R=U/I$，此式说明（　　）。

A.当电压增大2倍时，电阻R增大2倍

B.当电流增大2倍时，电阻R减小2倍

C.电阻是导体本身的性质，当电压为零时，电阻阻值不变

D.当电压为零时，电阻R也为零

二、填空题

1. 在一段导体两端加2 V电压时，通过它的电流是0.4 A，这段导体的电阻是________Ω；如果在它两端不加电压，通过它的电流是________A，这段导体的电阻是________Ω。

2.在如图2-2-6所示的电路中，电源电压保持不变，要使电流表的读数增大，变阻器*R*的滑片P应向________端移动，在这过程中电压表的读数将________（填“不变”“变小”或“变大”）。

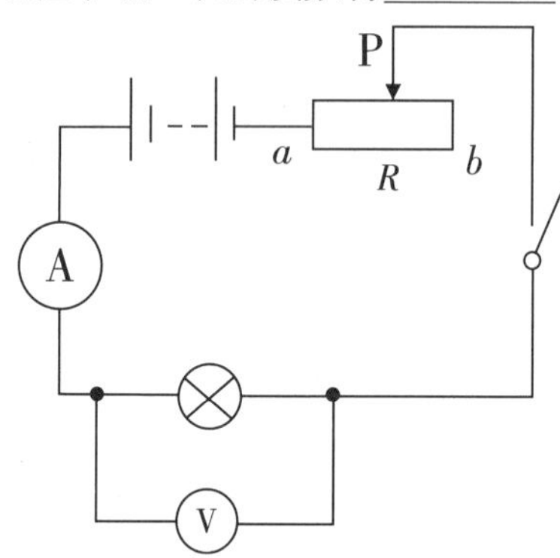

图2-2-6　题2电路图

3. 在某导体两端加6 V电压时，测得通过导体的电流为2 A，则在10 s内通过导体横截面的电量是________，该导体的电阻为________。如果这个导体两端不加电压时，该导体的电阻为________。

4. 当导体两端的电压是10 V时，通过的电流强度是0.2 A，该导体的电阻为________Ω；若要使导体中的电流强度是0.5 A，则它两端的电压是________V。

三、计算题

在图2-2-7的电路里，电流表的示数是0.3 A，如果小灯泡L的电阻是10 Ω，整个电路里的电阻是30 Ω。求：

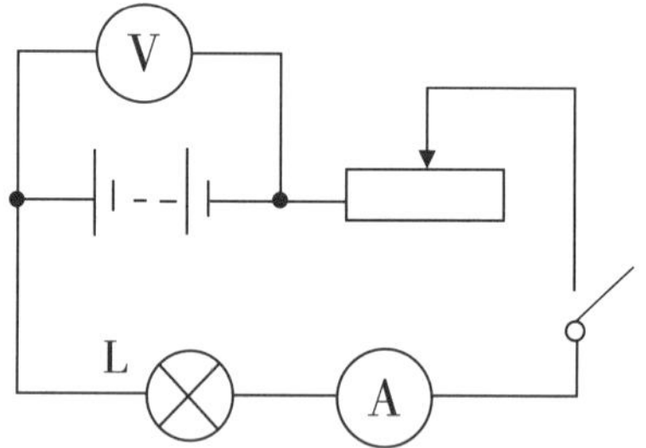

图2-2-7　计算题电路图

（1）小灯泡L两端的电压；（2）滑动变阻器连入电路中的电阻；（3）电压表的示数。

【评价与反馈】

序号	考核项目	分值	考核内容	配分	考核标准	得分
1	出勤、纪律	5分	出勤	2分	违规一次不得分	
			行为规范	3分	违规一次不得分	
2	安全、防护、环保	20分	着装	2分	违规一次不得分	
			个人防护	3分	违规一次不得分	
			“5S”“EHS”	5分	违规一次不得分	
			设备使用安全	5分	违规一次不得分	
			操作安全	5分	违规一次不得分	
3	任务检测	20分	任务测验成绩	20分	测验成绩的20%计	
4	技能考核	35分	技能测验成绩	35分	测验成绩的35%计	
5	学习能力	10分	工单填写,工艺计划制订	4分	未做不得分	
			组内活动情况	5分	酌情扣分	
			资料查阅和收集	1分	未做不得分	
6	任务拓展	10分	知识拓展任务	2分	未做不得分	
			技能拓展任务	8分	未做不得分	
总分		100分				

【教师评估】

序号	优点	存在问题	解决方案
教师签字:			

【学习后记】

任务三　简单直流电路的计算

【任务目标】

目标类型	目标要求
知识目标	(1)能理解功率的概念,以及功率与电压电流的关系 (2)能识记电池组串联、并联时电压和电流的特点 (3)会电阻串联、并联及混联等效电阻的计算
技能目标	(1)会利用电池组的串联、并联特点和电阻的不同连接方式计算电路中的电压和电流 (2)会根据电阻的串并联特性判断检测电路故障
情感目标	能养成严谨的工作态度

【任务描述】

在日常生活中,有各种各样功能不同的电路。如果电路不正常工作,我们可以通过电路现象判断故障或者通过仪表检测和计算得出相关结果。例如,我们平时看到的节日装饰小彩灯如图2-3-1,你知道它们是怎么连接起来的吗?当电路中的彩灯不能正常工作时,我们又是如何来判断电路故障呢?本任务学习中,我们需要学会简单直流电路的连接方式判断以及电路计算。

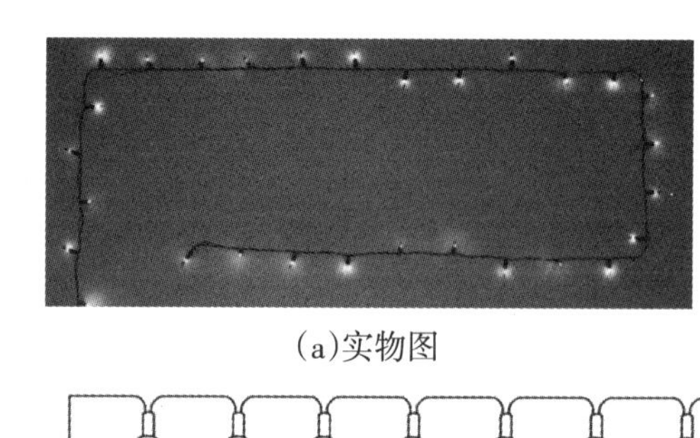

(a)实物图

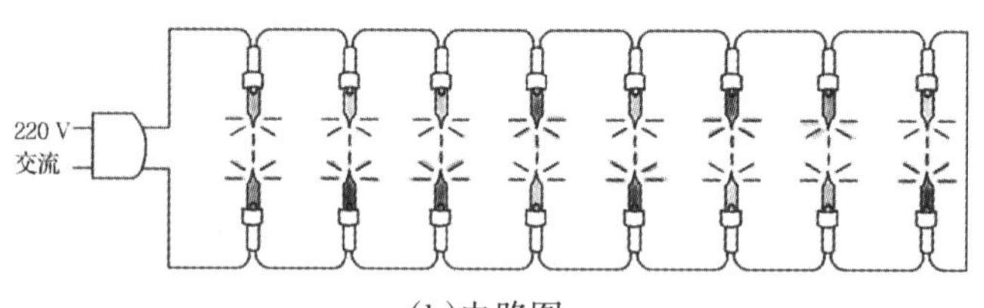

(b)电路图

图2-3-1　小彩灯接线图

【知识准备】

一、功率的基本概念

(一)功率的描述

作为表示消耗电能快慢的物理量,一个用电器功率的大小数值上等于它在1 s内所消耗的电能。如果在时间t(单位为s)内消耗的电能为W(单位为J),那么这个用电器的电功率就是$P=W/t$。

(二)功率的公式表示

电功率等于导体两端电压与通过导体电流的乘积,即$P=UI$,单位为瓦(W)。

对于纯电阻电路,计算电功率还可以用公式$P = I^2 R$表示。

每个用电器都有一个正常工作的电压值叫额定电压,电器在额定电压下正常工作的功率叫作额定功率,电器在实际电压下工作的功率叫作实际功率。

(三)单位换算

W——电能,单位为焦耳(J),1 kW·h=3.6×10^6J;

t——时间,单位为秒(s),1时(h)=3600秒(s);

P——用电器的功率,单位为瓦(W),1 kW=1000 W。

二、电池组

(一)相同电池的串联

如图2-3-2(a)所示串联电池组,每个电池的电动势均为E、内阻均为r。如果有n个相同的电池相串联,那么整个串联电池组的电动势与等效内阻分别为:

$$E_{串} = nE \quad r_{串}=nr$$

串联电池组的电动势是单个电池电动势的n倍,额定电流相同。

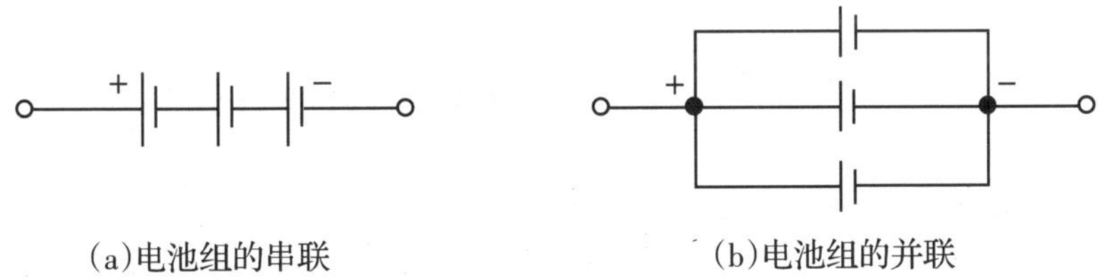

(a)电池组的串联　　(b)电池组的并联

图2-3-2　电池组的连接

(二)相同电池的并联

如图2-3-2(b)所示并联电池组,每个电池的电动势均为E、内阻均为r。如果有n个相同的电池相并联,那么整个并联电池组的电动势与等效内阻分别为:

$$E_{并} = E$$

$$1/r_{总}=1/r_1+1/r_2+\cdots+1/r_n$$

并联电池组的额定电流是单个电池额定电流的n倍,电动势相同。

三、电阻的连接方式

(一)电阻串联电路

几个电阻首尾依次连接,组成无分支的电路,这种连接方式叫作电阻串联。如图2-3-3所示电路为两个电阻组成的串联电路及等效电路。电阻串联电路特点见表2-3-1。

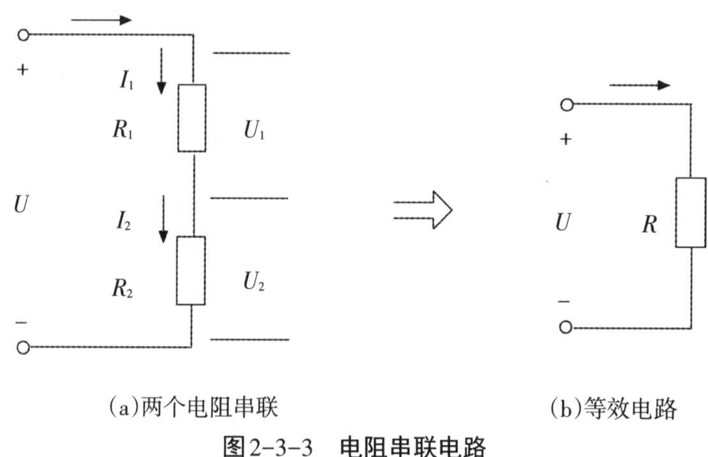

(a)两个电阻串联　　(b)等效电路

图2-3-3　电阻串联电路

表2-3-1　电阻串联电路特点

序号	参数	特点	表达式
1	电流	电路中电流处处相等	$I=I_1=I_2$(多个电阻串联,则$I_1=I_2=\cdots=I_n=I$)
2	电压	总电压等于各电阻上分电压之和	$U=U_1+U_2$(多个电阻串联,则$U=U_1+U_2+\cdots+U_n$)
3	电阻	总电阻等于各分电阻之和	$R=R_1+R_2$(多个电阻串联,则$R=R_1+R_2+\cdots+R_n$)
4	分压	电阻的阻值越大,分得的电压越高	电阻串联的分压公式为:$U_1=\frac{R_1}{R_1+R_2}U$, $U_2=\frac{R_2}{R_1+R_2}U$

想一想:

有一盏额定电压为$U_1=40$ V、额定电流为$I=5$ A的电灯,应该怎样把它接入电压$U=220$ V的照明电路中呢?

解:将电灯(设电阻为R_1)与一只分压电阻R_2串联后,接在$U=220$ V电源上,如图2-3-4所示。

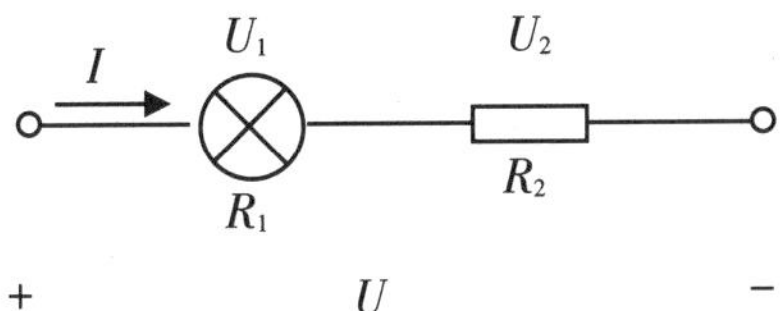

图2-3-4 灯泡与电阻串联

解法一：分压电阻R_2上的电压为$U_2=U-U_1=220\ \text{V}-40\ \text{V}=180\ \text{V}$，且$U_2=R_2I$，则

$$R_2=\frac{U_2}{I}=\frac{180\text{V}}{5\text{A}}=36\ \Omega$$

解法二：利用两只电阻串联的分压公式$U_1=\frac{R_1}{R_1+R_2}U$，且$R_1=\frac{U_1}{I}=8\ \Omega$，可得

$$R_2=R_1\frac{U-U_1}{U_1}=36\ \Omega$$

即将电灯与一只36 Ω分压电阻串联后，接入$U=220\ \text{V}$电源上即可。

(二)电阻并联电路

两个或两个以上的电阻并列连接在电路两点之间，各电阻处于同一电压下的连接方式，称为电阻的并联 。如图2-3-5所示电路为两个电阻组成的并联电路及等效电路。电阻并联电路的特点见表2-3-2。

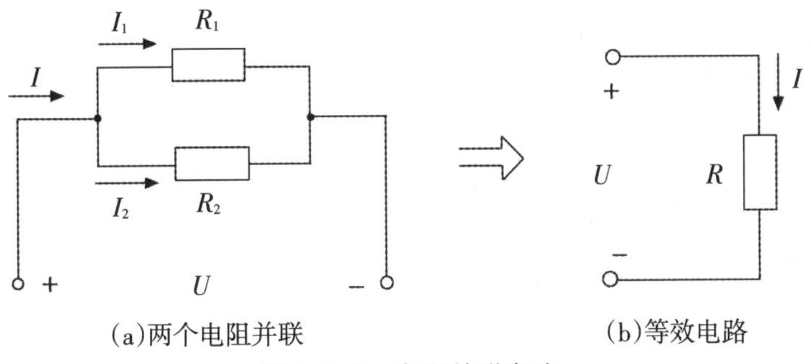

(a)两个电阻并联 (b)等效电路

图2-3-5 电阻并联电路

表2-3-2 电阻并联电路特点

序号	参数	特点	表达式
1	电流	并联电路中总电流等于各支路分电流之和	$I=I_1+I_2$(多个电阻并联，则$I=I_1+I_2+\cdots+I_n$)
2	电压	并联电路各个电阻上的电压相等	$U_1=U_2=U$(多个电阻并联，则$U_1=U_2=\cdots=U_n=U$)
3	电阻	并联电路中，总电阻的倒数等于各分电阻的倒数之和	两个电阻并联：$\frac{1}{R}=\frac{1}{R_1}+\frac{1}{R_2}$ (即$R=\frac{R_1R_2}{R_1+R_2}$；若$R_1=R_2$，则$R=\frac{R_1}{2}$) 多个电阻并联，则$\frac{1}{R}=\frac{1}{R_1}+\frac{1}{R_2}+\cdots+\frac{1}{R_n}$ (若$R_1=R_2=\cdots=R_n$，则$R=\frac{R_1}{n}$)

续表

序号	参数	特点	表达式
4	分流	电阻的阻值越大,分得的电流越小	电阻并联的分流公式: $I_1=\frac{R_2}{R_1+R_2}I$　$I_2=\frac{R_1}{R_1+R_2}I$

(三)电阻混联电路

既有电阻串联,又有电阻并联的电路叫作电阻混联电路。在混联电路的分析计算中,需借助电阻串联、电阻并联电路的分析方法,对电路进行化简计算。如图2-3-6所示是三个电阻组成的混联电路。

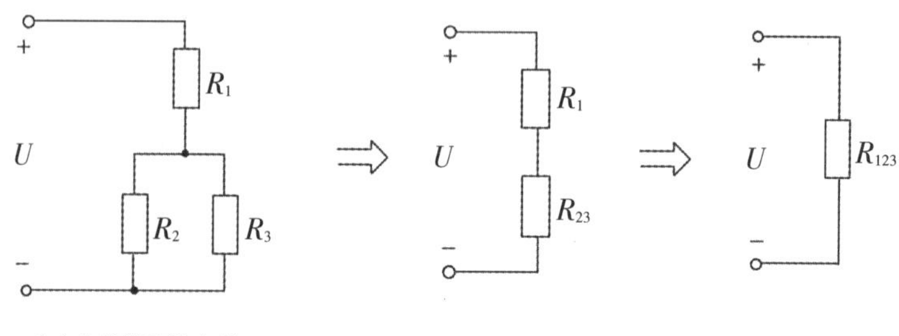

(a)电阻混联电路　(b)混联电路的化简

图2-3-6　电阻混联电路

分析电阻混联电路可以分为以下三步:

(1)应用电阻的串联、并联特点,逐步简化电路,求出电路的等效电阻。

(2)由等效电阻和电路的总电压,根据欧姆定律求出电路的总电流。

(3)再根据欧姆定律和电阻串并联的特点,由总电流求出各支路的电压和电流。

练一练:

你能画出图2-3-7电路的等效电路吗?

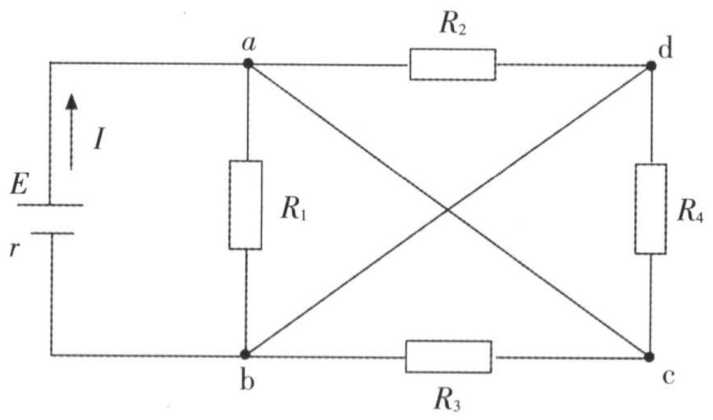

图2-3-7　电阻的串并联

小结:

电阻串并联的应用

(1)串联电路的应用:分压作用;限流作用;利用电阻串联可以得到较大阻值的电阻。

(2)并联电阻的应用:分流作用;恒压供电;利用电阻并联可以获得较小阻值的电阻。

【任务实施】

一、器材准备

万用表、实验板、小彩灯若干、导线若干。

二、电路装接

(一)检查小彩灯

检查每个小彩灯的阻值是否正常,一般正常值很小,大约只有1 Ω。

(二)按图2-3-8所示连接电路

在实验板上把小彩灯连接起来,接上电源。如果小彩灯正常发光,则说明电路正常;若发现有某一只或某几只彩灯不亮,则要检测故障。

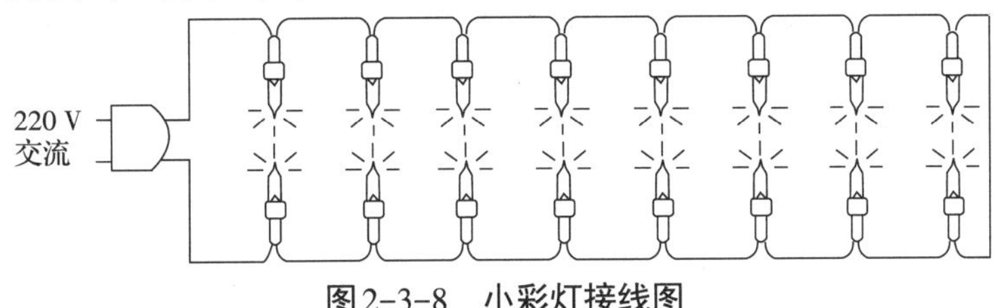

图2-3-8 小彩灯接线图

三、电路检测

(一)判断小彩灯电路的连接方式

用万用表串联在各个小彩灯之间,如果每次万用表读到的电流数值相同,根据串联电路的特点,我们可以判断出各个小彩灯之间的连接方式是串联。或者用万用表并联在数量不同的小灯泡之间,如果电压相等,则小灯泡是并联的。

(二)电路故障分析

(1)有一只或若干只小彩灯不亮。首先检查小彩灯是否损坏,若用万用表测得小彩灯电阻值无穷大,说明该小彩灯已损坏,则需更换新的;若测得灯泡阻值都在正常范围之内,而灯泡却不能正常工作,初步判断不是小彩灯本身的问题。

(2)用万用表检查各点电位是否正常,若测得灯泡两端电压为零,说明灯泡未接入,可能是接线没有连上导致的,需要把接线柱夹紧。若测得灯泡两端有电压,但比正常电压偏小很多,说明小彩灯没有在额定功率下工作,可能导致灯泡灭或者灯泡发暗,需要检查输出电压是否正常。

【任务拓展】

彩灯,又名花灯,是中国普遍流行、具有极高艺术价值的传统工艺品,如图2-3-9所示。彩灯艺术也就是灯的综合性的装饰艺术。在古代,其主要作用是照明,由纸或者绢作为灯笼的外皮,骨架通常使用竹条或木条制作,中间放上蜡烛或者油灯,成为照明工具。

图2-3-9 彩灯

中华人民共和国成立后，彩灯艺术得到了更大的发展，特别是随着我国科学技术的发展，彩灯艺术更是花样翻新，传统的制灯工艺和现代科学技术紧密结合，将电子、建筑、机械、遥控、声学、光导纤维等新技术、新工艺用于彩灯的设计制作，把形、色、光、声、动相结合，将思想性、知识性、趣味性、艺术性相统一，使得这门古老的艺术更加绚丽多彩。

【任务检测】

一、选择题

1. 两个电阻值完全相等的电阻，若并联后的总电阻是10 Ω，则将它们串联的总电阻是(　　)。

A.5 Ω　　B.10 Ω　　C.20 Ω　　D.40 Ω

2. 4个电阻，电阻值都是R，把它们并联起来，总电阻是(　　)。

A.$4R$　　B.$R/4$　　C.$4/R$　　D.$2R$

3. 今有三个电阻，它们的电阻值分别是a、b、c，其中$a>b>c$，当把它们并联相接，总电阻为R，它们的大小关系，下列(　　)判断是正确的。

A.$c<R<b$　　B.$b<R<a$　　C.R可能等于b　　D.$R<c$

4. 修理电器需要一只150 Ω的电阻，但只有电阻值分别为100 Ω、200 Ω、600 Ω的电阻各一只，可代用的办法是(　　)。

A. 把200 Ω的电阻与600 Ω的电阻串联起来

B. 把100 Ω的电阻与200 Ω的电阻串联起来

C. 把100 Ω的电阻与200 Ω的电阻并联起来

D. 把200 Ω的电阻与600 Ω的电阻并联起来

二、填空题

1. 将电阻值为6 Ω和3 Ω的电阻并联时，总电阻为__________Ω。

2. 图2-3-10中有四组不同的电阻，已知$R_1<R_2$，由图可以看出电阻值最小的一组是__________。

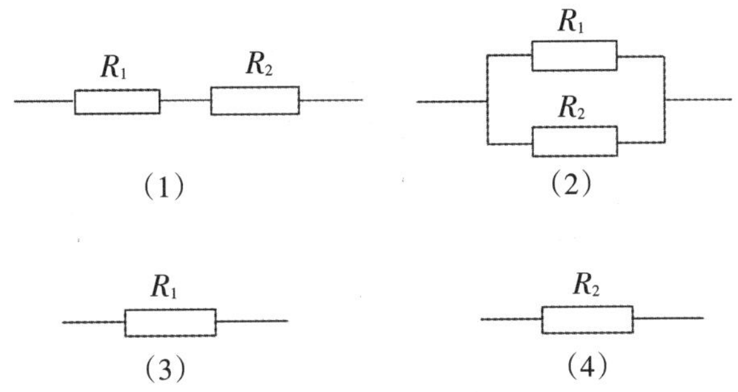

图2-3-10 题2示意图

3.修理某电器时，需要一只4.5 Ω的电阻，现在手里有1 Ω电阻2只，9 Ω电阻4只，4 Ω电阻2只，应选用_________Ω电阻_________只_________联。

4.在图2-3-11所示的电路中，由三节新干电池串联成的电池组做电源，L_1、L_2的电阻分别为R_1=3 Ω，R_2=6 Ω，请将答案填入空白处：①K_1闭合，K_2开启时，Ⓐ₁的示数是_________A；②K_1闭合，K_2闭合后：电流表Ⓐ的示数是_________A；电压表Ⓥ的示数是_________V。

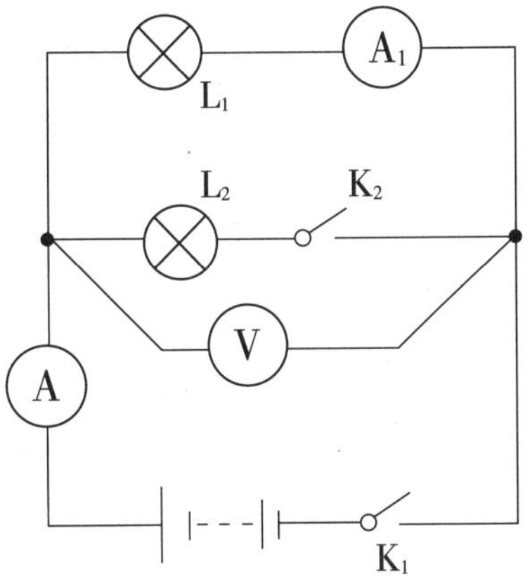

图2-3-11 题4电路图

5.在图2-3-12所示的电路中，由三节新干电池串联成的电池组做电源，L_1、L_2的电阻分别为R_1=6 Ω，R_2=12 Ω，请将答案填入空白处：

①电流表Ⓐ的示数是_____A；②电压表Ⓥ的示数是_____V；③电压表Ⓥ₁示数是_____V。

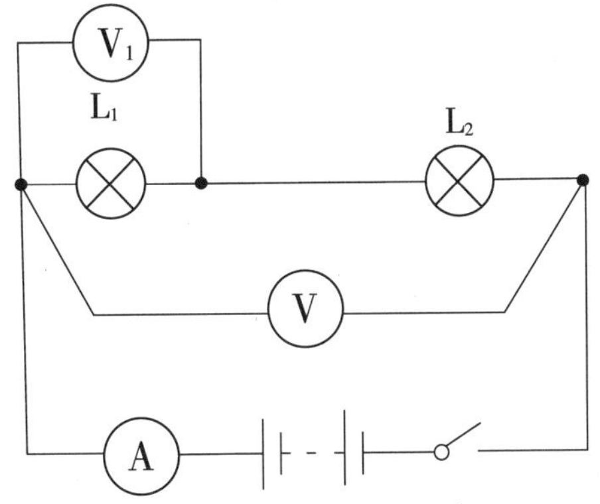

图2-3-12 题5电路图

【评价与反馈】

序号	考核项目	分值	考核内容	配分	考核标准	得分
1	出勤、纪律	5分	出勤	2分	违规一次不得分	
			行为规范	3分	违规一次不得分	
2	安全、防护、环保	20分	着装	2分	违规一次不得分	
			个人防护	3分	违规一次不得分	
			“5S”“EHS”	5分	违规一次不得分	
			设备使用安全	5分	违规一次不得分	
			操作安全	5分	违规一次不得分	
3	任务检测	20分	任务测验成绩	20分	测验成绩的20%计	
4	技能考核	35分	技能测验成绩	35分	测验成绩的35%计	
5	学习能力	10分	工单填写，工艺计划制订	4分	未做不得分	
			组内活动情况	5分	酌情扣分	
			资料查阅和收集	1分	未做不得分	
6	任务拓展	10分	知识拓展任务	2分	未做不得分	
			技能拓展任务	8分	未做不得分	
总分		100分				

【教师评估】

序号	优点	存在问题	解决方案
教师签字：			

【学习后记】

项目三　正弦交流电路的认知

任务一　认知单相正弦交流电路

【任务目标】

目标类型	目标要求
知识目标	(1)能描述单相正弦交流电的概念及其产生过程 (2)能描述单相正弦交流电的三要素和表达方法,会比较同频率正弦交流电的相位 (3)能叙述*RLC*串、并联电路的特点,会分析和计算*RC*串联交流电路 (4)能计算电路有功功率、无功功率
技能目标	(1)能分析单相正弦交流*RC*电路中电压与电流相量之间的关系 (2)能测量日光灯线路
情感目标	(1)养成严谨的工作作风 (2)具有安全操作意识

【任务描述】

生活中我们大都使用交流电,那交流电是什么呢?汽车中有交流发电机,汽车交流发电机是如何产生交流电的呢?知道这些我们就能正确使用交流电了。

【知识准备】

一、正弦交流电路的基本概念

正弦交流电由交流发电机产生,如图3-1-1所示。线圈ab、$a'b'$在外力的作用下绕轴以角速度ω匀速转动时,切割磁感应线运动而产生感应电动势,如果将电动势用感应电压u(取与e参考方向相反)表示可写成:$U=U_m$。其波形如图3-1-2所示。

【例3-1-2】

已知U=311sin314t(V),试求电压有效值U。

解:

$$U=\frac{U_m}{\sqrt{2}}=\frac{311}{\sqrt{2}}=220(V)$$

若一交流电压有效值为U=220 V,则其最大值为U_m≈311 V。工程上说的正弦电压、电流一般指有效值,如设备铭牌额定值、电网的电压等级等。但绝缘水平、耐压值指的是最大值。因此,在考虑电器设备的耐压水平时应按最大值考虑。测量中,电磁式交流电压、电流表读数均为有效值。我国工业和民用交流电源的有效值为220 V、频率为50 Hz,因而通常将这一交流电压简称为工频电压。

(三)同频率的相位差

设正弦电压u和电流i为同频率的正弦量,u、i可分别表示为:

$$u=U_m\sin(\omega t+\varphi_1) \qquad i=I_m\sin(\omega t+\varphi_2)$$

相位差φ为:

$\varphi=(\omega t+\varphi_1)-(\omega t+\varphi_2)=\varphi_1-\varphi_2$,相位差$\varphi$是多值的,一般取$|\varphi|\leq\pi$。

讨论两个正弦量的相位关系(判断方法:超前代表进程在先,即先到达最大值,先过零点等)。

(1)当$\varphi>0$时,称电压比电流超前φ。

(2)当$\varphi<0$时,称电压比电流落后φ。

(3)当$\varphi=0$时,称电压与电流同相。

(4)当$\varphi=\pi$或180°时,称电压与电流反相或电压比电流超前180°。

(5)当$\varphi=\frac{\pi}{2}$或90°时,称电压与电流正交或电压比电流超前90°。

三、交流电的表示方法

(一)解析式表示法

如图3-1-5所示,电流、电压、电动势可用如下解析式表示。

$$i=I_m\sin(\omega t+\varphi) \quad u=U_m\sin(\omega t+\varphi) \quad e=E_m\sin(\omega t+\varphi)$$

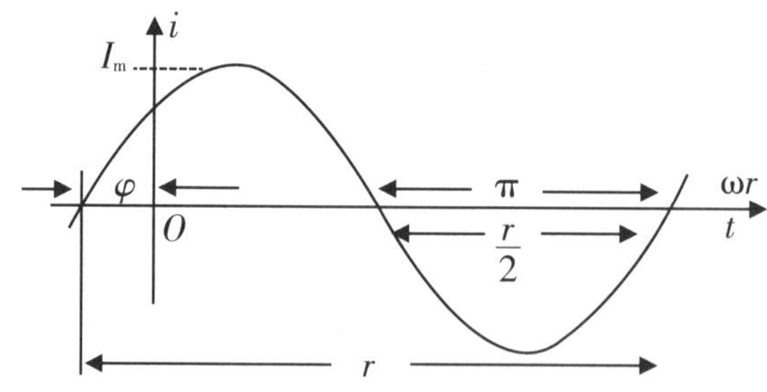

图3-1-5 正弦交流电流波形图

【例3-1-3】

已知某正弦交流电流的最大值是2 A,频率为100 Hz,设初相位为60°,求该电流的瞬时表达式。

解:$i=I_m\sin(\omega t+\varphi)=2\sin(2\pi ft+60°)=2\sin(628t+60°)$

(二)波形图表示法

有时为了更直观地观察电流、电压、电动势的变化趋势,可以用波形图来表示。图3-1-6是电压波形图表示法。

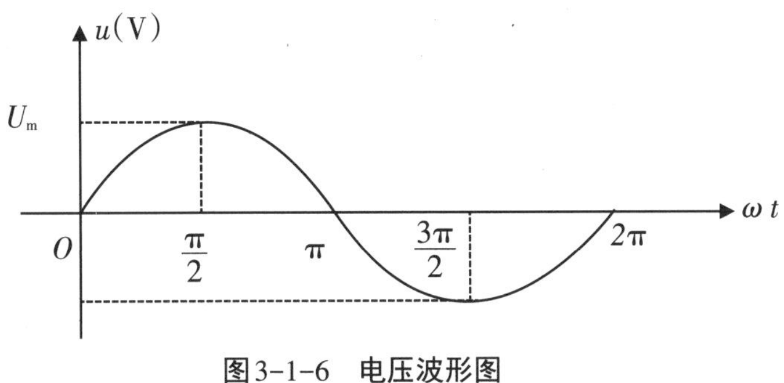

图3-1-6 电压波形图

四、交流电中的电阻、电容、电感的特性

在直流稳态电路中,电感元件可视为短路,电容元件可视为开路。但在交流电路中,由于电压、电流随时间变化,电感元件中的磁场不断变化,引起感生电动势。电容极板间的电压不断变化,引起电荷在与电容极板相连的导线中移动形成电流。因此,电阻R、电感L及电容C对交流电路中的电压、电流都会产生影响。

(一)电阻的特性

只含有电阻元件的交流电路叫WT纯电阻电路,设电压电流的参考方向相关联,如图3-1-7(a)所示。

1.电压、电流的瞬时值关系

电阻与电压、电流的瞬时值之间的关系服从欧姆定律。设加在电阻R上的正弦交流电压瞬时值为$u=U_m\sin\omega t$,则通过该电阻的电流瞬时值为:

$$i=\frac{u}{R}=I_m\sin\omega t$$

其中,I_m是正弦交流电流的最大值。这说明正弦交流电压和电流的最大值之间满足欧姆定律。

2.电压、电流的有效值关系

电压、电流的有效值关系又叫作大小关系。由于纯电阻电路中正弦交流电压和电流的最大值之间满足欧姆定律,因此把等式两边同时除以$\sqrt{2}$即得到有效值关系,即:

$$I=\frac{U}{R}\text{ 或 }U=IR$$

这说明正弦交流电压和电流的有效值之间也满足欧姆定律。

3.相位关系

由表达式$i=\frac{u}{R}=\frac{U_m}{R}\sin\omega t=I_m\sin\omega t$可知电阻的两端电压$u$与通过它的电流$i$同相。其波形图如图3-1-7(b)所示。

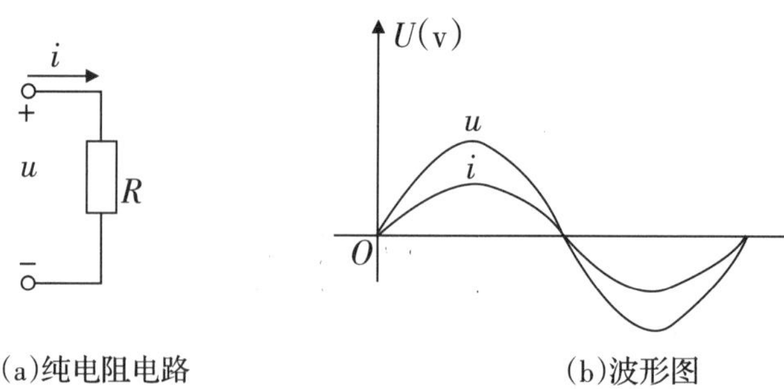

(a)纯电阻电路　　　　(b)波形图

图3-1-7　电阻元件的交流电路

4.纯电阻电路的功率

在任一瞬间,电阻中电流瞬时值与同一瞬间的电阻两端电压的瞬时值的乘积,称为电阻获得的瞬时功率。

$$
\begin{aligned}
p = ui &= U_m \sin\omega t I_m \sin\omega t \\
&= U_m I_m \sin^2\omega t \\
&= UI(1-\cos2\omega t)
\end{aligned}
$$

(1)由上式可知,瞬时功率p的变化频率是电源频率的2倍。瞬时功率在任一瞬间的数值都是正值。这说明了电阻总是从电源取用功率,即总是消耗功率,是耗能元件。

(2)由于瞬时功率时刻变动,不便计算,因而通常用电阻在交流电一个周期内消耗功率的平均值来表示功率的大小,叫作平均功率,也称为有功功率。用P表示,单位是瓦特(W)。

$$P=\frac{1}{T}\int_0^T p\mathrm{d}t=\frac{1}{T}\int_0^T UI\,(1-\cos2\omega t)\mathrm{d}t=UI=RI^2$$

电流电压用有效值表示时,其功率P的计算与直流电路相同(即同一电阻接在220 V交流电源上与接在220 V直流电源上所取用的功率是完全相同的)。瞬时功率波形如图3-1-8示。图中虚线为u、i和平均功率P。

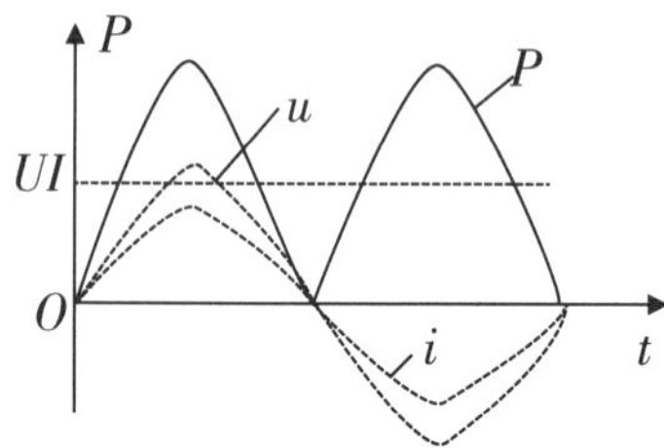

图3-1-8　瞬时功率波形图

(二)电感的特性

只含有电感元件的交流电路叫作纯电感电路,如只含有理想线圈的电路。设电压电流的参考方向相关联,如图3-1-9(a)所示。

1.电感电流与电压的瞬时值关系

当纯电感电路中有交变电流通过时,根据电磁感应定律,线圈L上将产生自感电动势,其表达式为:

$$e_L=-L\frac{\mathrm{d}i}{\mathrm{d}t}$$

对于一个内阻很小的电源,其电动势e与端电压u_L总是大小相等,方向相反。即

$$u=-e_L=-\left(-L\frac{\mathrm{d}i}{\mathrm{d}t}\right)=L\frac{\mathrm{d}i}{\mathrm{d}t}$$

设电感L中流过的电流$i=I_m\sin\omega t$

则 $$u=L\frac{di}{dt}=\omega LI_m\cos\omega t=U_m\sin(\omega t+90°)$$

2.电感电流与电压的有效值关系

由$u=L\frac{di}{dt}=\omega LI_m\cos\omega t=U_m\sin(\omega t+90°)$可知，

u、i幅值的关系为： $U_m=\omega LI_m$

u、i有效值的关系为： $U=\omega LI=X_LI$ （X_L——感抗）

所以 $X_L=\omega L=2\pi fL$

故在直流电路中，$f=0$，$X_L=0$，电感可视为短路，感抗只有在交流电路中才有意义；在交流电路中，$f\uparrow\rightarrow X_L\uparrow\rightarrow\infty$，电感可视为开路，$L$对高频电流阻碍作用很大。

3.电感电流与电压的相位关系

由公式$i=I_m\sin\omega t$和$u=L\frac{di}{dt}=\omega LI_m\cos\omega t=U_m\sin(\omega t+90°)$可知，电感电压比电流超前90°或电感电流比电压滞后90°，画出u、i的波形图和相量图，如图4-1-9(b)、(c)所示。

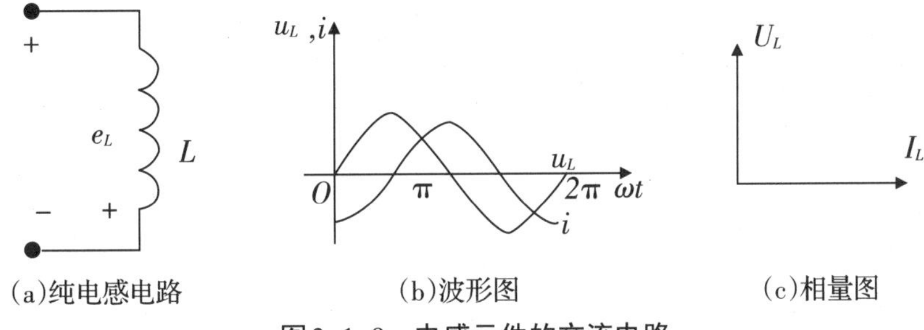

（a）纯电感电路　（b）波形图　（c）相量图

图3-1-9　电感元件的交流电路

4.纯电感电路功率

纯电感电路的功率的大小是各瞬时电压与电流的乘积。

$$\begin{aligned}P&=ui\\&=U_m\sin(\omega t+90°)I_m\sin\omega t\\&=U_mI_m\sin\omega t\cos\omega t\\&=1/2\,U_mI_m\sin2\omega t\\&=UI\sin2\omega t\end{aligned}$$

纯电感电路的平均功率（有功功率）：

$$P=\frac{1}{T}\int_0^T p\mathrm{d}t=\frac{1}{T}\int_0^T UI\sin2\omega t\mathrm{d}t$$

这样，在同一个周期内，纯电感电路中没有能量的消耗，只有电能和磁能周期性的转换。因此，电感元件是一个储能元件。转换的功率可用无功功率Q衡量。瞬时功率不为零。瞬时功率最大值称无功功率。用Q表示，单位是乏(var)。

$$Q=UI=I^2X_L=U_L^2/X_L$$

注意：“无功”的含义是“交换”而不是“消耗”，它是相对“有功”而言，不能理解为“无用”。事实上，无功功率在生产实际中占有很重要的地位。具有电感的变压器、电动机等设备都是靠电磁转换工作的。

(三)电容的特性

1.纯电容电路电流与电压的关系

设电压电流的参考方向相关联,如图3-1-10(a)所示。纯电容电路电流与电压的关系为

$$i=C\frac{\mathrm{d}u}{\mathrm{d}t}$$

设电压u为参考相量,即 $u=U_{\mathrm{m}}\sin\omega t$

则 $$i=C\frac{\mathrm{d}u}{\mathrm{d}t}=\omega CU_{\mathrm{m}}\cos\omega t=I_{\mathrm{m}}\sin(\omega t+90°)$$

2.电感电流与电压的有效值关系

由$i=C\frac{\mathrm{d}u}{\mathrm{d}t}=\omega CU_{\mathrm{m}}\cos\omega t=I_{\mathrm{m}}\sin(\omega t+90°)$可知

u、i幅值的关系为 $I_{\mathrm{m}}=\omega CU_{\mathrm{m}}$或$U_{\mathrm{m}}=\frac{1}{\omega C}I_{\mathrm{m}}$

u、i有效值的关系为 $U=\frac{1}{\omega C}I=X_CI$

故 $$X_C=\frac{1}{\omega C}=\frac{1}{2\pi fC}\quad(X_C\text{——容抗})$$

上式表明,同一电容(C为定值)对不同频率的正弦电流表现出不同的容抗,频率越高,则容抗越小。因此电容器对高频电流有较大的传导作用。

3.电感电流与电压的相位关系

由$u=U_{\mathrm{m}}\sin\omega t$和$i=C\frac{\mathrm{d}u}{\mathrm{d}t}=\omega CU_{\mathrm{m}}\cos\omega t=I_{\mathrm{m}}\sin(\omega t+90°)$可知,电感电流比电压超前90°或电感电压比电流滞后90°,画出u、i的波形图和相量图,如图3-1-10(b)、(c)所示。

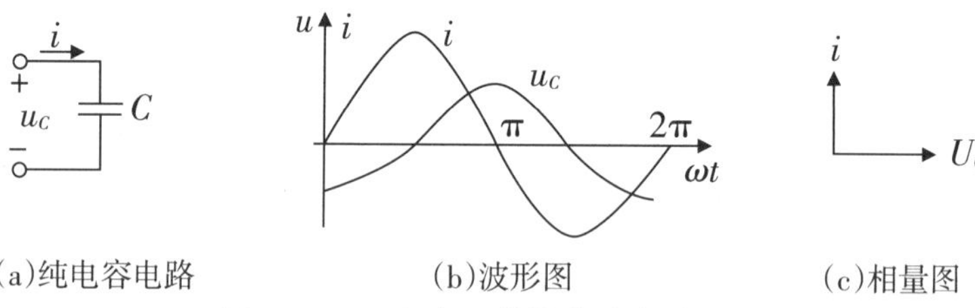

(a)纯电容电路　(b)波形图　(c)相量图

图3-1-10　电容元件的交流电路

4.电容电路功率

纯电容电路的功率的大小是各瞬时电压与电流的乘积,即:

$$\begin{aligned}P&=ui\\&=U_{\mathrm{m}}\sin\omega t\,I_{\mathrm{m}}\sin(\omega t+90°)\\&=U_{\mathrm{m}}I_{\mathrm{m}}\sin\omega t\cos\omega t\\&=1/2\,U_{\mathrm{m}}I_{\mathrm{m}}\sin2\omega t\\&=UI\sin2\omega t\end{aligned}$$

纯电感电路的平均功率(有功功率):

$$P=\frac{1}{T}\int_0^T p\mathrm{d}t=\frac{1}{T}\int_0^T UI\sin2\,\omega t\mathrm{d}t=0$$

这样,在同一个周期内,纯电容电路中没有能量的消耗,只是电容元件与电源之间不停地有能量交换(电容器不停地充电和放电)。因此,电容元件是一个储能元件。无功功率用来表示电容和电源交换能量的规模,单位是乏(var)。

$$Q=UI=I^2X_C=U_L^2/X_C$$

汽车电工电子

【任务实施】

一、实施内容

(1)单相正弦交流电的产生原理。
(2)单相正弦交流电的常见物理量分析。
(3)单相正弦交流电的表达方法。
(4)单相正弦交流电中的电阻、电容、电感的特性。

二、准备工作

1.所需设备、工具和材料

电源、导线。

2.安全防护用品

标准作业装、安全鞋、手套等。

三、技术规范与注意事项

(1)严禁违规操作。
(2)使用维修手册和电路图时要注意避免残缺不全。
(3)要遵守维修手册规定的其他技术和安全要求。

四、任务实施步骤及方法

(1)一般准备工作。
①清点所需工具、量具数量和种类。
②检查设备、工具、量具性能是否良好。
(2)画出单相正弦交流电波形图。

(3)用有效值相量图表示$u=220\sqrt{2}\sin(\omega t+53°)$V和$i=240\sqrt{2}\sin\omega t$ A。

(4)根据图3-1-11相位波形图,完成下面内容。
(1)当______时,称电压比电流落后φ。
(2)当______时,称电压与电流同相。
(3)当______时,称电压与电流反相或电压比电流超前180°。
(4)当______时,称电压与电流正交或电压比电流超前90°。

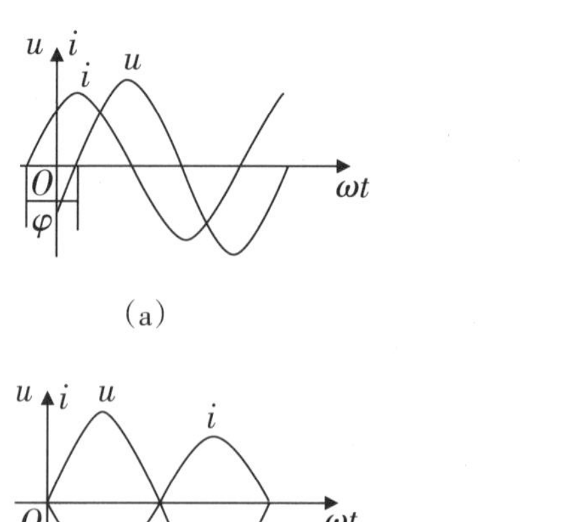

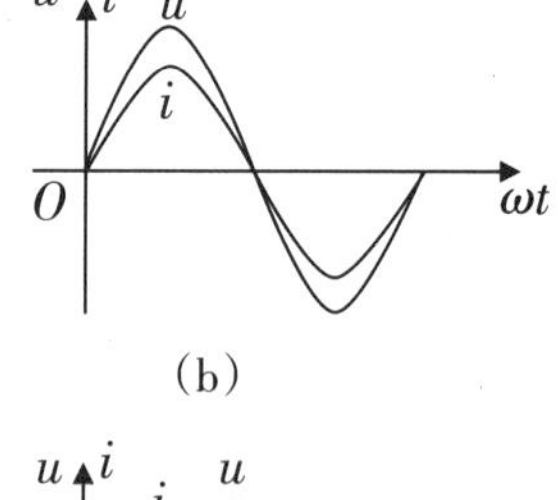

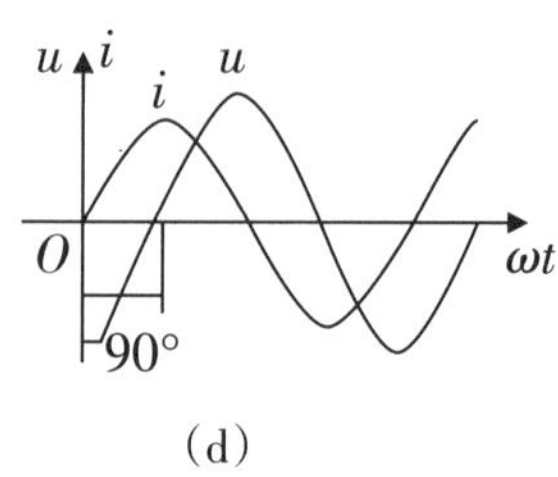

图3-1-11　相位差波形图

(5)现场恢复。

①收回、清点、整理工具、量具及设备。

②与小组成员共同清洁场地。

【任务检测】

1.正弦交流电中的相量与中学数学中的向量和物理中的矢量有什么相同和不同?

2.已知:f=50 Hz的正弦交流电,求它的周期T和角频率ω。

【评价与反馈】

序号	考核项目	分值	考核内容	配分	考核标准	得分
1	出勤、纪律	5分	出勤	2分	违规一次不得分	
			行为规范	3分	违规一次不得分	
2	安全、防护、环保	20分	着装	2分	违规一次不得分	
			个人防护	3分	违规一次不得分	
			“5S”“EHS”	5分	违规一次不得分	
			设备使用安全	5分	违规一次不得分	
			操作安全	5分	违规一次不得分	
3	任务检测	20分	任务测验成绩	20分	测验成绩的20%计	
4	技能考核	35分	技能测验成绩	35分	测验成绩的35%计	
5	学习能力	10分	工单填写,工艺计划制订	4分	未做不得分	
			组内活动情况	5分	酌情扣分	
			资料查阅和收集	1分	未做不得分	
6	任务拓展	10分	知识拓展任务	2分	未做不得分	
			技能拓展任务	8分	未做不得分	
总分		100分				

【教师评估】

序号	优点	存在问题	解决方案
教师签字:			

【学习后记】

任务二 认知三相正弦交流电路

【任务目标】

目标类型	目标要求
知识目标	(1)能叙述三相交流电的概念及其产生过程 (2)能阐述三相电源星形接法的含义,三相对称负载星形、三角形接法的特点
技能目标	(1)能制作三相负载的星形联结、三角形联结 (2)能测量线电压、相电压及线电流、相电流 (3)能使用功率表并正确测量三相电路功率
情感目标	(1)养成严谨的工作作风 (2)具有安全操作意识

【任务描述】

了解三相负载作星形、三角形联结电路的连接方法。通过线电压、相电压及线电流、相电流的测量,观察各相灯组亮暗的变化程度,并观察中线的作用。同时通过对三相电路功率的测量,学会功率表的接线和使用方法。

【知识准备】

一、三相交流电动势的产生

(一)三相交流电路的定义

由三相交流电源供电的电路称为三相交流电路。所谓三相交流电路是指由三个频率相同、最大值(或有效值)相等、在相位上互差120°的单相交流电动势组成的电路。这三个电动势称为三相对称电动势。

(二)三相交流电的优点

(1)三相交流发电机比功率相同的单相交流发电机体积小、质量轻。

(2)电能输送成本低。当输送功率相等、电压相同、输电距离一样,线路损耗也相同时,用三相制输电比单相制输电可大大节省输电线有色金属的消耗量,即输电成本较低。

(3)目前获得广泛应用的三相异步电动机是以三相交流电作为电源,它与单相电动机或其他电动机相比具有结构简单、价格低廉、性能良好和使用维护方便等优点。因此在现代电力系统中,三相交流电路获得广泛应用。

(三)三相交流电的产生

三相交流电的产生就是指三相交流电动势的产生。三相交流电动势由三相交流发电机产生,它是在单相交流发电机的基础上发展而来的。

如图3-2-1(a)是三相发电机的原理图。发电机的转动部分称为转子，在转子的励磁绕组中通以直流电，产生恒定的磁场。发电机的固定部分称为定子，定子铁芯的内圆放置电枢绕组。三个尺寸和匝数相同的绕组分别用U_1U_2、V_1V_2、W_1W_2表示，称为三相绕组U相、V相、W相，U_1、V_1、W_1称为绕组的首端，U_2、V_2、W_2称为末端。三个绕组安装在定子铁芯槽内，三相绕组在空间位置上相差120°。各相绕组的匝数和形状都相同，图3-2-1(b)所示为U相绕组的示意图。

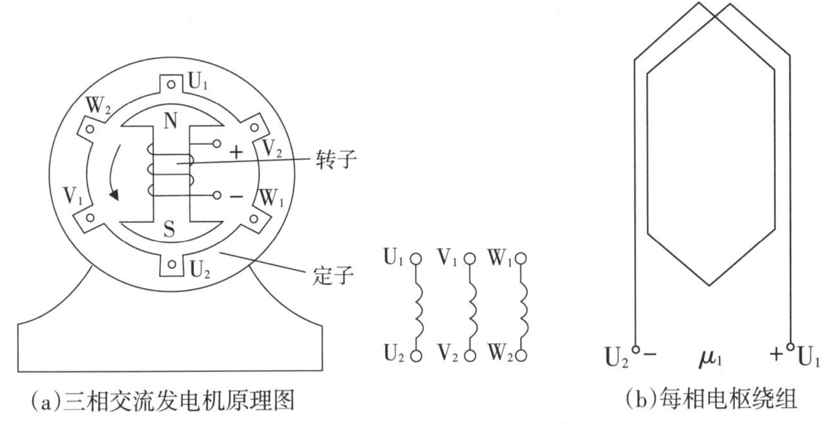

(a)三相交流发电机原理图　　(b)每相电枢绕组

图3-2-1　三相对称电动势的产生

磁极放在转子上，一般均由直流电通过励磁绕组产生一个很强的恒定磁场。当转子由原动机拖动做匀速转动时，三相定子绕组即切割转子磁场而感应出三相对称交流电动势。

这三个电动势的三角函数表达式为：

$$\begin{cases} e_U = E_m \sin\omega t \\ e_V = E_m \sin(\omega t - 120°) \\ e_W = E_m \sin(\omega t - 240°) = E_m \sin(\omega t + 120°) \end{cases}$$

其波形图如图3-2-2(a)所示，相量图如图3-2-2(b)所示。

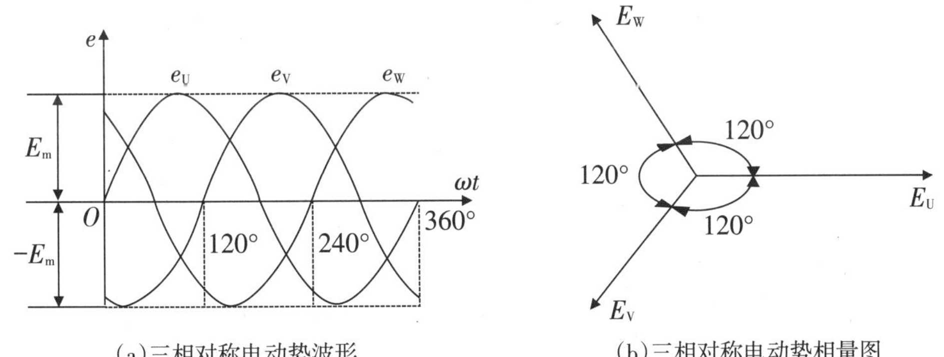

(a)三相对称电动势波形　　(b)三相对称电动势相量图

图3-2-2　三相交流电动势

从图3-2-2(a)中可以看出，三相交流电动势在任一瞬间其三个电动势的代数和为零，即：

$$e_U+e_V+e_W=0$$

在图3-2-2(b)中还可看出三相正弦交流电动势的相量和也等于零，即：

$$U+V+W=0$$

把它们称作三相对称电动势，规定每相电动势的正方向是从线圈的末端指向首端(或由低电位指向高电位)。

二、三相绕组的联结

三相交流发电机实际有三个绕组，六个接线端。我们目前采用的是将这三相交流电按照一定的方式联结成一个整体向外送电的方法。联结的方法通常为星形和三角形。

（一）三相绕组的星形联结

1.星形联结

将电源的三相绕组末端U_2、V_2、W_2连在一起，首端U_1、V_1、W_1分别与负载相连，这种方式就叫作星形联结。其接法如图3-2-3所示。

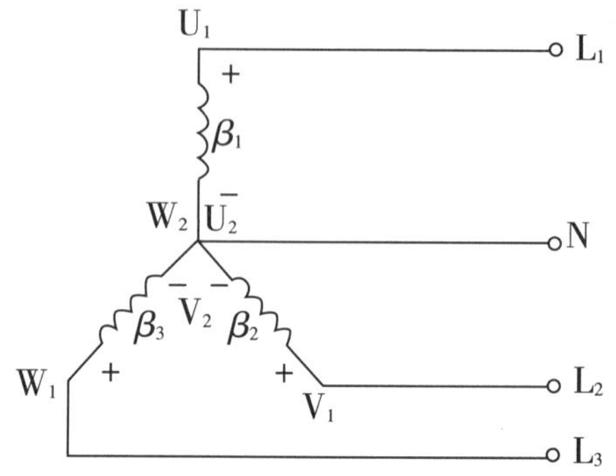

图3-2-3　三相电源的星形联结（有中性线）

2.中点、中性线、相线、地线

三相绕组末端相连的一点称为中点或零点，一般用“N”表示。从中点引出的导线叫作中性线（简称中线），也叫零线。叫零线的原因是三相电源对称时中性线中没有电流通过了，再有就是它直接或间接地接到大地，跟大地相连电压也接近为零。

从首端U_1、V_1、W_1引出的三根导线称为相线（或端线）。由于它与大地之间有一定的电位差，一般通称火线。火线与零线共同组成供电回路。在低压电网中用三相四线制输送电力，其中有三根相线一根零线。

地线是把设备或用电器的外壳可靠地连接大地的线路，是防止触电事故的良好方案。为了保证用电安全，在用户使用区改为用三相五线制供电，这第五根线就是地线，它的一端是在用户区附近用金属导体深埋于地下，另一端与各用户的地线接点相连起保护的作用。

3.输电方式

由三根火线和一根地线所组成的输电方式称三相四线制（通常在低压配电系统中采用）。只由三根火线所组成的输电方式称三相三线制（在高压输电时采用较多）。

4.三相电源星形联结时的电压关系

（1）相电压U_P。每个绕组的相线与中性线之间的电压称为相电压。相电压的有效值用U_U、U_V、U_W表示。

（2）线电压U_L。各绕组相线与相线之间的电压叫作线电压，其有效值分别用U_{UV}、U_{VW}、U_{WU}表示。

（3）相电压与线电压参考方向的规定。相电压的正方向是由首端指向中点N，例如电压U_U是由首端U指向中点N；线电压的方向，如电压U_{UV}是由首端U指向首端V，书写时不能颠倒，否则相位相差180°。

（4）线电压U_L与相电压U_P的关系。相电源星形联结时的电压相量图，如图3-2-4所示。三个相电压大小相等，在空间各相差120°。

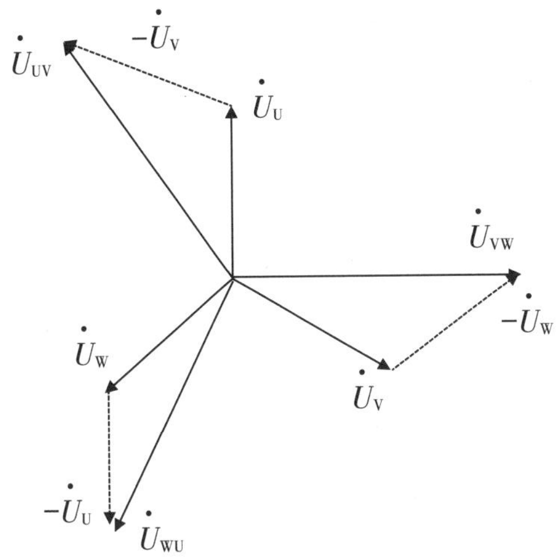

图3-2-4 电源星形联结时的电压相量图

故两端线U和V之间的线电压应该是两个相应的相电压之差，即

$$\dot{U}_{UV}=\dot{U}_U-\dot{U}_V$$
$$\dot{U}_{VW}=\dot{U}_V-\dot{U}_W$$
$$\dot{U}_{WU}=\dot{U}_W-\dot{U}_U$$

线电压大小利用几何关系可求得为：

$$U_{UV}=2U_U\cos 30°=\sqrt{3}U_U$$

同理可得：

$$U_{VW}=\sqrt{3}U_V \qquad U_{WU}=\sqrt{3}U_W$$

结论：三相电路中线电压的大小是相电压的 $\sqrt{3}$ 倍，其公式为

$$U_L=\sqrt{3}U_P$$

平常我们讲的电源电压为220 V，即指相电压；讲电源电压为380 V，即指线电压。由此可见：三相四线制的供电方式可以给负载提供两种电压，即线电压380 V和相电压220 V，因而在实际中获得了广泛的应用。

(二)三相电源的三角形联结

1.三角形联结(△接)

如图3-2-5所示，将电源一相绕组的末端与另一相绕组的首端依次相连(接成一个三角形)，再从首端U_1、V_1、W_1分别引出端线，这种连接方式就叫三角形联结，如图3-2-5(a)所示。相量图如图3-2-5(b)所示。

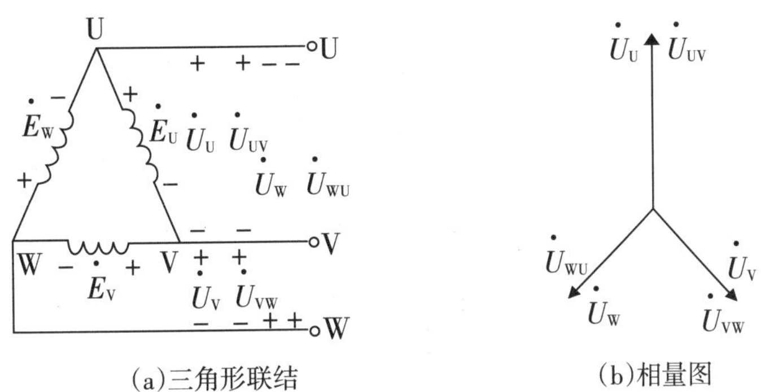

图3-2-5 三相电源的三角形联结

2.三相电源三角形联结时的电压关系

由图3-2-5可见：

$$\dot{U}_{UV}=\dot{U}_{U}$$
$$\dot{U}_{VW}=\dot{U}_{V}$$
$$\dot{U}_{WU}=\dot{U}_{W}$$

所以三相电源三角形联结时，电路中线电压的大小与相电压的大小相等，即：

$$\dot{U}_{L}=\dot{U}_{P}$$

由相量图3-2-5(b)可以看出，三个线电压之和为零，即：

$$\dot{U}_{UV}+\dot{U}_{VW}+\dot{U}_{WU}=0$$

同理可得，在电源的三相绕组内部三个电动势的相量和也为零，即：

$$\dot{E}_{UV}+\dot{E}_{VW}+\dot{E}_{WU}=0$$

因此当电源的三相绕组采用三角形联结时，在绕组内部是不会产生环路电流（环流）的。在生产实际中，发电机绕组很少接成三角形，通常接成星形。

三、三相负载的连接

在三相负载中，如果每相负载的电阻均相等，电抗也相等（且均为容抗或均为感抗），则称为三相对称负载。如果各相负载不同，就是不对称的三相负载，如三相照明电路中的负载。负载也和电源一样可以采用两种不同的连接方法，即星形联结和三角形联结。

（一）三相负载的星形联结

如图3-2-6所示为三相负载星形联结三相四线制电路，它的接线原则与电源的星形联结相似，即将每相负载末端连成一点N′（中性点N′），首端U、V、W分别接到电源线上。这样的连接方式就称为星形联结。

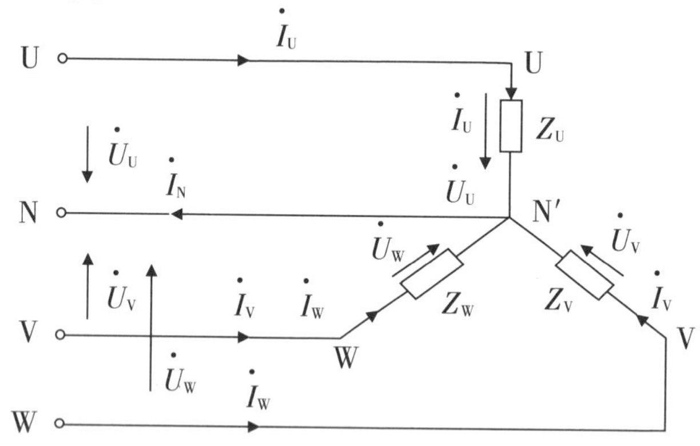

图3-2-6　三相负载星形联结的三相四线制电路

由图3-2-6可知，流过中线电流为：

$$\dot{I}_{N}=\dot{I}_{U}+\dot{I}_{V}+\dot{I}_{W}$$

若三相负载对称，则在三相对称电压的作用下，流过三相对称负载中每相负载的电流应相等，即：

$$I_{L}=I_{U}=I_{V}=I_{W}=\frac{U_{P}}{|Z_{P}|}$$

此时流过中性线的电流I_N为零，中性线可以去掉，形成三相三线制电路。但事实上三相负载不对称，若断开中性线，将会使有的负载端电压升高，有的负载端电压降低，因而负载不能在额定电压下正常工作，甚至可能引起用电设备的损坏。为了确保负载正常工作，对于星形联结的不对称负载（例如照明电路）必须接中性线，而且不能把熔断器和其他开关安装在中性线上。故凡有照明、单相电动机、电扇、各种家用电器的场合，也就是说一般低压用电场所，大多采用三相四线制。如图3-2-7所示是三相负载星形联结的三相四线制电路，它能提供220 V和380 V两种电压。

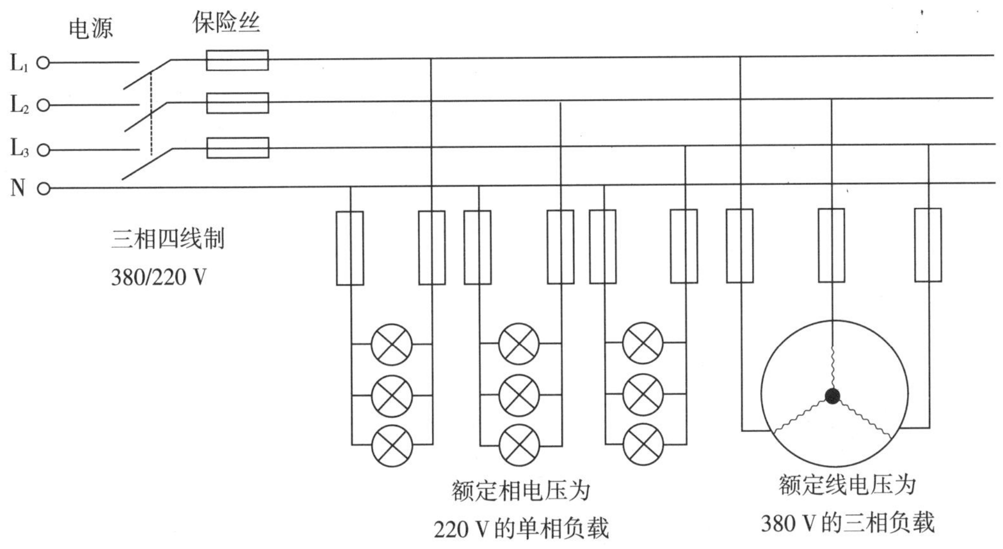

图3-2-7　三相负载星形联结三相四线制电路

（二）三相负载的三角形联结

如果负载的额定电压等于三相电源的线电压，则必须把负载接于两根相线之间。把这样的负载分为三组，分别接于相线U与V、V与W、W与U之间，就构成了负载的三角形联结，如图3-2-8所示。由于三相电源的线电压是对称的，而每相负载直接接于相线之间，因而各相负载所受的电压（也称负载相电压）总是对称的。

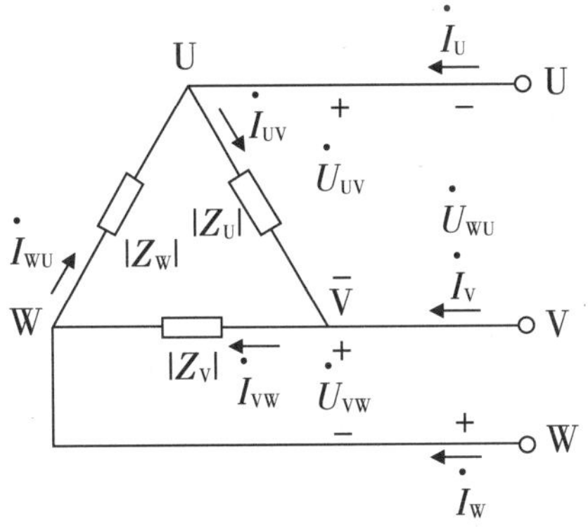

图3-2-8　三相负载的三角形联结

【任务实施】

一、实施内容

(1)三相正弦交流电产生的原理。
(2)三相电源的连接。
(3)三相负载的连接。

二、准备工作

(1)所需设备、工具和材料。
电源、导线、电阻。
(2)安全防护用品。
标准作业装、安全鞋、线手套等。

三、技术规范与注意事项

(1)严禁违规操作。
(2)使用维修手册和电路图时要注意避免残缺不全,使用资料应与车辆型号相对应。
(3)要遵守维修手册规定的其他技术和安全要求。

四、任务实施步骤及方法

(1)一般准备工作。
①清点所需工具、量具数量和种类。
②检查设备、工具、量具性能是否良好。
(2)画出两种三相电源联结图。

(3)画出两种三相负载联结图。

(4)现场恢复。
①收回、清点、整理工具、量具及设备。
②与小组成员共同清洁场地。

【任务检测】

1.写出三相交流电的优点。

2.教室里有日光灯、空调、多媒体屏幕升降电动机等设备,你能否将教室的电路图画出来?

【评价与反馈】

序号	考核项目	分值	考核内容	配分	考核标准	得分
1	出勤、纪律	5分	出勤	2分	违规一次不得分	
			行为规范	3分	违规一次不得分	
2	安全、防护、环保	20分	着装	2分	违规一次不得分	
			个人防护	3分	违规一次不得分	
			"5S""EHS"	5分	违规一次不得分	
			设备使用安全	5分	违规一次不得分	
			操作安全	5分	违规一次不得分	
3	任务检测	20分	任务测验成绩	20分	测验成绩的20%计	
4	技能考核	35分	技能测验成绩	35分	测验成绩的35%计	
5	学习能力	10分	工单填写,工艺计划制订	4分	未做不得分	
			组内活动情况	5分	酌情扣分	
			资料查阅和收集	1分	未做不得分	
6	任务拓展	10分	知识拓展任务	2分	未做不得分	
			技能拓展任务	8分	未做不得分	
总分		100分				

【教师评估】

序号	优点	存在问题	解决方案
教师签字:			

【学习后记】

任务三 认知电阻、电容、电感

【任务目标】

目标类型	目标要求
知识目标	(1)能叙述电阻、电容、电感的概念 (2)能阐述电阻、电容、电感的产生原理
技能目标	(1)能制作含有电阻、电容的简单电路 (2)能利用简单原理分析特殊电阻在汽车上的应用
情感目标	(1)养成严谨的工作作风 (2)具有安全操作意识

【任务描述】

在连接含有电阻的简单电路时,你会发现采用不同的电阻,灯泡的明亮程度会不同。如果对电阻的特性进行探究,最终会发现这是因为每个电阻的阻值不同造成的。

【知识准备】

一、电阻

(一)电阻的定义

电荷在导体内做定向移动会遇到阻碍作用,这种阻碍称为电阻。具有一定的电阻数的元器件称为电阻器,简称为电阻。

经过大量的实验,科学家得出了电阻定律:在一定温度下,导体的电阻R与它的长度L成正比,与它的横截面积S成反比,还与导体的材料有关系。其表达式是:

$$R=\rho\frac{L}{S}$$

式中:R——导体的电阻(Ω);

L——导体的长度(m);

S——导体的横截面积(m^2);

ρ——导体的电阻率(Ω·m)。

其中ρ叫作物体的电阻系数或电阻率,它与材料的性质有关。不同的材料的电阻率是不同的。常见材料的电阻率,见表3-3-1。

表3-3-1 常见材料的电阻率和电阻温度系数

材料名称	电阻率ρ/(Ω·m)	平均电阻温度系数α/(1/℃) 0～100℃
银	0.0165	0.0036
铜	0.0175	0.004

续表

材料名称	电阻率ρ/(Ω·m)	平均电阻温度系数α/(1/℃) 0～100℃
铝	0.0283	0.004
低碳钢	0.13	0.006
碳	35	-0.0005
锰钢	0.43	0.000006
康铜	0.49	0.000005
镍铬合金	1.1	0.00013
铁铬铝合金	1.4	0.00008
铂	0.106	0.00389

电阻率ρ是反映材料导电性能强弱的系数。由表3-3-1可见，银、铜、铝的电阻率很小，表示其对电流的阻碍小，导电能力强。因此，常用铜或铝来制造导线和电器设备的线圈。银的电阻率最小，但因价格昂贵，因而只有在有特殊要求的场合使用，如电器触头等。镍铬合金、铁铬铝合金的电阻率很大，而且耐高温，常用来制造发热器件的电阻丝。

(二)电阻与温度的关系

人们在生产实践或科学实验中发现，导体的电阻还与温度的变化有关。一般可分为三种情况。第一类导体电阻随温度的升高而增加，如银、铝、铜、铁、钨等金属。第二类导体电阻随温度升高而减小，如电解液和半导体材料等。第三类导体的电阻几乎不随温度的改变而变化，如康铜、锰钢、镍铬合金等。因此用电阻温度系数来反映材料电阻受温度影响的程度。常见材料的电阻温度系数见表3-3-1。

工程上通常用电阻温度系数极小的康铜、锰钢制造标准的电阻、电阻箱以及电工仪表中的分流电阻和附加电阻等。金属导体的电阻随温度变化的特性还可用于温度的测量。例如金属铂，它是一种贵重金属，电阻温度系数较大且熔点高，因而常用于制造铂电阻温度计，一般测温范围为-200~850 ℃。

通常金属导体的电阻随温度的升高而增加，它们的关系是：

$$R_2=R_1[1+\alpha(t_2-t_1)]$$

式中：t_1——参考温度(通常为20 ℃)；

t_2——导体实际温度(℃)；

R_1——t_1时的电阻(Ω)；

R_2——t_2时的电阻(Ω)；

α——电阻温度系数(1/℃)。

(三)线性电阻与非线性电阻

电阻元件的端电压u与通过该元件的电流i之间的函数关系用$u=f(i)$来表示，在坐标平面上表示电阻元件的电压电流关系曲线称为伏安特性曲线。根据伏安特性的不同，电阻元件分两大类：线性电阻和非线性电阻。

线性电阻元件的端电压u与电流i符合欧姆定律，即$u=Ri$，其中R是一个常数，其伏安特性曲线是一条通过坐标原点的直线，如图3-3-1(a)所示。该直线的斜率只与元件的电阻R有关，与元件两端的电压u和通过该元件的电流i无关。

非线性电阻元件的端电压u与电流i的关系是非线性关系，其阻值R不是一个常数，随着电流或电压的变化而变化，其伏安特性曲线是一条通过坐标原点的曲线，如图3-3-1(b)所示。非线性电阻种类繁多，常见的如白炽灯丝、普通二极管、稳压二极管等。

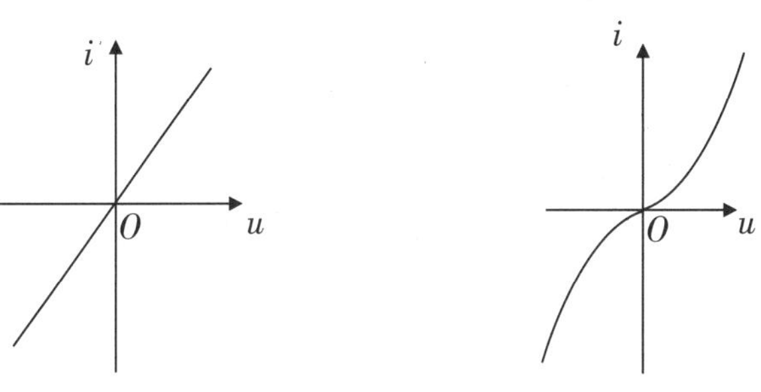

(a)线性电阻的伏安特性　　(b)非线性电阻的伏安特性

图3-3-1　电阻元件的伏安特性

(四)电阻的分类

(1)按阻值特性分为固定电阻、可调电阻、特种电阻(敏感电阻)。不能调节的，我们称为定值电阻或固定电阻，而可以调节的，我们称之为可调电阻。常见的可调电阻是滑动变阻器，例如收音机音量调节的装置是个圆形的滑动变阻器。主要应用于电压分配的，我们称为电位器。

(2)按制造材料分为碳膜电阻、金属膜电阻、线绕电阻等。薄膜电阻是用蒸发的方法将一定电阻率材料蒸镀于绝缘材料表面制成。

(3)按安装方式分为插件电阻、贴片电阻。

(4)按功能分为负载电阻、采样电阻、分流电阻、保护电阻等。

(五)电阻器额定功率的识别

电阻器额定功率指电阻器在直流或交流电路中长期连续工作所允许消耗的最大功率，有两种标记方法：功率1 W或大于1 W的电阻器，一律以罗马数字标出；1 W以下的电阻器，以自身体积大小来表示功率。常用的有0.05 W、0.125 W、0.25 W、0.5 W、1 W、2 W、3 W、5 W、7 W、10 W。一些非线绕电阻器额定功率的符号如图3-3-2所示。

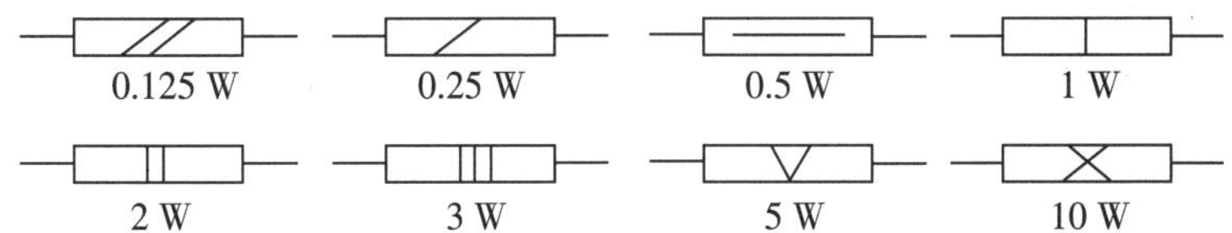

图3-3-2　电阻器额定功率电路符号

(六)电位器

电位器是常用的电子元件之一,种类较多,特性不同。电位器的阻值是可调的,它所用的材料与固定电阻器相同。每个电位器的外壳上都标有阻值,这是电位器的标称值,它是指电位器的最大电阻值。常见的电位器有直线式(X型)、指数式(Z型)、对数式(D型)。三种形式的电位器其阻值随活动触点的旋转角度变化的曲线如图3-3-3所示。图中纵坐标表示在某一角度时的实际电阻值占电位器总电阻值的百分比,横坐标是旋转角与最大旋转角的百分比。

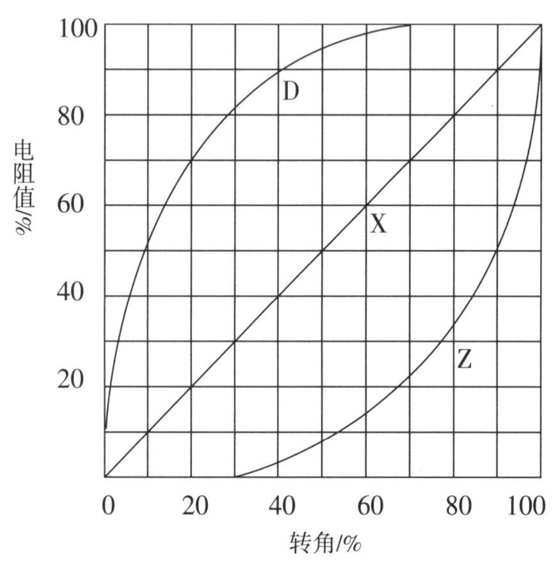

图3-3-3　电位器旋转角与实际阻值的变化关系

X型电位器其电阻值变化与转角成直线关系,也就是电阻体上导电物质的分布是均匀的,所以单位长度的阻值相等。它适用于一些要求均匀调节的场合,如分压器、偏流调整等电路。

Z型电位器在开始转动时阻值变化较小而在转角接近最大转角一端时,阻值的变化比较显著,适合于音量控制电路,因为人耳对较小的声音稍有增加时,感觉很灵敏,但声音大到某一值后,即使声音功率有了较大的增加,人耳的感觉却变化不大。因此,采用这种电位器做音量控制,可获得音量与电位器转角近似于线性的关系。

D型电位器的阻值变化与Z型正好相反,它在开始转动时阻值变化很大,而在转角接近最大值附近时,阻值变化就比较缓慢。它适用于音量控制等电路。

二、特殊电阻器及其在汽车上的应用

(一)热敏电阻

热敏电阻是一种用陶瓷半导体制成的电阻温度系数很大的电阻体,在工作温度范围内,按陶瓷半导体的电阻与温度的特性关系,热敏电阻可分为三种类型,如图3-3-4所示。

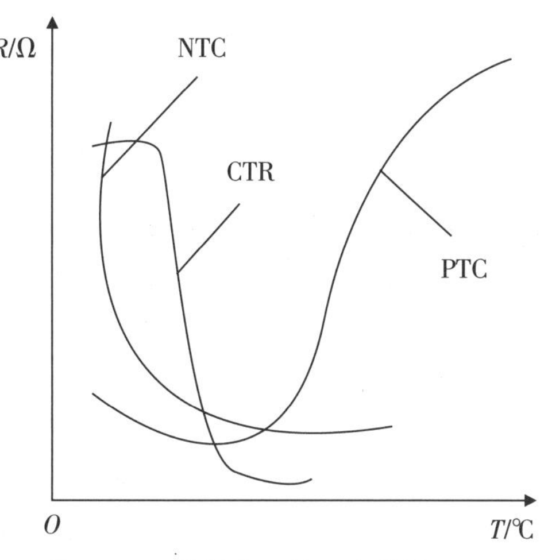

图3-3-4 热敏电阻的温度特性

1. **负温度系数热敏电阻**(NTC)

其电阻值随温度升高而减小。这种电阻是由镍、铜、钴、锰等金属氧化物按适当比例混合后,再高温烧结而成的,现广泛用于汽车发动机冷却水温度传感器、进气温度传感器、机油温度传感器和空调温度传感器中。

2. **正温度系数热敏电阻**(PTC)

其电阻值随温度升高而按指数函数增加。这种电阻在汽车发动机、仪器、仪表等测温感温部件中广泛应用。

3. **临界温度系数热敏电阻**(CTR)

其电阻值随温度升高而按指数函数减小。

现以红旗轿车冷却液温度传感器为例来了解热敏电阻。红旗轿车冷却液温度传感器用一个负温度系数的热敏电阻作为检测元件。当冷却液温度升高时,传感器的电阻值随之减小;反之,当冷却液温度降低时,传感器的电阻值增大。红旗轿车的冷却液温度传感器电阻与温度的关系见表3-3-2。

表3-3-2 红旗轿车冷却液温度传感器电阻与温度的关系

温度/℃	-20	0	60	80	100	120
电阻/Ω	15080	5800	603	327	187	114

热敏电阻式温度传感器,具有体积小、灵敏度高、安装简单、价格低廉的特点。因此,在汽车电子控制系统中,这种温度传感器是应用最广泛的传感器之一。

(二)光敏电阻

光敏电阻是利用半导体光电效应制成的一种特殊电阻,对光线十分敏感,它的电阻值能随着外界光照强弱(明暗)变化而变化。它在无光照射时,呈高电阻值状态;当有光照射时,其电阻值迅速减小。汽车中的光电式光量传感器中就采用了光敏电阻——硫化镉(CdS)光导电元件,应用了光照强度能引起电阻值变化的特性。当光线照射硫化镉(CdS)时,若周围环境暗时则电阻值大,若周围环境亮时电阻值则变小。光电式光量传感器通过硫化镉(CdS)光导电元件,将周围光照的变化转换为电阻值的变化,并以电信号的形式输入给控制器。光导电元件硫化镉特性如图3-3-5所示。

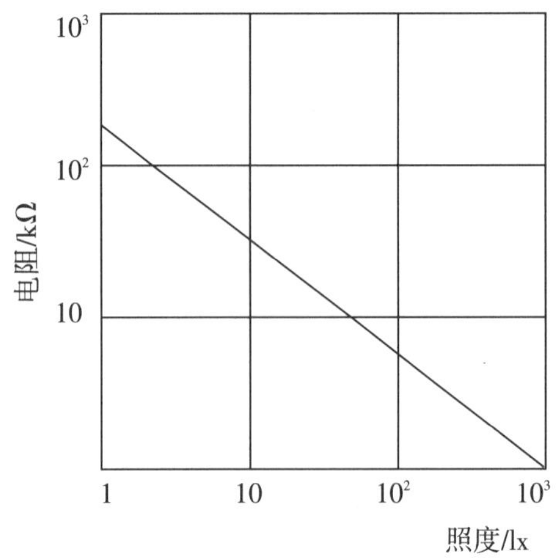

图3-3-5 硫化镉的特性

光电式光量传感器在汽车上可用于各种灯具亮、熄的自动控制。光电式光量传感器的结构如图3-3-6所示。在该传感器中，光导电元件硫化镉为多晶硅结构，在传感器中把硫化镉做成曲线形状，目的是增大与电极的接触面积，从而提高该传感器的灵敏度。灯光控制器安装在仪表板的上方，到傍晚时，它使尾灯点亮，当天色变得更暗时，前照灯被点亮。当对方来车时，还具有变光功能，这些都是自动完成的。

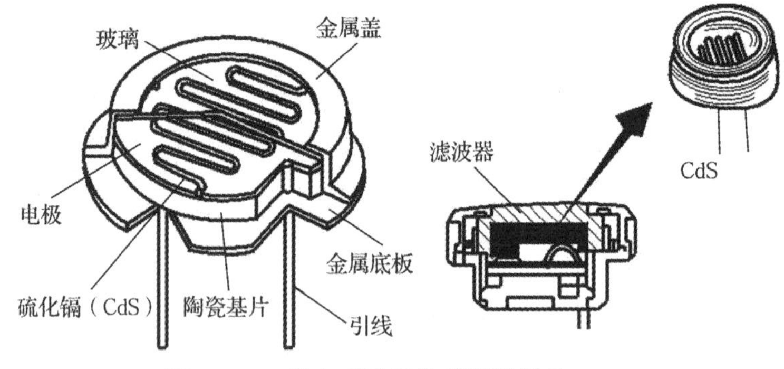

图3-3-6 光电式光量传感器的结构

三、电容

（一）电容元件及其特性

电容元件是从实际电容器抽象出来的电路模型。实际电容器通常由两块金属板中间充满介质构成，电容器加上电压后，两块极板上将出现等量异种电荷，并在两极间形成电场，储存电荷和电场能。电容器极板上储存的电荷量q与外加电压u成正比，即

$$C=\frac{q}{u}$$

式中：C——电容，是表征电容元件特性的参数。

在国际单位制里，电容的单位是法拉，简称法，符号是F，由于法拉这个单位太大，所以常用的电容单位有毫法(mF)、微法(μF)、纳法(nF)和皮法(pF)等，换算关系是：

1法拉(F)=10^3毫法(mF)=10^6微法(μF)

1微法(μF)=10^3纳法(nF)=10^6皮法(pF)

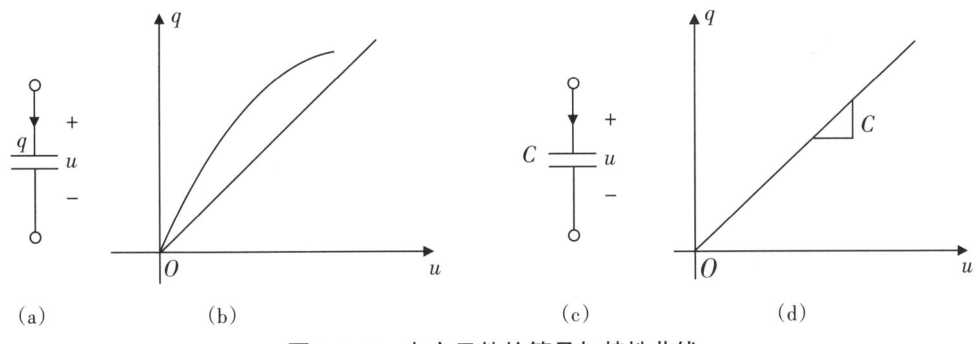

图3-3-7 电容元件的符号与特性曲线

其特性曲线是通过坐标原点一条直线的电容元件称为线性电容元件，否则称为非线性电容元件。

线性时不变电容元件的符号与特性曲线如图3-3-7(c)和(d)所示，它的特性曲线是一条通过原点不随时间变化的直线，其数学表达式为$q=Cu$。

(二)电容器的标称方法

1.直标法

就是在电容器的表面上直接标出容量大小和耐压值。如某电容"CD11- 10 μF 25 V"：该电容为电解电容，容量为10 μF，耐压25 V。

2.文字符号法

用2～4位数字与字母混合表示电容容量，字母有时表示小数点(字母放在数字中间)。例：2p2表示容量为2.2 pF，1F2表示容量为1.2 F，15 p表示容量为15 pF。

3.三位数表示法

前两位数表示有效数字，第三位表示有效数字后面零的个数，它们的单位都是pF。例：103表示容量为10000 pF，201表示容量为200 pF，683表示容量为68000 pF，104表示容量为100000 pF。

4.色标法

和电阻的表示方法相同，单位一般为pF。小型电解电容器的耐压也有用色标法的，位置靠近正极引出线的根部，所表示的意义见表3-3-3：

表3-3-3 电容器的色标法

颜色	黑	棕	红	橙	黄	绿	蓝	紫	灰
耐压	4 V	6.3 V	10 V	16 V	25 V	32 V	40 V	50 V	63 V

(三)电容器的两个重要特性

(1)阻隔直流电通过而允许交流电通过的特性。

(2)充电和放电特性。

①电容器的充电。充电过程中，随着电容器两极板上所带的电荷量的增加，电容器两端电压逐渐增大，充电电流逐渐减小，当充电结束时，电流为零，电容器两端电压等于电源电压。

②电容器的放电。放电过程中，电路中的电流从最大逐渐变成零，电容器两端的电压从最大慢慢变成零。

(四)电容器的额定直流工作电压

额定直流工作电压指在线路上能够长期可靠地工作而不被击穿时所能承受的最大直流电压(又称耐压)。额定直流工作电压的大小与介质的种类和厚度有关。如果电容器用在交流电路中,则应注意所加的交流电压的最大值不能超过额定直流工作电压。

电容器所承受的电压不能超过额定电压。在汽车上,虽然蓄电池的电压是12 V,但有些电路上有超过300 V的高电压,因此选用电容器时要认真研究工作状态,选用额定电压有足够余量的电容,当环境温度很高时,电容器会加速老化,所以在可靠性有要求的部件上,一般要选用云母、聚酯电容器。

(五)电容器在汽车上的典型应用

电容器是广泛应用于汽车电气系统的电路元件之一,用于隔直流、耦合交流、旁路交流、滤波、定时和组成振荡电路等。

1.电容式中控门锁系统

电容式中控门锁电路如图3-3-8所示。其工作原理是:正常状态时,蓄电池给电容器C_1充电,其电路为蓄电池→熔断器2→电阻R_1→电容器C_1→搭铁→蓄电池负极。

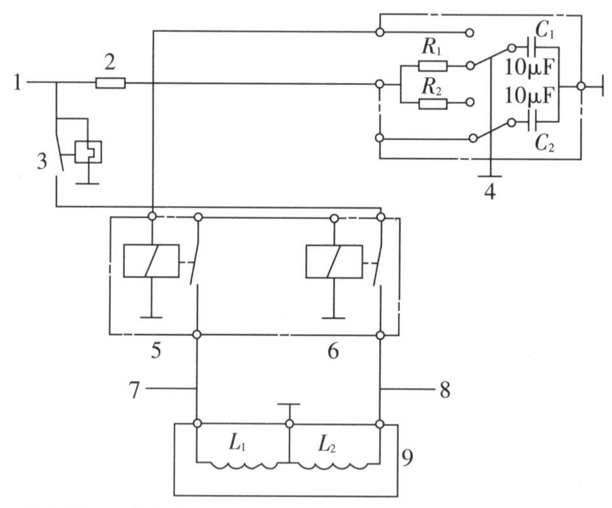

1-接蓄电池;2-熔断器;3-热敏断电器;4-门锁开关;5-锁门继电器;6-开门继电器;
7-接其他门锁(锁);8-接其他门锁(开);9-门锁执行器

图3-3-8 电容式中控门锁电路

(1)车门锁定。当按下门锁开关4时,电容器C_1放电,使锁门继电器5有电流通过,继电器触点闭合;此时,门锁执行器L_1的电路接通而动作,通过操纵机构将车门锁定。当电容器C_1放电到一定程度时,锁门继电器线圈断电,门锁执行器的电路被切断。另外,当按下门锁开关4时,电容器C_2开始充电。

(2)车门开锁。当按回门锁开关4后,电容器C_2放电,使开门继电器6有电流通过,继电器触点闭合;此时,门锁执行器L_2的电路接通而动作,通过操纵机构将车门开启。当电容器C_2放电到一定程度时,开门继电器线圈断电,门锁执行器的电路被切断。另外,当按回门锁开关时,电容器C_1开始充电,回到原始状态。

2.**电容式闪光器**

电容式闪光器主要由继电器和电容器组成。电路结构如图3-3-9所示。继电器铁芯上绕有串联线圈3和并联线圈4,电容器是大容量电解电容器5(约1500 μF)。电容式闪光器是根据电容器充电、放电特性使继电器串联线圈和并联线圈的电磁力时而相加,时而相减,致使触点2周期性地开和闭,从而使转向信号灯和转向指示灯闪烁。

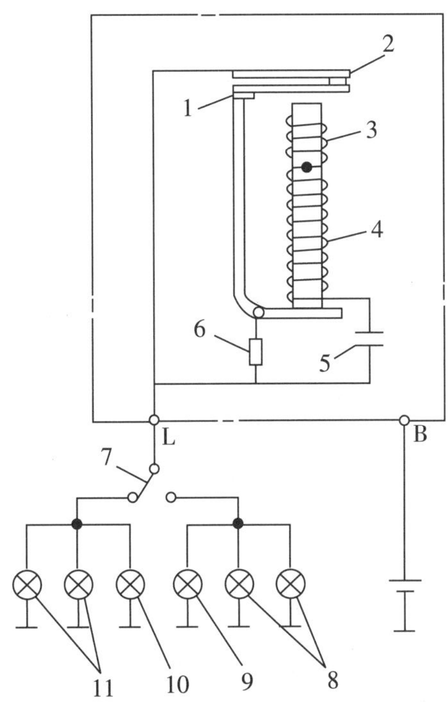

1-弹簧片;2-触点;3-串联线圈;4-并联线圈;5-电容器;6-灭弧电阻;7-转向灯开关;
8-右转向信号灯;9-右转向指示灯;10-左转向指示灯;11-左转向信号灯

图3-3-9 电容式闪光器电路

四、电感

(一) 电感元件及其特性

电感元件是从实际电感线圈抽象出来的电路模型。当电感线圈通过电流时,将产生磁通,在其内部及周围建立磁场、储存磁场能量。当忽略导线电阻、线圈匝与匝之间的电容时,可将其抽象为只具备储存磁场能量性质的电感元件。电感上的磁链与电流成正比,即:

$$L=\frac{\varphi}{i}$$

式中:L——电感,是表征电感元件的特征参数。

电感的单位是亨利(H),也常用毫亨(mH)或微亨(μH)做单位。1 H=10^3 mH,1 H=10^6 μH。如图3-3-10所示,当纯电感电路中有交变电流通过时,根据电磁感应定律,线圈L上将产生自感电动势,其表达式为:

$$e_L=-L\frac{\mathrm{d}i}{\mathrm{d}t}$$

其电动势e_L与端电压u总是大小相等，方向相反。即：

$$u=-L\frac{\mathrm{d}i}{\mathrm{d}t}$$

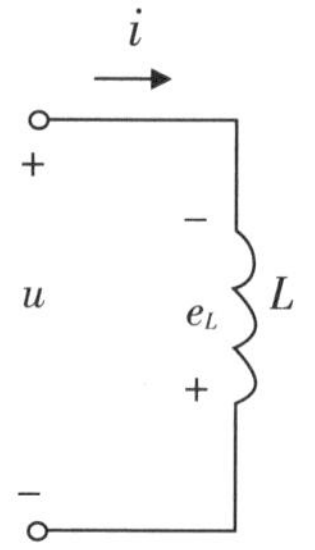

图 3-3-10　电感元件

电感元件两端的电压与电流对时间的变化率成正比。电流变化越快，电感元件产生的自感电动势越大，与其平衡的电压也越大。当电感元件中流过稳定的直流电流时，因e_L=0，故u=0，这时电感元件相当于短路。

将上式两边乘上i并积分，可得电感元件中储存的磁场能量为：

$$W_L(t)=\frac{1}{2}Li^2(t)$$

上式说明，电感元件在某一时刻储存的磁场能量，只与该时刻流过的电流的平方成正比，与电压无关。电感元件不是消耗能量，是储能元件。

(二)电感元件的标称方法

为了表明电感器的不同参数，便于在生产、维修时识别和应用，常在小型固定电感器的外壳上涂上标志，其标志方法有直标法、色标法和数码法三种。

1. 直标法

电感量用数字直接标注，用字母表示额定电流，用Ⅰ、Ⅱ、Ⅲ表示允许误差。其表示方法见表3-3-4。

表3-3-4　电感量用数字直接标注

字母	A	B	C	D	E
意义	50 mA	150 mA	300 mA	0.7 A	1.6 A

例如：C、Ⅱ、330 uH表示标称电感量为330 uH、最大工作电流300 mA，允许误差为±10%。

2. 色标法

色标法是指在电感器的外壳涂上各种不同颜色的环，用来标注其主要参数。第一条色环表示电感量的第一位有效数字，第二条色环表示第二位有效数字，第三条色环表示倍乘数，第四条表示允许偏差。数字与颜色的对应关系和色环电阻标注法相同。

例如，某电感器的色环标志分别为色环颜色棕、黑、金、金的电感器的电感量为1 mH，误差为±5%。

3.数码法

用拼音字母表示，如LGX型，表示小型高频电感线圈；用字母和阿拉伯数字并列组成，如固定电感线圈LG1系列标注方法中LG1-B-560 μH10，表示LG1型号、最大工作电流组别为B，标称电感量为560 μH、允许误差为±10%。

（三）电感的作用

（1）作为滤波线圈阻止交流干扰（隔交通直）。

（2）可起隔离作用。

（3）与电容组成谐振电路。

（4）构成各种滤波器、选频电路等，这是电路中应用最多的方面。

（5）利用电磁感应特性制成磁性元件，如磁头和电磁铁。

（6）制成变压器传递交流信号，并实现电压的升降。

在电子线路中，电感线圈有通直流阻交流、通低频阻高频、变压、传送信号等作用，它与电阻器或电容器能组成高通或低通滤波器及谐振电路等；变压器可以进行交流耦合、变压、变流和阻抗变换等。

电感在电路中最常见的作用就是与电容一起组成*LC*滤波电路。我们已经知道，电容具有“阻直流，通交流”的本领，而电感则有“通直流，阻交流”的功能。如果把伴有许多干扰信号的直流电通过*LC*滤波电路，如图3-3-11所示，那么，直流干扰信号将被电容变成热能消耗掉；变得比较纯净的直流电流通过电感时，其中的交流干扰信号也被变成磁感和热能，频率较高的最容易被电感阻抗，这就可以抑制较高频率的干扰信号 。

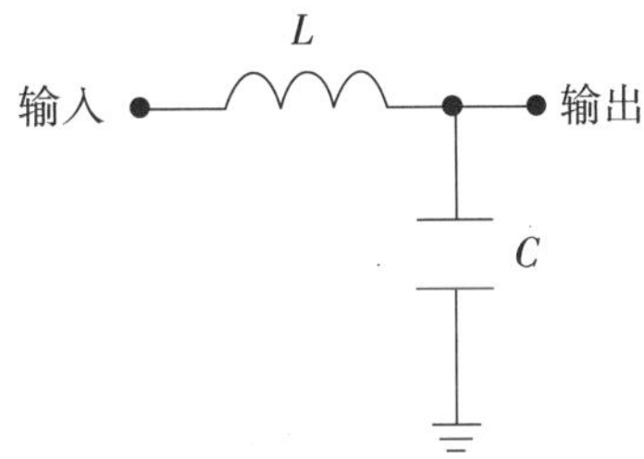

图3-3-11　滤波电路

（四）电感在汽车上的典型应用

在车内，尾灯、牌照灯及停车灯的灯丝是否断开是无法确认的，而电流传感器就可用于检测这类灯具的灯丝是否断开。舌簧开关式电流传感器的原理是：在电流线圈的周围绕有电压线圈，在线圈的中央设置舌簧开关。电压线圈的功能是防止电压变化时引起传感器的误动作。

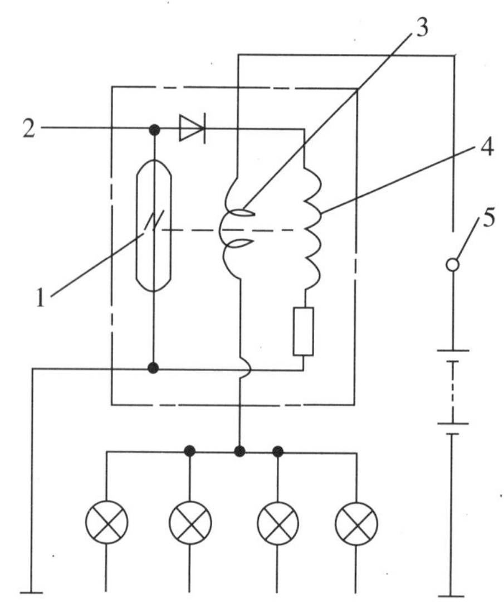

1-舌簧开关;2-至微机端子;3-电流线圈;4-电压线圈;5-开关

图3-3-12　舌簧开关式电流传感器

舌簧开关式电流传感器的电路如图3-3-12所示。当图中所示开关闭合时,因为电流线圈3中有额定的电流流过,所以在电流线圈所形成的电磁力的作用下,舌簧开关闭合,当有一个灯丝断开时,电流线圈中的电流减小,电磁力减弱,舌簧开关打开,报警处于异常状态。这样,利用舌簧开关的通断就可以发出灯丝是否正常的信号。

【任务实施】

一、准备工作

(1)所需设备、工具和材料。

电源、导线、电阻。

(2)安全防护用品。

标准作业装、安全鞋、线手套等。

二、技术规范与注意事项

(1)严禁违规操作。

(2)使用维修手册和电路图时,要注意避免残缺不全,资料应与使用车辆型号相对应。

(3)要遵守维修手册规定的其他技术和安全要求。

三、任务实施步骤及方法

(1)一般准备工作。

①清点所需工具、量具数量和种类。

②检查设备、工具、量具性能是否良好。

(2)电阻在电路中消耗能量,电气线路中为什么还使用电阻?电容和电感储存能量,电气线路中为什么也使用电容和电感?你能总结它们的作用吗?

(3)现场恢复。

①收回、清点、整理工具、量具及设备。

②与小组成员共同清洁场地。

【任务检测】

1.电容器为什么能够隔直流、通交流呢?你可以上网查阅相关的资料。

2.请你查阅资料,分析一下汽车上节气门位置传感器的工作原理。

3.请你查阅资料,分析一下汽车上的冷却液温度传感器的工作原理。

【评价与反馈】

序号	考核项目	分值	考核内容	配分	考核标准	得分
1	出勤、纪律	5分	出勤	2分	违规一次不得分	
			行为规范	3分	违规一次不得分	
2	安全、防护、环保	20分	着装	2分	违规一次不得分	
			个人防护	3分	违规一次不得分	
			“5S”“EHS”	5分	违规一次不得分	
			设备使用安全	5分	违规一次不得分	
			操作安全	5分	违规一次不得分	
3	任务检测	20分	任务测验成绩	20分	测验成绩的20%计	
4	技能考核	35分	技能测验成绩	35分	测验成绩的35%计	
5	学习能力	10分	工单填写,工艺计划制订	4分	未做不得分	
			组内活动情况	5分	酌情扣分	
			资料查阅和收集	1分	未做不得分	
6	任务拓展	10分	知识拓展任务	2分	未做不得分	
			技能拓展任务	8分	未做不得分	
总分		100分				

【教师评估】

序号	优点	存在问题	解决方案
教师签字:			

【学习后记】

项目四　磁电路及车用电磁元件的认知

任务一　认知磁电路及变压器

【任务目标】

目标类型	目标要求
知识目标	(1)能描述磁场的产生原理 (2)能叙述磁场感应电流的产生原理
技能目标	(1)能分析磁场的基本物理量 (2)能测量磁场电路
情感目标	(1)养成严谨的工作作风 (2)具有安全操作意识

【任务描述】

当我们给线圈通电时,线圈会产生磁性;当我们把线圈放在磁场中旋转时,线圈会产生电流。

【知识准备】

一、磁场与磁感线

磁场是一种无形的场,它存在于磁铁和通电的导体周围,磁场具有力和能的性质,是一种不是由分子和原子构成的特殊物质。为了形象地描述磁场的强弱和方向,人们想象出磁感线(也称磁力线),如图4-1-1所示。

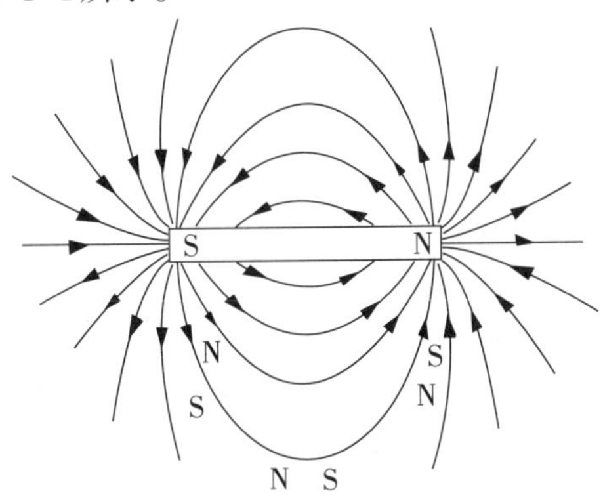

图4-1-1　磁感线示意图

人们规定:磁感线在磁体外部由N极指向S极,在磁体内部由S极指向N极。这样磁感线在磁体内外就形成了一条条不相交的闭合曲线。曲线上任何一点的切线方向(小磁针在该点静止后的指向)就是该点的磁场方向,如图4-1-2所示。

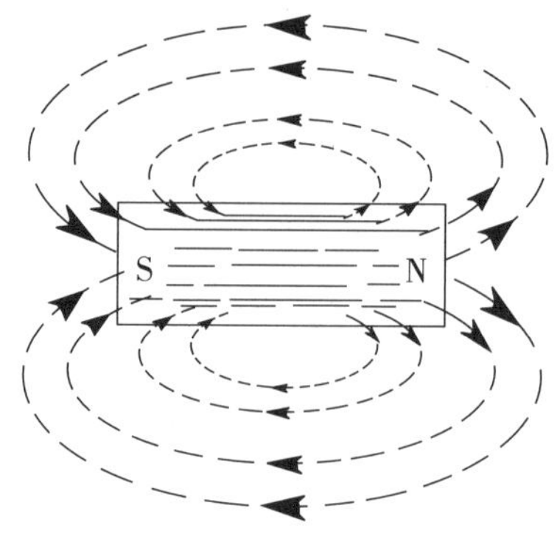

图4-1-2　磁场方向

磁感线在磁极附近最密,这表明磁场最强。在现实中,还存在一种磁场如图4-1-3所示,其为内部各点的磁场强弱和方向都相同的均匀磁场。

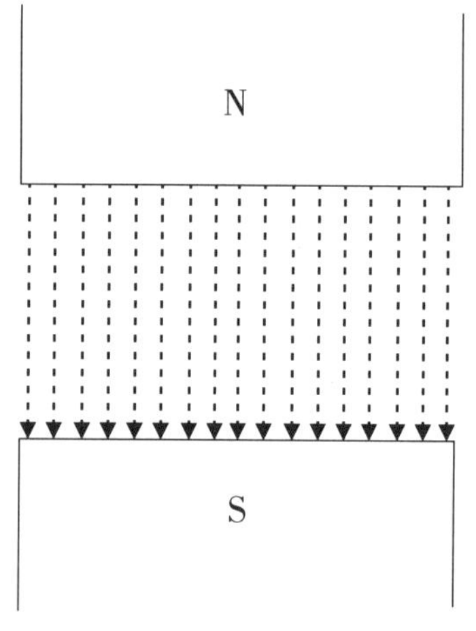

图4-1-3　均匀磁场

二、磁感应强度

磁场中垂直穿过单位面积上磁感线的条数叫作该面积所处的磁感应强度,又叫磁通密度,是用来描述磁场内某点的磁场强弱和方向的物理量,通常用字母B来表示。

$$B=\frac{F}{I\Delta L}$$

磁感应强度的单位是T(特斯拉,简称特)。一个特斯拉的磁感应强度定义是:把一根长度为1 m的直导线,放置在和磁感应强度垂直的位置上,导线中通以1 A的电流时,导线将受到1 N的磁场作用力,这时的磁感应强度叫1 T,即

$$1\ \mathrm{T}=1\ \frac{\mathrm{N}}{\mathrm{A\cdot m}}$$

磁感应强度是矢量,它不但能表示磁场中某点的磁场强弱,而且能表示出该点的磁场方向。规定:磁场中某点磁感应强度的方向就是该点的磁场方向。如果磁场中,各点的磁感应

强度大小相等、方向相同，这样的磁场叫均匀磁场，又叫作匀强磁场。蹄形磁铁两极中间空间的磁场可以近似地看作均匀磁场。

三、磁通量

磁感应强度和与它垂直的某一截面积S的乘积，叫作通过该面积的磁通量，换言之，磁场中穿过某一面积磁感线的条数叫作穿过该面积截面的磁通量，简称磁通，用Φ来表示。对于均匀磁场，因B为常数，则有：

$$\Phi=BS$$

四、磁导率

磁感线通过不同媒介质的能力是不同的。为了表征物质导磁的性能，我们引入了磁导率这个物理量，用字母μ表示，单位是H/m（亨利每米），磁导率越大，物质的导磁能力越强。实验测得，真空的磁导率$\mu_0=4\pi\times10^{-7}$ H/m。因为π是一个常数，所以其他介质的磁导率都和μ_0相比较，它们的比值称为该介质的相对磁导率，用μ_r表示，则有：

$$\mu_r=\frac{\mu}{\mu_0}$$

五、磁场强度

当考虑媒介质对磁场的影响后，会使磁场的计算变得复杂。为便于计算，我们引人磁场强度这个物理量，用它来确定磁场和电流之间的关系，用字母H来表示。如图4-1-4所示环形线圈中的磁场强度的方向就是线圈中磁场的磁力线方向，磁场强度的大小可以表示为：

$$H=\frac{IN}{l}$$

其中，H为磁场强度，I为励磁电流，N为励磁线圈的匝数，l为测试样品的有效磁路长度。

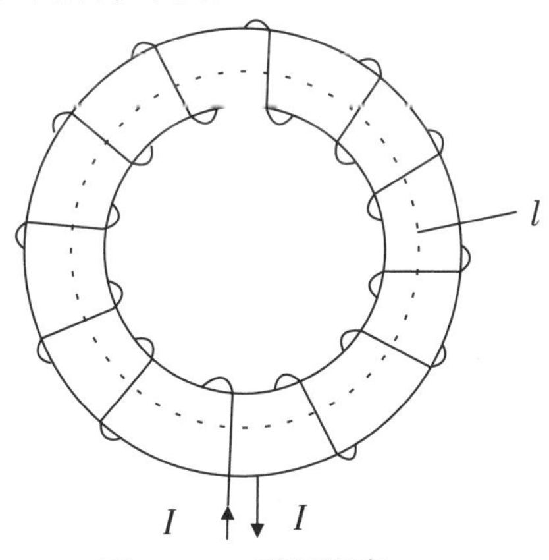

图4-1-4　磁场强度

六、电流的磁效应

（一）电流的磁场

丹麦物理学家奥斯特于1819年发现，电流的周围存在着磁场。电流是产生磁场的根本原因。电流和磁场有着不可分割的联系,磁场总是伴随着电流而存在的,电流则永远被磁场所包围,磁场是由电流产生的。我们把电流产生磁场的现象称作电流的磁效应。如图4-1-5(a)所示,将小磁针放在通电直导体的下方,小磁针会转动,并停止在垂直于直导体的位置上。如果切断直导体中的电流,小磁针又恢复到指南北的位置;若改变电流的方向,小磁针会反向转动。上述实验表明:通电导体的周围存在着磁场,这个磁场与小磁针相互作用而使小磁针转动。如图4-1-5(b)所示,在载流直导体周围撒上铁屑,由于通电导体产生磁场,所以铁屑形成了以通电导体为圆心的许多同心圆环。

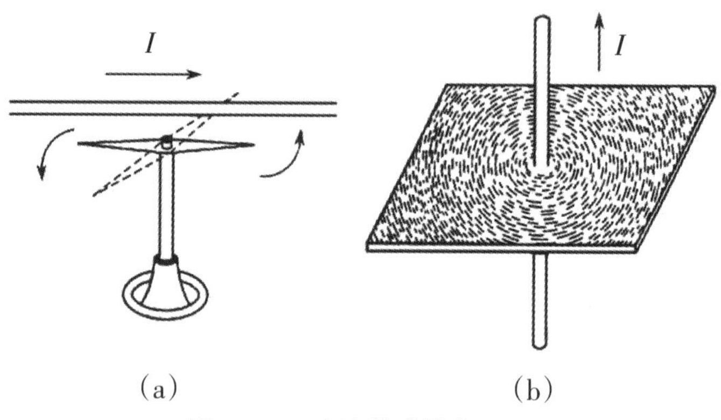

图4-1-5　电流的磁效应

(二)安培定则

1.通电直导体的磁场

电流通过直导体时,导体周围产生磁场,其磁感线的分布是在垂直于导体的平面内,以导体为轴心的一组同心圆。其磁场方向可用安培定则也称右手螺旋定则来判断:用右手握住通电直导体,让拇指指向电流的方向,则弯曲四指的指向就是磁感线的方向,如图4-1-6所示。

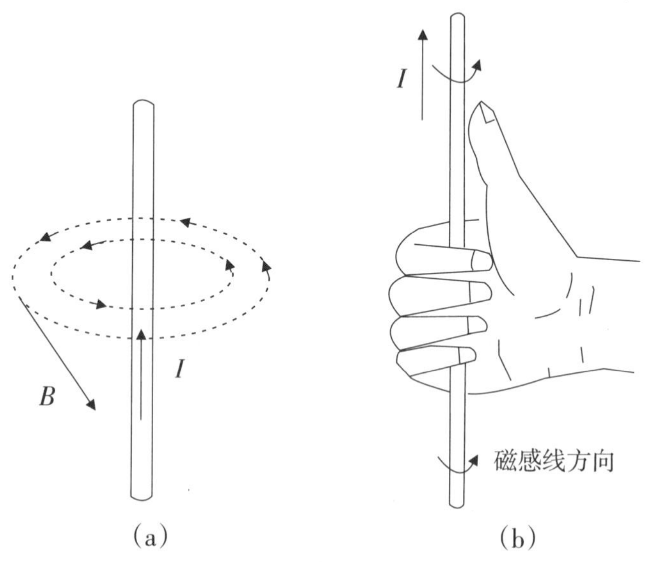

图4-1-6　通电直导体的磁场

实验证明:通电直导体周围各点磁场的强弱与导体中电流的大小成正比,与该点到导体的垂直距离成反比。

2.通电螺线圈的磁场

把直导线绕成螺线管线圈,并通入电流,结果通电线圈产生的磁场类似于条形磁铁的磁场,它是穿过螺线管横截面的闭合曲线。通电螺线圈中产生的磁场方向和电流方向也可用安培定则来判定:用右手握住线圈,让四个弯曲手指的方向和电流的方向一致,那么大拇指所指的方向就是线圈内部磁力线的方向,即N极的指向。通电螺线圈和条形磁铁一样,也存在着两个磁极,在线圈外部磁感线是从N极到S极,在线圈内部磁感线是从S极到N极,如图4-1-7所示。

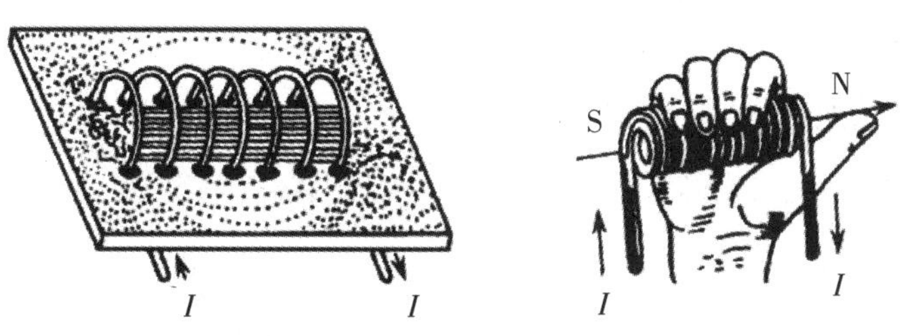

图4-1-7　通电螺线圈的磁场

实验证明:通电线圈磁场的强弱与线圈的匝数和通过线圈的电流成正比。增加线圈的匝数,磁感线密度随之增高,如图4-1-8所示。

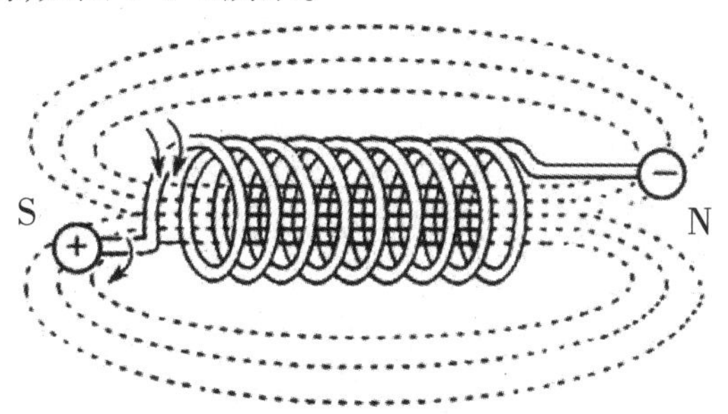

图4-1-8　线圈匝数与磁感线密度关系

七、磁路欧姆定律

(一)磁路

磁通(磁感线)集中通过的闭合路径称为磁路。在电气设备中,为了获得较强的磁感应强度,常常把磁通集中到一定形状的路径中。形成磁路的最好方法是用铁磁材料做成各种形状的铁芯,使磁感线在铁芯中形成闭合回路。图4-1-9所示就是几种电器的磁路。

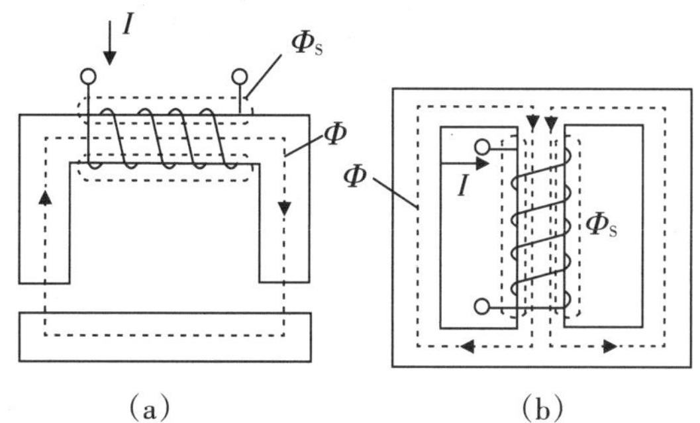

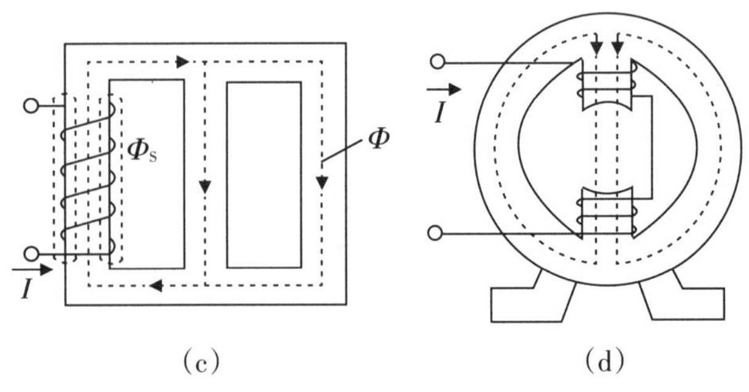

图4-1-9 几种电器的磁路

(二)磁路欧姆定律

如图4-1-10所示,在截面积为S的口字形铁芯上绕有一组线圈,形成无分支磁路。

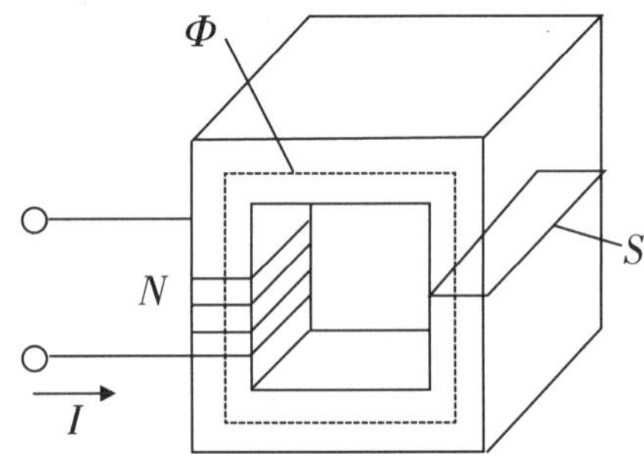

图4-1-10 无分支磁路

磁路中的磁通与产生磁通的磁源(磁通势)成正比,与磁路对磁通的阻碍作用(磁阻)成反比,这就是磁路欧姆定律。即:

$$\Phi=\frac{IN}{l/\mu S}=\frac{F}{R_m}$$

其中,F为磁通势,R_m为磁阻。

八、磁场对电流的作用

(一)磁场对通电直导体的作用

如图4-1-11所示,在蹄形磁铁中悬挂一根直导体AB,并使导体垂直于磁感线,导体两端分别连接于蓄电池的两个极桩上。未通电时,导体是静止的。如果接通电源,导体就向一边运动,最后到达一个新的位置A′B′而平衡下来;若改变电流方向或对调磁极,导体将向另一边运动。这说明通电导体在磁场中将受到作用力,这种作用力叫磁场力。

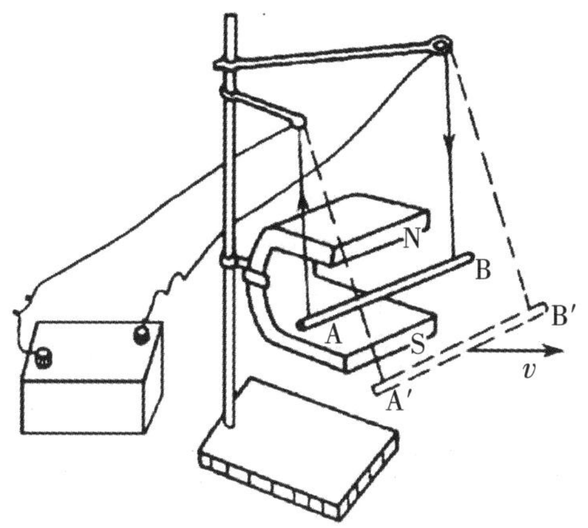

图4-1-11 磁场对电流的作用

实验证明：在均匀磁场中，通电直导体受到电磁力F的大小与磁感应强度B成正比，与导体中的电流成正比，与导体在磁场中的有效长度L成正比。即：

$$F=BIL$$

实验还进一步证明：当导体与磁感应强度方向垂直时，导体所受的电磁力最大；平行放置时不受力。若直导体与磁感应强度的方向有夹角α时，如图4-1-12所示。

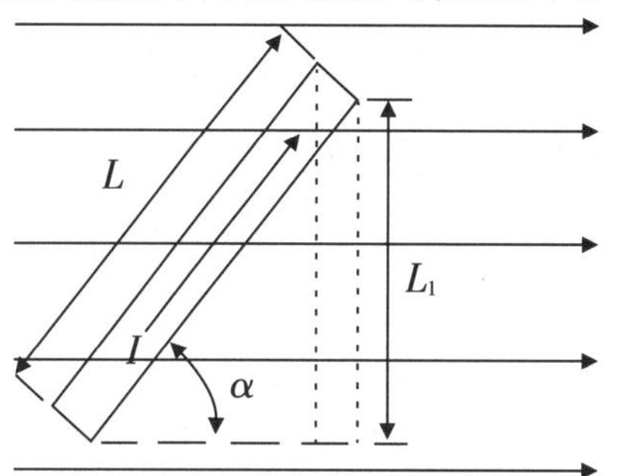

图4-1-12 直导体与磁感应强度方向成一夹角

可将导体分解出与B垂直的分量L_1，因$L_1=L\sin\alpha$，所以：

$$F=BIL\sin\alpha$$

载流直导体在磁场中的受力方向，可用左手定则来判断。具体方法是：将左手伸平，拇指与四指垂直，让磁感线垂直穿过手心，四指指向电流的方向，则拇指所指的方向就是导体的受力方向，如图4-1-13所示。

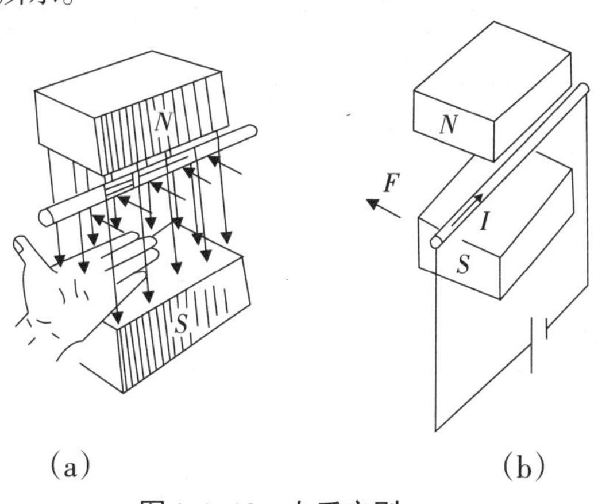

图4-1-13 左手定则

(二)磁场对通电线圈的作用

如图4-1-14(a)所示,在均匀磁场中放置一个可绕轴转动的通电矩形线圈abcd。已知:ad=bc=L_1,ab=cd=L_2,当线圈平面与磁感线平行时,因ab边与cd边与磁感线平行,所以电磁力为零,而ad边和bc边与磁感线垂直,所受电磁力最大,而且$F_1=F_2=BIL_1$。此时,受电磁力作用的两个边称为有效边。根据左手定则可知:两条有效边的受力方向正好相反,ad边向上,bc边向下,且不作用在一条直线上,因而形成一对力偶,使线圈绕轴oo′做顺时针方向转动。转矩等于力偶中的任意一个力与力偶臂的乘积,因而图4-1-14(a)中,矩形线圈的转矩为:

$$M=F_1L_2=BIL_1L_2=BIS$$

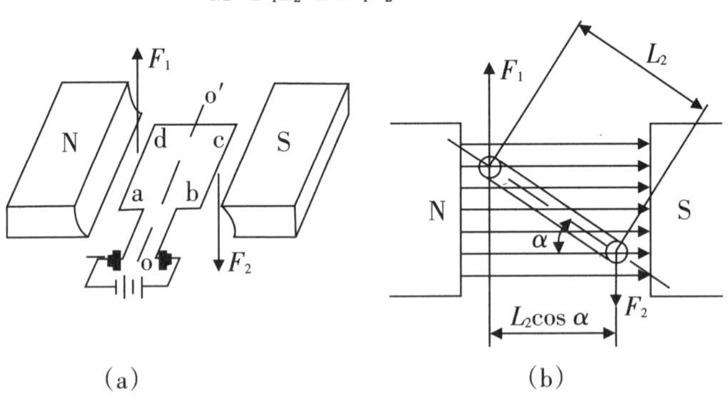

图4-1-14　磁场对通电线圈的作用

(三)磁场对通电半导体的作用(霍尔效应)

如图4-1-15所示,把一块半导体基片(霍尔元件)放在磁场中。当在与磁场垂直的方向上通以电流时,则在与磁场和电流相垂直的另外横向侧面上产生电压。这一现象是美国物理学家霍尔于1879年发现的,因此命名为霍尔效应。

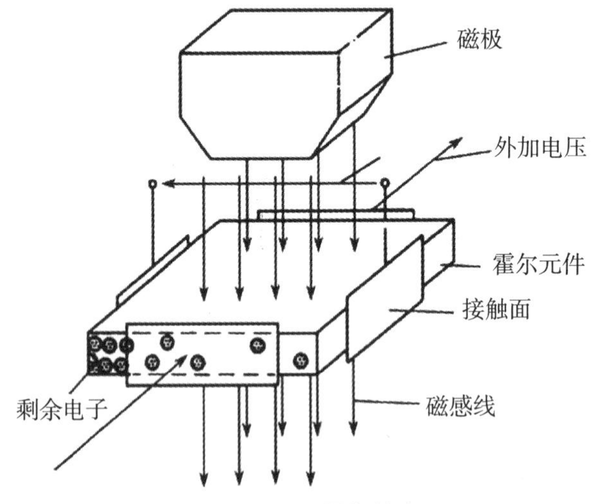

图4-1-15　霍尔效应

实验证明:霍尔效应中产生的电压U_H(霍尔电压)的大小与通过半导体基片的电流I和磁场的磁感应强度B成正比,与基片的厚度d成反比,即:

$$U_H=\frac{R_H}{d}IB$$

九、电磁感应

(一)电磁感应现象及其产生的条件

英国科学家法拉第在大量实验的基础上,于1831年发现了磁生电的重要事实及其规律—电磁感应定律。下面我们来看两个典型的电磁感应实验。

【实验一】在图4-1-16所示的均匀磁场中放置一根直导体AB,导体两端连接一个灵敏电流计G。当导体垂直于磁感线做切割运动时,可以明显地观察到电流计的指针偏转。当导体静止不动或平行于磁感线方向运动时,电流计的指针不转。

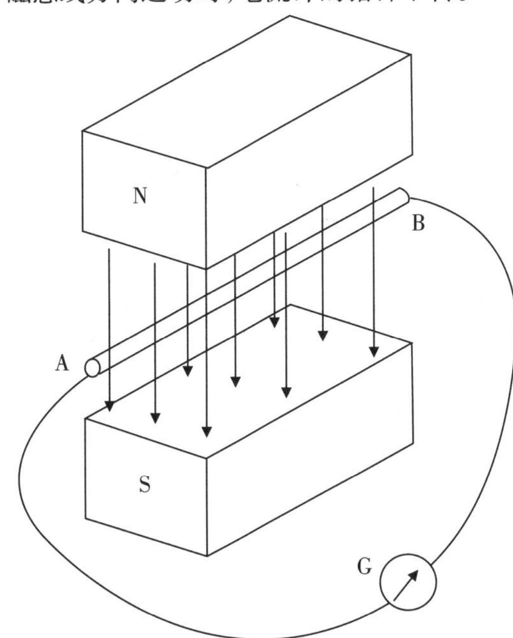

图4-1-16 导体运动的电磁感应现象

【实验二】如图4-1-17所示,空心线圈两端连接灵敏电流计G,当条形磁铁迅速插入线圈时,我们会观察到电流计的指针偏转。如果条形磁铁在线圈内静止不动,电流计指针也不转;如果将条形磁铁由线圈中迅速拔出,会看到电流计的指针反向偏转。

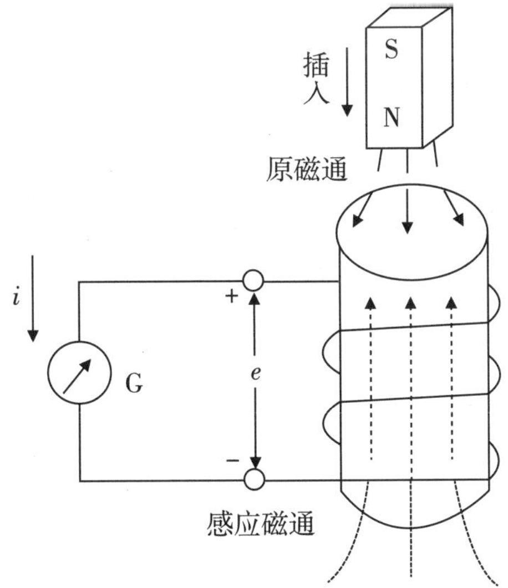

图4-1-17 改变磁场的电磁感应现象

上述两个实验证明：当导体切割磁感线运动或者线圈中的磁通发生变化时，在导体或线圈的闭合回路中就会有电流产生。

（二）电磁感应定律

1.楞次定律

俄国物理学家楞次经过大量实验，于1834年发现了判定感应电流方向的重要定律——楞次定律，楞次定律又称电磁惯性定律。其内容是：感应电流产生的磁通总是企图阻碍原磁通的变化。应该注意的是：感应电流产生的磁通只是企图阻碍原磁通的变化，而不是阻碍原磁通的存在。

用楞次定律判断感应电流（电动势）方向的步骤如下：

（1）首先确定原磁通的方向及其变化的趋势（是增加还是减少）。

（2）根据楞次定律确定感应磁通的方向，与原磁通同向还是反向。

（3）根据感应磁通的方向，应用安培定则判断出线圈中感应电流（电动势）的方向。

2.法拉第电磁感应定律

楞次定律给出了当回路中的磁通量发生变化时判定感应电流（电动势）方向的方法，而法拉第电磁感应定律则给出如何计算感应电动势的大小。法拉第通过大量实验总结出：线圈中感应电动势的大小与线圈中磁通的变化率和线圈的匝数成正比。这就是法拉第电磁感应定律，其数学表达式为：

$$e=\left|-N\frac{\Delta\Phi}{\Delta t}\right|$$

公式中的负号表示感应电流产生的磁通总是企图阻碍原磁通的变化。实际中判断感应电动势的方向还是安培定则更方便，公式只用来计算感应电动势的大小。

实验还证明：在均匀磁场中，做切割磁感线运动的直导体，其感应电动势的计算公式为：

$$e=BLv\sin\alpha$$

（三）自感现象

只要线圈中的磁通发生变化，就会产生感应电动势。根据线圈中磁通变化的原因，可以把电磁感应现象分为自感和互感两种形式。

【实验一】在图4-1-18所示电路中，H_1、H_2是两只完全相同的小灯泡，R为电阻，L是有铁芯的线圈，并且选择线圈的电阻和R相等。当开关S闭合时，灯泡H_2立即亮起来，而灯泡H_1却逐渐变亮。其原因是：通过线圈L中电流的增加，将引起通过线圈内磁通量的增加，根据楞次定律可知，线圈中将产生感应电流，感应电流的方向阻碍线圈中原磁通量的增加，它和原电流方向相反，使通过灯泡H_1的电流不能立即增大，H_1不能立即亮起来。

L
H1
H2
R
S
E

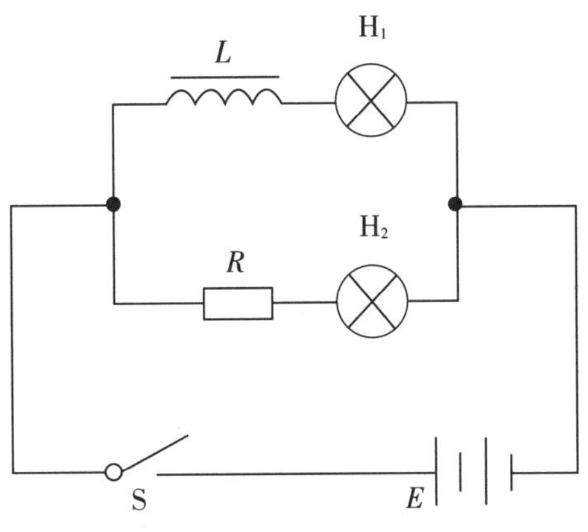

图4-1-18　自感现象

【实验二】在图4-1-19所示电路中，当开关S闭合后，H_1，H_2立即变亮，H_1亮一下后便逐渐熄灭，随着H_1熄灭，H_2比原来更亮。当S关断时，H_2立即熄灭，而H_1突然亮一下后再逐渐熄灭。这是因为S关断电路时，流过线圈中的电流突然减少，将引起通过线圈L的磁通量的减小。据楞次定律可知线圈中将产生感应电动势，由感应电动势产生的感应电流将通过灯泡H_1，所以H_1突然亮一下再熄灭。

L
H1
H2
S
E

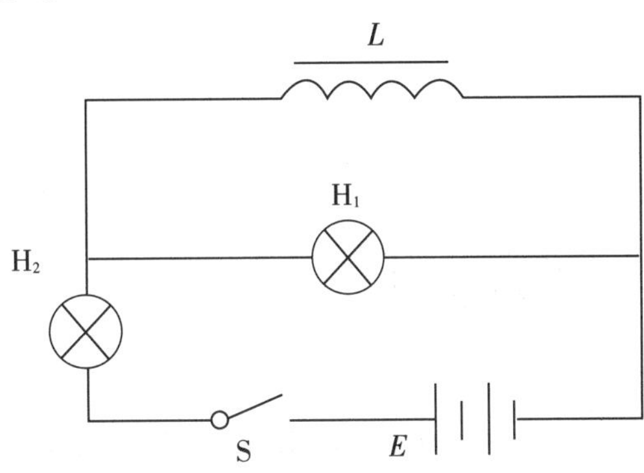

图4-1-19　自感现象

楞次定律告诉我们：自感电动势总是阻碍原电流的变化。当线圈中电流i增大（减小）时，自感电动势的方向与原电流方向相反（相同），如图4-1-20所示。

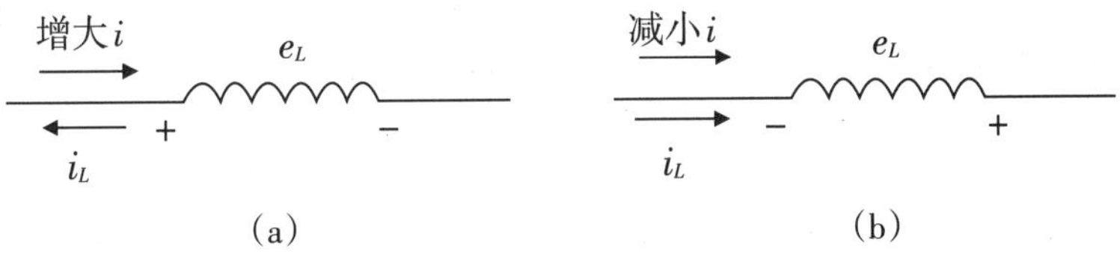

增大i
eL
+
−
iL
(a)
减小i
eL
−
+
iL
(b)

图4-1-20　自感电动势的方向

实验证明：自感电动势的大小与线圈中电流的变化率成正比，即：

$$e_L=\left|-L\frac{\Delta i}{\Delta t}\right|$$

（四）互感现象

所谓互感，就是由于一个线圈中电流的变化而使另一个线圈产生感应电动势的现象。这个感应电动势称为互感电动势，用e_m表示。

互感电动势的方向也可用楞次定律来判定,其具体方法是:

(1)根据线圈1中电流的方向,确定线圈2中互感磁通的方向。

(2)根据线圈1中电流变化的趋势,确定通过线圈2中互感磁通的变化趋势。

(3)根据楞次定律判断线圈2中感应磁通的方向。

(4)根据安培定则判断互感电流(电动势)的方向。

当互感线圈的几何尺寸、磁路性质等参数确定之后,互感电动势的大小与另一线圈中电流的变化率成正比,即:

$$e_{m_2}=\left|-M\frac{\Delta i}{\Delta t}\right|$$

互感电动势的方向不仅与磁通变化的趋势有关,而且还与线圈的绕向有关。为此,引入了同名端的概念。所谓同名端,就是指由于互感线圈的绕向一致而使其感应电动势极性一致的接线端。

如汽车点火线圈便利用了互感原理,由于一次绕组磁场的迅速变化,二次绕组便产生高电压,如图4-1-21所示。

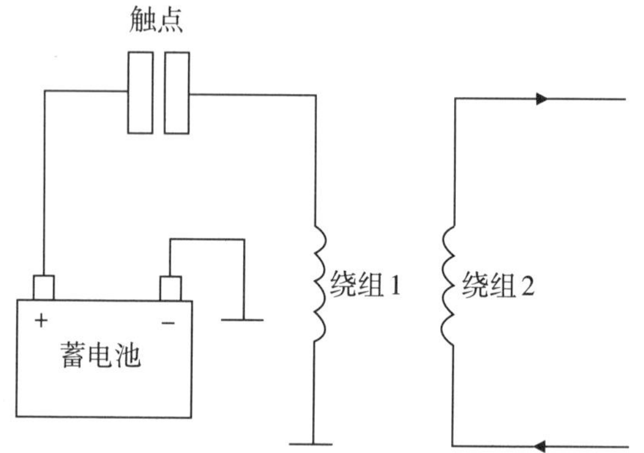

图4-1-21 汽车点火线圈的互感原理

互感现象在电工、电子技术中经常遇到。如变压器、电动机都是利用互感原理工作的。互感有时也有害,若线圈位置安排不当所产生的磁场就会相互干扰,因此必须抑制电磁干扰。

十、常用电磁器件

(一)开关

开关是电路中最常用的部件,它能控制电路的通断或引导电流到各个电路。开关的触点闭合时便通过电流,断开时便切断电流。常开式开关处于原始位置时为断开状态,只有受到外力作用时才会闭合;常闭式开关则正好相反。有些电气系统也采用单刀双掷开关,如汽车前照灯的变光开关。此种开关有一个输入端和两个输出端,电压加至远光电路或加至近光电路,由触点的位置决定,如图4-1-22所示。

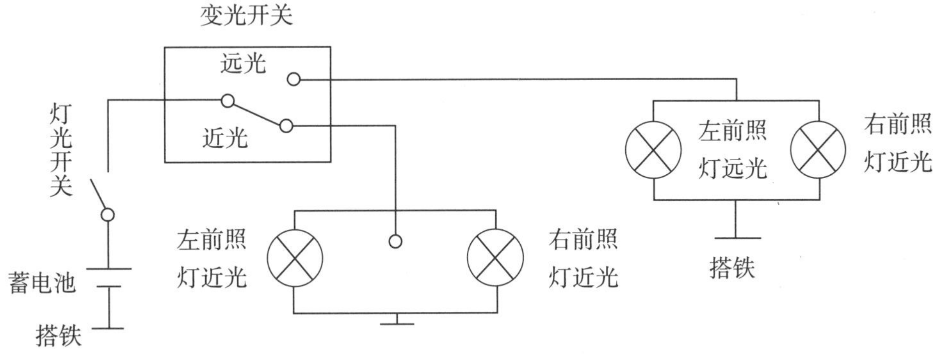

图4-1-22 汽车前照灯的变光开关

最复杂的是用作点火开关的联动式开关,如图4-1-23所示。五片电刷组合在一起并同时转动。当点火钥匙拧到启动位置时,所有电刷均转到原始位置,蓄电池电压送至点火线圈、启动继电器和点火模块,同时电路接通搭铁以检验仪表板上的警示灯。

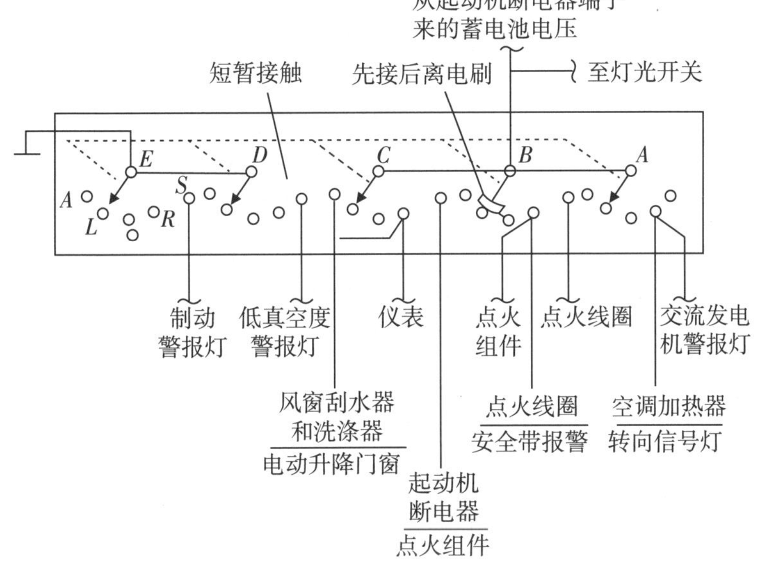

图4-1-23 联动式开关

汽车上还采用一种水银开关。水银开关是一个两端密闭的小管,管内灌有部分水银,管的一端装有一对触点,如图4-1-24所示。

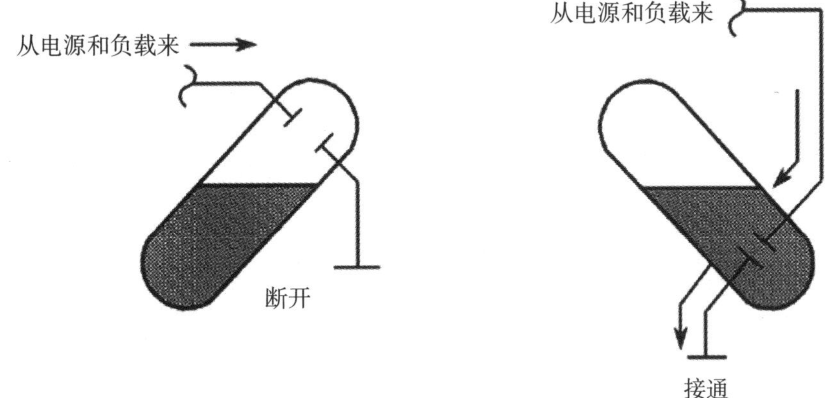

图4-1-24 水银开关

(二)继电器

继电器是一种根据电量(如电压、电流)或非电量(如时间、转速、温度、压力等)的变化,控制电路接通或断开的电磁开关。它是一种用小电流控制大电流的器件,用于自动控制汽车电气系统等。

1.中间继电器

中间继电器是一种中间传递信号的电磁继电器,可用于信号放大或将一个信号变成多个输出信号,从而增加信号控制电路的数目。图4-1-25所示为汽车电喇叭继电器。当电磁线圈中有电流通过时,铁芯产生电磁力吸动衔铁,使触点闭合,电路接通;线圈中无电流通过时,铁芯电磁力减退,在弹簧的作用下,触点打开,电路切断。

2.电流继电器

电流继电器是反映电流变化的继电器,它的线圈匝数少而线径粗,与负载串联。电流继电器分为过电流继电器和欠电流继电器,当过电流继电器的负载电流超过额定值时,衔铁吸合触点动作,切断供电主回路。

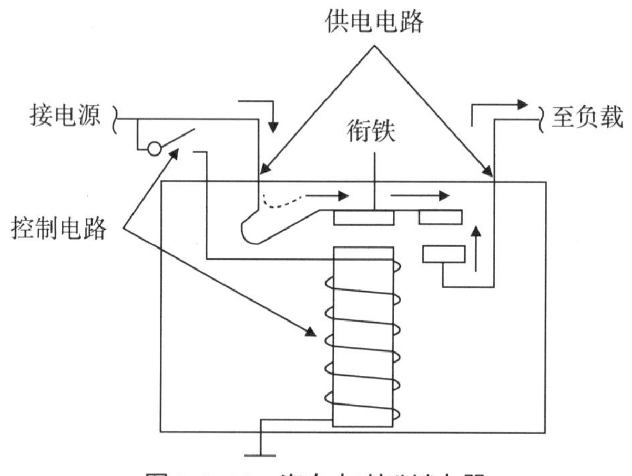

图4-1-25　汽车电喇叭继电器

(三)电阻调节器

1.步进式变阻器

步进式变阻器通常用于电动机变速,如图4-1-26所示。

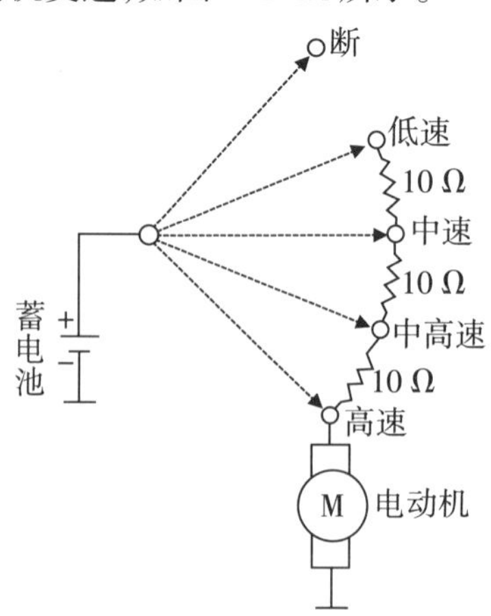

图4-1-26　步进式变阻器

2. **可变电阻**

最常用的可变电阻是变阻器和电位计。变阻器有两个端子，一个端子与变阻器的固定端相连，另一个端子接电刷，如图4-1-27所示。

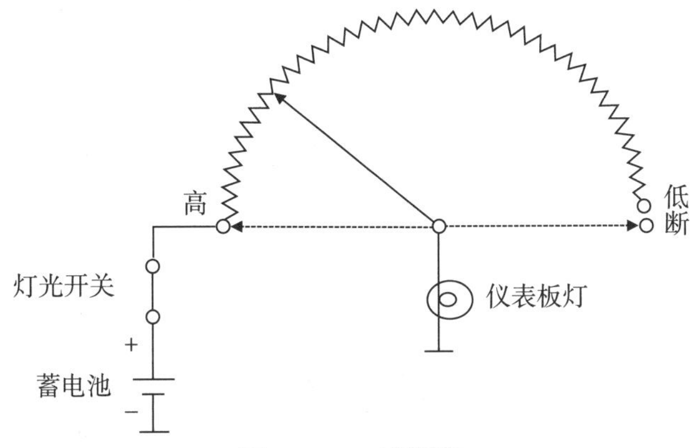

图4-1-27 变阻器

十一、变压器

变压器由初级线圈、次级线圈和铁芯组成，变压器能够升降交流电压。如果初级线圈比次级线圈的圈数多是降压变压器，如果次级线圈比初级线圈的圈数多则是升压变压器。当不考虑损耗的情况下，初级电压U_1和次级电压U_2的比等于初级线圈N_1和次级线圈N_2的比，也就是:$U_1/U_2=N_1/N_2$。

变压器的分类是根据变压器用在不同的交流电频率范围而分为低频、中频、高频。低频变压器都有铁芯，中频和高频变压器一般是空气芯或用特制的铁粉芯。

(一)变压器分类

1. **低频变压器**

低频变压器可分为音频变压器和电源变压器，音频变压器在放大电路中的主要作用是耦合、倒相、阻抗匹配等。要求音频变压器的频率特性好，分布电容和漏感小。音频变压器有输入和输出之分。输入变压器是接在放大器输入端的音频变压器，它的初级一般接在话筒，次级接放大器的第一级。不过晶体管放大器的低放与功放之间的耦合变压器习惯上也称为输入变压器。输出变压器是接在放大器输出端的变压器，它的初级接在放大器的输出端，次级接负载(喇叭)。它的主要作用是把喇叭的较低阻抗通过输出变压器变成放大器所需的最佳负载阻抗，使放大器具有最大不失真输出。

电源变压器一般是将220 V的交流电变换为所需的低压交流电，以便整流、滤波、稳压而得到直流电，作为电路的供电电源使用。

2.中频变压器

中频变压器(俗称中周),如图4-1-28所示,是超外差收音机和电视机的中频放大器中的重要元件。它对收音机的灵敏度、选择性,电视机的图像清晰度等整机技术指标都有很大影响。中频变压器一般和电容(外加或内带)组成谐振回路。

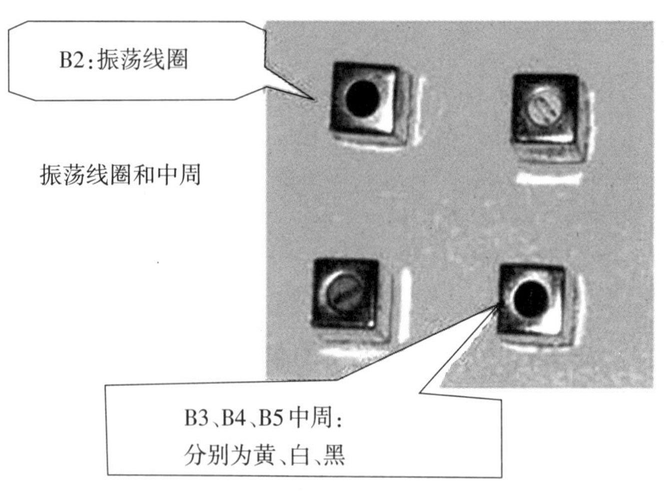

图4-1-28 中频变压器

3.高频变压器

收音机里所用的振荡线圈、高频放大器的负载回路和天线线圈都是高频变压器。因为这些线圈用在高频电路中,所以电感量很小。

(二)变压器的检测及使用常识

1.检测变压器的最简便方法

选择万用表的“$R\times1$”量程,分别测量初级线圈和次级线圈的电阻值,阻值在几欧至几百欧之间。检查绝缘性能,将万用表置于“$R\times10$k”挡,做以下几种电阻测试:(1)一次绕组与二次绕组之间的电阻值;(2)一次绕组与外壳之间的电阻值;(3)二次绕组与外壳之间的电阻值。上述结果可出现三种情况:阻值为无穷大,正常;阻值为零,有短路性故障;阻值小于无穷大,但大于零,有漏电性故障。

2.使用常识

使用电源变压器时,要分清它的初级和次级。对于降压变压器来说,初级的阻值比次级的阻值要大。在电路里,电源变压器是要放热的,必须考虑到安放位置要有利于散热。

【任务实施】

一、器材准备

变压器、线圈、磁铁。

二、说原理

根据下面电路图说明自感现象原理,如图4-1-29所示。

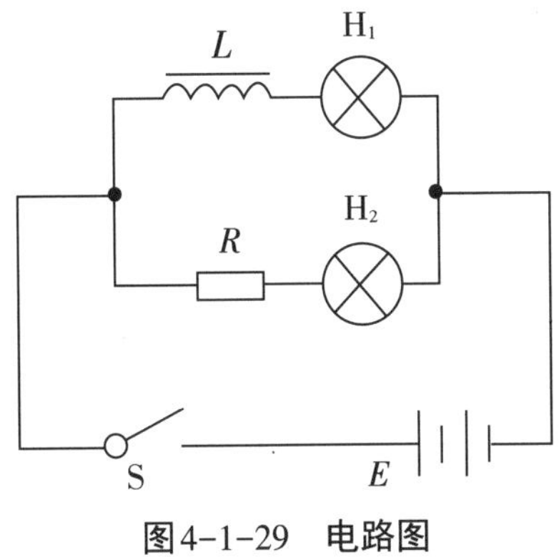

图4-1-29 电路图

【任务检测】

1.常用电磁器件有哪些?

2.变压器是怎么分类的?

【评价与反馈】

序号	考核项目	分值	考核内容	配分	考核标准	得分
1	出勤、纪律	5分	出勤	2分	违规一次不得分	
			行为规范	3分	违规一次不得分	
2	安全、防护、环保	20分	着装	2分	违规一次不得分	
			个人防护	3分	违规一次不得分	
			“5S”“EHS”	5分	违规一次不得分	
			设备使用安全	5分	违规一次不得分	
			操作安全	5分	违规一次不得分	
3	任务检测	20分	任务测验成绩	20分	测验成绩的20%计	
4	技能考核	35分	技能测验成绩	35分	测验成绩的35%计	
5	学习能力	10分	工单填写,工艺计划制订	4分	未做不得分	
			组内活动情况	5分	酌情扣分	
			资料查阅和收集	1分	未做不得分	
6	任务拓展	10分	知识拓展任务	2分	未做不得分	
			技能拓展任务	8分	未做不得分	
总分		100分				

【教师评估】

序号	优点	存在问题	解决方案
教师签字:			

【学习后记】

任务二 认知点火线圈

【任务目标】

目标类型	目标要求
知识目标	(1)能描述点火线圈磁场的产生原理 (2)能叙述点火线圈的结构
技能目标	能检测点火线圈
情感目标	(1)养成严谨的工作作风 (2)具有安全操作意识

【任务描述】

一辆桑塔纳轿车,无法正常起动,经维修人员检查发现点火线圈开路,更换点火线圈后车辆性能正常。

【知识准备】

一、点火线圈分类

按铁芯形状不同可分为开磁路式和闭磁路式两种。

(一)开磁路点火线圈

传统的开磁路点火线圈的基本结构如图4-2-1(a)所示,主要由铁芯、绕组、胶木盖、瓷杯等组成。

三接柱点火线圈壳体外部装有一个附加电阻,附加电阻两端连至胶木盖的"+"接线柱和"-"接线柱如图4-2-1(b)所示,其作用是改善点火性能。两接柱点火线圈无附加电阻在点火开关与点火线圈"+"接线柱间,而是连入一根附加电阻线。

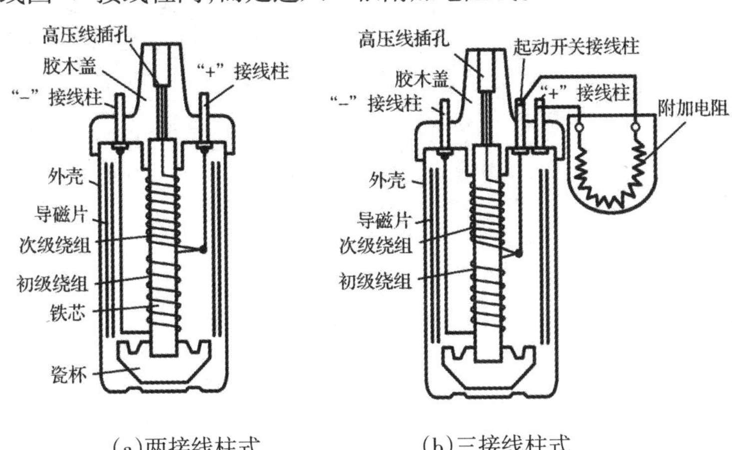

(a)两接线柱式　　(b)三接线柱式

图4-2-1　开磁路点火线圈结构示意图

(二)闭磁路点火线圈

闭磁路点火线圈的铁芯是“曰”字形或“口”字形，如图4-2-2所示，铁芯内绕有初级绕组，在初级绕组外面绕有次级绕组。

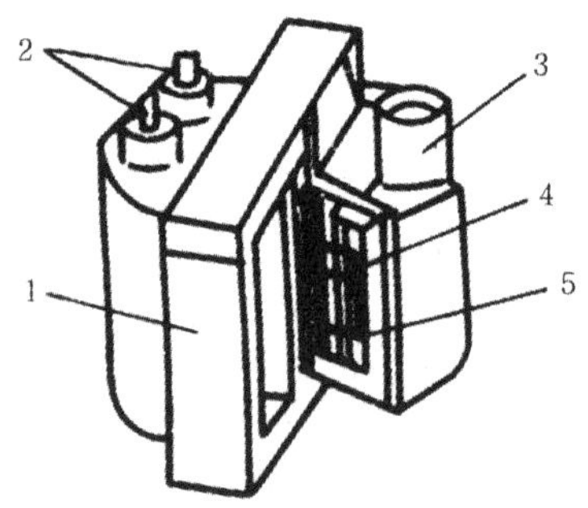

1-“曰”字形铁芯；2-初级绕组接线柱；3-高压接线柱；4-初级绕组；5-次级绕组

图4-2-2　闭磁路点火线圈的结构

(三)点火线圈的工作原理

点火线圈是将汽车低压电变成高压电的设备，其工作原理如下：当初级线圈接通电源时，随着电流的增长四周产生一个很强的磁场，铁芯储存了磁场能；当开关装置使初级线圈电路断开时，初级线圈的磁场迅速衰减，次级线圈就会感应出很高的电压。初级线圈的磁场消失速度越快，电流断开瞬间的电流越大，两个线圈的匝数比越大，则次级线圈感应出来的电压越高。

DLI(无分电器电控点火系统)所用的点火线圈采用小型闭磁路点火线圈，如图4-2-3所示。它由初级线圈、次级线圈、铁芯、高压二极管、外壳、低压接线柱、高压引线等组成。每组点火线圈供应两缸同时点火，如图4-2-4所示。当初级绕组电流被切断时，两个气缸中都有跳火现象发生，在能量分配上，压缩行程的气缸压力较高，所需跳火电压高，而排气行程气缸压力接近大气压，所需电压低，因此能保证压缩行程气缸有足够的点火能量。

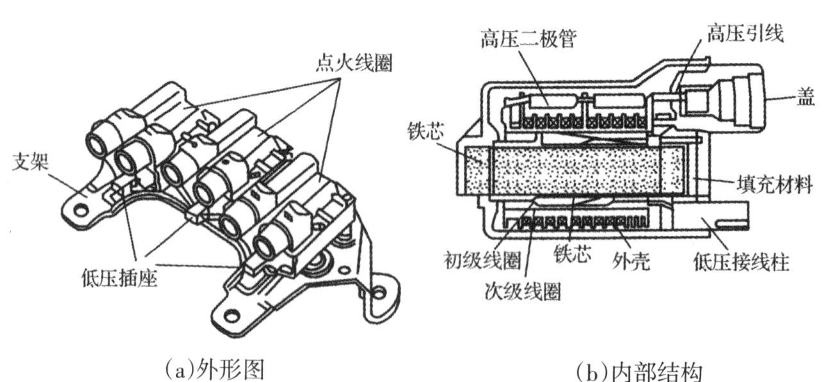

(a)外形图　　(b)内部结构

图4-2-3　闭磁路点火线圈

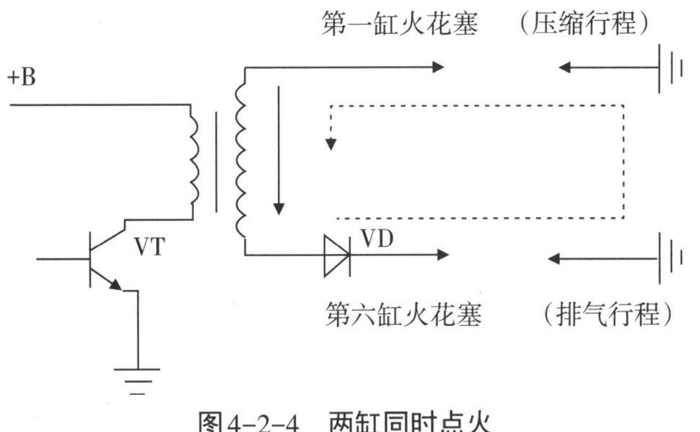

图4-2-4 两缸同时点火

二、发动机电控点火线圈及电路的检修

(一)双火花直接点火系统的检修

桑塔纳2000AJR型发动机点火系统采用无分电器双火花直接点火系统。点火线圈发生故障,发动机立即熄火或不能起动。ECU不能检测到该故障信息。如果一个火花塞由于开路使这个点火回路断开,那么和它共用一个点火线圈的火花塞也因电气线路故障而不能跳火;如果一个火花塞由于短路而不能跳火,但电气回路没有断开,那么和它共用一个点火线圈的火花塞仍然能够跳火。图4-2-5为AJR型发动机点火系统电路接线图。

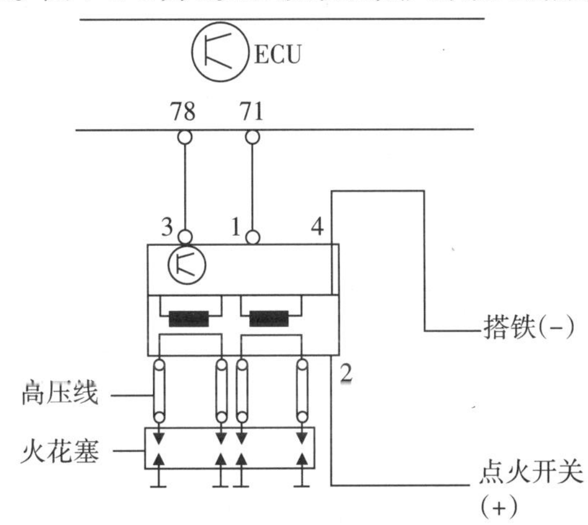

图4-2-5 AJR型发动机点火系统电路接线图

(1)拔下点火线圈4针插头,用发光二极管测试灯连接蓄电池正极和插头上端子4,发光二极管测试灯应亮。如果测试灯不亮,检查端子4和接地点的线路是否有断路,如图4-2-6所示。

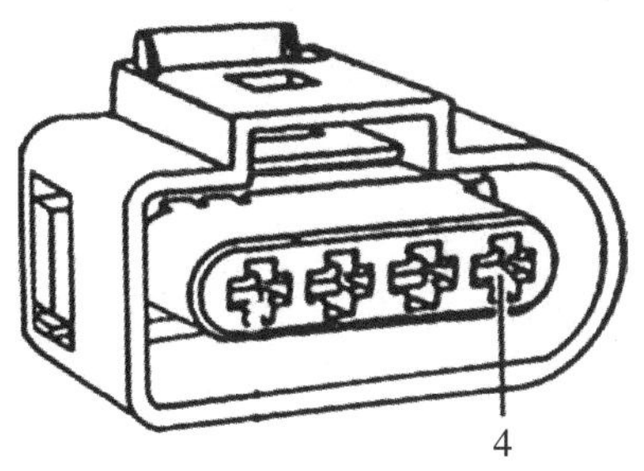

图4-2-6 点火线圈4针插头

(2)测试点火线圈的供电电压:拔下点火线圈的4针插头,用发光二极管测试灯连接在发动机接地点和插头上端子2之间,打开点火开关,发光二极管测试灯应亮。如果测试灯不亮,检查中央电器D插头23端子与4针插座端子2之间线路是否断路。

(3)测试点火线圈工作:拔下4个喷油器的插头和点火线圈的4针插头,打开点火开关,用发光二极管测试灯连接发动机接地点和插头上端子1,接通起动机数秒,测试灯应闪亮,然后用测试灯连接发动机接地点和端子3,接通起动机数秒,测试灯应闪亮。如果测试灯不亮,检查点火线圈插头上端子和发动机控制单元线束的插头间导线是否开路或短路,如果线路正常,应更换发动机ECU。

【任务实施】

一、实施内容

(1)双火花直接点火电控点火线圈的检修。

(2)独立点火线圈的检修。

(3)爆震传感器的检修。

(4)霍尔传感器的检修。

(5)磁感应传感器的检修。

二、准备工作

(1)所需设备、工具和材料。

实训用车辆、拆装工具、前栅格布、翼子板防护套、环保三件套、干净的帕子、车轮挡块、万用表、试电笔、汽车专用示波器分析仪等。

(2)安全防护用品。

标准作业装、安全鞋、线手套等。

(3)信息收集。

车辆VIN码:______________。

三、技术规范与注意事项

(1)严禁违规操作。

(2)使用维修手册和电路图时,要注意避免残缺不全,资料应与使用车辆型号相对应。

(3)要遵守维修手册规定的其他技术和安全要求。

四、任务实施步骤及方法

(1)一般准备工作。

①清点所需工具、量具的数量和种类。

②检查设备、工具、量具性能是否良好。

(2)安全防护准备工作。

①安装车轮挡块阻挡车轮

②使用空挡和驻车制动。

③安装好前栅格布、翼子板防护套、环保三件套。

(3)发动机机舱预检。

①检查发动机冷却液液面。

②检查发动机机油液面。

③检查制动液液位。

(4)双火花直接点火电控点火线圈的检修。

①拔下点火线圈4针插头。

②用发光二极管测试灯连接蓄电池正极和插头上端子4,观察发光二极管。

③测量端子4和接地点的线路电阻,测量值:________。

④测量点火线圈电压,测量值:____________。

⑤测试点火线圈工作性能。

(5)独立点火线圈的检修。

①将智能检测仪连接到DTC3。

②将点火开关置于ON位置。

③打开检测仪。

④进入以下菜单项:Powertrain/engine and ETC/DTC。

⑤读取DTC结果:_________________。

⑥断开点火线圈总成连接器。

⑦将点火开关置于ON位置 。

⑧测量电压,测量值:____________。

⑨重新连接点火线圈总成连接器。

【任务检测】

分析独立点火线圈的工作原理。

【评价与反馈】

序号	考核项目	分值	考核内容	配分	考核标准	得分
1	出勤、纪律	5分	出勤	2分	违规一次不得分	
			行为规范	3分	违规一次不得分	
2	安全、防护、环保	20分	着装	2分	违规一次不得分	
			个人防护	3分	违规一次不得分	
			“5S”“EHS”	5分	违规一次不得分	
			设备使用安全	5分	违规一次不得分	
			操作安全	5分	违规一次不得分	
3	任务检测	20分	任务测验成绩	20分	测验成绩的20%计	
4	技能考核	35分	技能测验成绩	35分	测验成绩的35%计	
5	学习能力	10分	工单填写,工艺计划制订	4分	未做不得分	
			组内活动情况	5分	酌情扣分	
			资料查阅和收集	1分	未做不得分	
6	任务拓展	10分	知识拓展任务	2分	未做不得分	
			技能拓展任务	8分	未做不得分	
总分		100分				

【教师评估】

序号	优点	存在问题	解决方案
教师签字:			

【学习后记】

项目五 汽车起动机和交流发电机的认知

任务一 认知汽车起动机

【任务目标】

目标类型	目标要求
知识目标	(1)能描述汽车起动系统的组成及作用 (2)会叙述起动机的结构与工作原理
技能目标	(1)会对起动机进行拆装 (2)能够识别起动机零部件
情感目标	(1)养成“5S”“EHS”意识 (2)能配合小组完成项目任务,帮助其他成员

【任务描述】

一辆卡罗拉车,车辆起动时,没有反应。经过确认是电磁开关故障。更换电磁开关后,故障排除。

【知识准备】

一、起动机的作用

起动机的作用就是起动发动机,发动机起动之后,起动机便立即停止工作。起动机在整车上的位置,如图5-1-1所示。

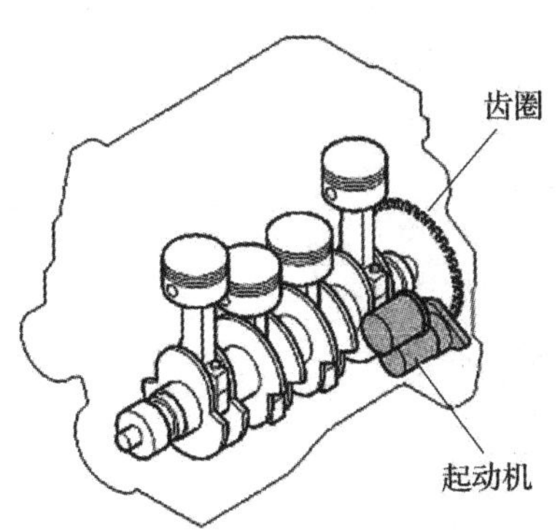

图5-1-1　起动机在整车上的位置

二、起动机的结构

起动机一般由直流串励式电动机、传动机构(或称啮合机构)和控制装置(电磁开关)三部分组成。

(一)直流串励式电动机

直流串励式电动机的作用是产生力矩。它主要由机壳与端盖、磁极、电枢、换向器、电刷及电刷架等组成。其结构如图5-1-2所示。

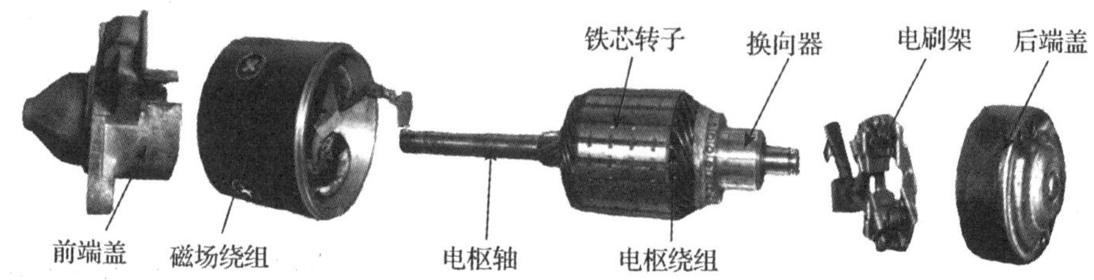

图5-1-2　直流串励式电动机结构图

1. 机壳及端盖

机壳的作用是安装磁极,固定机件。机壳用钢管制成,一端开有窗口,用于观察和维护电刷和换向器,平时用防尘箍盖住。机壳上有一个电流输入接线柱,并在内部与励磁绕组的一端相接。壳内壁固定有磁极铁芯和励磁绕组。端盖有前、后之分,如图5-1-3所示。

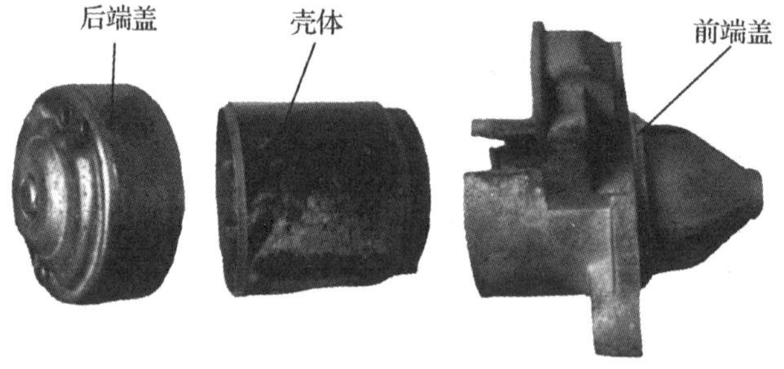

图5-1-3　机壳与端盖

2. 磁极

磁极的作用是产生磁场,它由固定在机壳上的磁极铁芯和励磁绕组组成,一般是四个,两对磁极相对交错安装在电动机定子内壳上,如图5-1-4(a)所示。四个励磁线圈可互相串联后再与电枢绕组串联,也可两两串联后并联再与电枢绕绕组串联,如图5-1-4(b)所示。

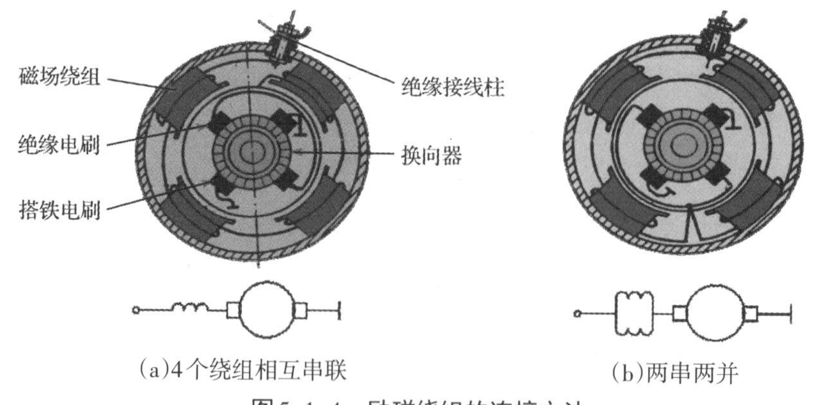

(a)4个绕组相互串联　(b)两串两并

图5-1-4　励磁绕组的连接方法

3.电枢

电枢的作用是产生电磁转矩，它主要由电枢轴、电枢铁芯、电枢绕组和换向器等组成。电枢总成如图5-1-5所示，电枢铁芯是由许多相互绝缘的硅钢片叠装而成，其圆周表面上有槽，用来安放电枢绕组，电枢绕组用矩形截面的裸铜条绕制。

图5-1-5 电枢的组成

4.换向器

换向器装在电枢轴上，它由许多换向片组成。换向片嵌装在轴套上，各换向器片之间用云母绝缘。换向器与电刷相接触。

5.电刷及电刷架

电刷及电刷架的作用是将电流通过换向器引入电枢让其旋转。一般有四个电刷及电刷架，如图5-1-6所示。电刷架固定在前端盖上，其中两个对置的电刷架与端盖绝缘，称为绝缘电刷架；另外两个对置的电刷架与端盖直接铆合而搭铁，称为搭铁电刷架。

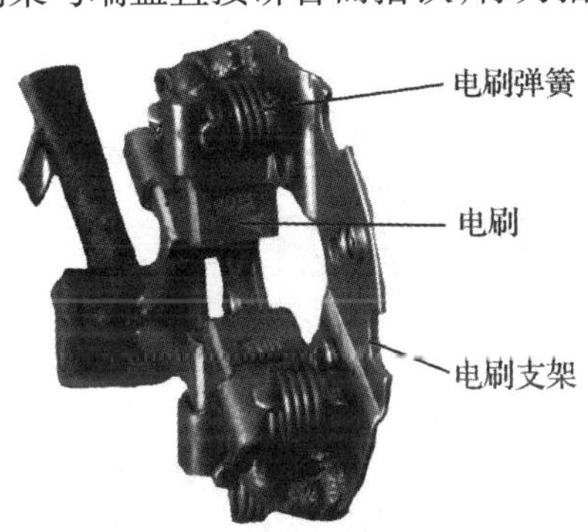

图5-1-6 电刷及电刷架

电刷由铜粉与石墨粉压制而成，加入铜粉是为了减少电阻并增加耐磨性。电刷装在电刷架中，借弹簧压力将它紧压在换向器铜片上。电刷弹簧的压力一般为12～15 N。

（二）起动机的传动机构

传动机构的作用是把直流串励式电动机产生的转矩传递给飞轮，再通过飞轮把转矩传递给发动机的曲轴，使发动机运转，同时飞轮与驱动齿轮分离。传动机构一般由驱动齿轮、单向离合器、拨叉、啮合弹簧等组成，如图5-1-7所示。传动机构中，结构和工作情况比较复杂的是单向离合器，它的作用是传递电动机转矩，起动发动机，而在发动机起动后自动打滑，保护起动机电枢不致飞散。常用的单向离合器主要有滚柱式、摩擦片式和弹簧式等几种。

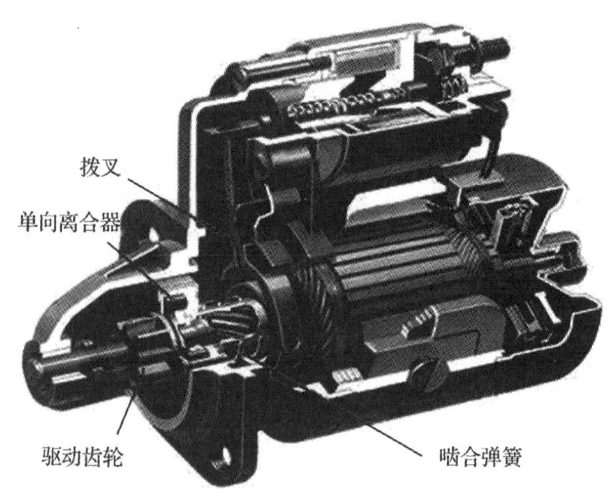

图5-1-7　起动机的传动机构

(三)起动机的控制装置

起动机控制装置的作用是控制驱动齿轮和飞轮的啮合与分离,并且控制电动机电路的接通与切断。常用的装置有机械式和电磁式两种,现代汽车上广泛使用电磁式控制装置(电磁开关),如图5-1-8所示。电磁式控制装置主要由吸引线圈、保持线圈、回位弹簧、可动铁芯、接触片等组成。其中,端子50接点火开关,通过点火开关再接电源,端子30直接接电源。

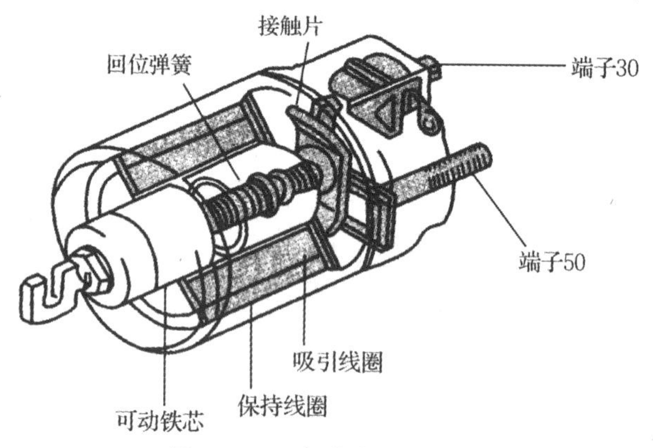

图5-1-8　电磁式控制装置

电磁式控制装置的基本工作过程如图5-1-9所示:当起动电路接通后,保持线圈的电流经起动机端子50进入,经线圈后直接搭铁,吸引线圈的电流也经起动机端子50进入,但通过吸引线圈后未直接搭铁,而是进入电动机的励磁线圈和电枢后再搭铁。两线圈通电后产生较强的电磁力,克服回位弹簧弹力使活动铁芯移动,一方面通过拨叉带动驱动齿轮移向飞轮齿圈并与之啮合,另一方面推动接触片移向端子50和端子C的触点,在驱动齿轮与飞轮齿圈进入啮合后,接触片将两个主触点接通,使电动机通电运转。在驱动齿轮进入啮合之前,由于经过吸引线圈的电流经过了电动机,所以电动机在这个电流的作用下会产生缓慢旋转,以便于驱动齿轮与飞轮齿圈进入啮合。在两个主接线柱触点接通之后,蓄电池的电流直接通过主触点和接触片进入电动机,使电动机进入正常运转,此时通过吸引线圈的电路被短路,因此,吸引线圈中无电流通过,主触点接通的位置靠线圈来保持。发动机起动后,切断起动电路，保持线圈断电，在弹簧的作用下，活动铁芯回位，切断了电动机的电路，同时也使驱动齿轮与飞轮齿圈脱离啮合。

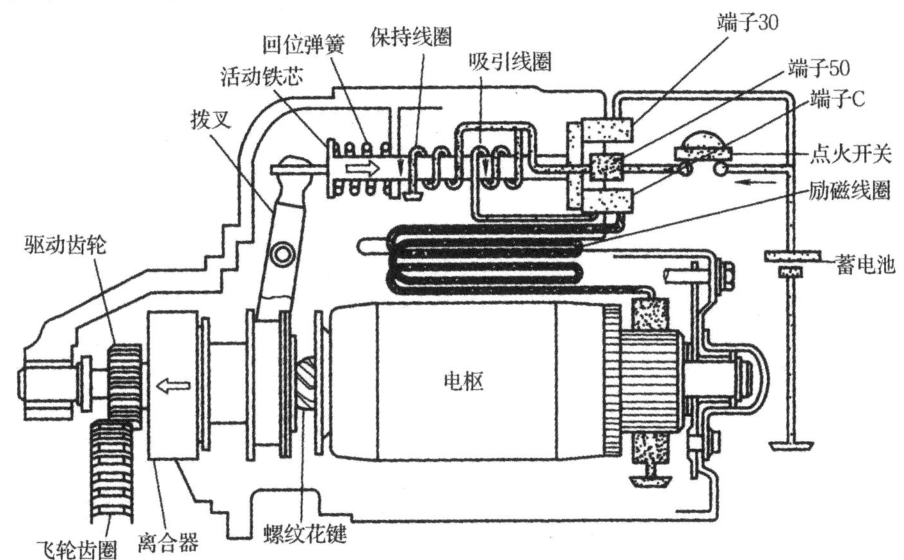

图5-1-9 电磁式控制装置的基本工作过程

【任务实施】

一、实施内容

起动机的拆装。

二、准备工作

(1)所需设备、工具和材料。

实训用车辆、拆装工具、前栅格布、翼子板防护套、环保三件套、干净的帕子、车轮挡块等。

(2)安全防护用品。

标准作业装、安全鞋、线手套等。

(3)信息收集。

起动机型号:________________。

三、技术规范与注意事项

(1)严禁违规操作。

(2)使用维修手册和电路图时，要注意避免残缺不全，资料应与使用车辆型号相对应。

(3)要遵守维修手册规定的其他技术和安全要求。

四、任务实施步骤及方法

(1)一般准备工作。

①清点所需工具、量具的数量和种类。

②检查设备、工具、量具的性能是否良好。

(2)安全防护准备工作。

①安装车轮挡块阻挡车轮。

②使用空挡和驻车制动。

③安装好前栅格布、翼子板防护套、环保三件套。

(3)起动机的拆卸。

①断开蓄电池负极端子。

②断开起动机电缆及连接器。

③拆卸起动机与发动机的固定螺栓。

④拆下起动机与电磁开关接线柱的紧固螺母。

⑤将接线柱连接线取下。

⑥用起子拧下电磁开关与起动机外壳的紧固螺钉。

⑦取下电磁开关及电磁开关活动铁芯。

⑧拆下起动机后端盖与电刷架的紧固螺钉及外壳的连接紧固螺栓。

⑨敲松后端盖,将其取下。

⑩取下电刷架、定子、电枢与起动机外壳。

⑪取下三颗行星轮、防尘胶与止推垫片,取出单向离合器总成。

(4)起动机的装配。

①将起动机运动部件涂上适量润滑脂。

②将拨叉装到单向离合器拨叉座上。

③装上起动机外壳。

④装上止推垫片与防尘胶及垫圈。

⑤装上定子后,再将电枢装入定子内,其应运动自如。

⑥装上电刷及电刷架,应保证电刷与换向器有良好的接触面。

⑦将电刷架上的压力弹簧压紧电刷。

⑧在电枢轴的尾端与起动机后端盖涂上适量润滑脂。

⑨装复后端盖,拧紧紧固螺钉。

⑩装入压力弹簧,再将电磁开关活动铁芯装复,然后装上电磁开关。

⑪拧紧电磁开关与外壳的紧固螺钉。

⑫装上电磁开关的电流输入接线柱连接线。

(5)现场恢复。

①收回、清点、整理工具、量具及设备。

②与小组成员共同清洁场地及实训车辆。

【任务检测】

一、填空

1.起动机分________、________、________三部分。

2.直流串励式电动机分________、________、________、________四部分。

3.传动机构的组成有________、________、________三部分。

4.控制机构的组成有________、________、________、________四部分。

二、简答题

1.简述直流串励式电动机的工作过程。

2.简述起动机的工作过程 。

【评价与反馈】

序号	考核项目	分值	考核内容	配分	考核标准	得分
1	出勤、纪律	5分	出勤	2分	违规一次不得分	
			行为规范	3分	违规一次不得分	
2	安全、防护、环保	20分	着装	2分	违规一次不得分	
			个人防护	3分	违规一次不得分	
			“5S”“EHS”	5分	违规一次不得分	
			设备使用安全	5分	违规一次不得分	
			操作安全	5分	违规一次不得分	
3	任务检测	20分	任务测验成绩	20分	测验成绩的20%计	
4	技能考核	35分	技能测验成绩	35分	测验成绩的35%计	
5	学习能力	10分	工单填写,工艺计划制订	4分	未做不得分	
			组内活动情况	5分	酌情扣分	
			资料查阅和收集	1分	未做不得分	
6	任务拓展	10分	知识拓展任务	2分	未做不得分	
			技能拓展任务	8分	未做不得分	
总分		100分				

【教师评估】

序号	优点	存在问题	解决方案
教师签字:			

【学习后记】

任务二 认知交流发电机

【任务目标】

目标类型	目标要求
知识目标	(1)叙述交流发电机的结构、作用 (2)叙述交流发电机的工作过程
技能目标	(1)能依据拆装工艺对交流发电机进行拆装 (2)能识别交流发电机主要部件
情感目标	(1)养成严谨工作作风 (2)具有安全操作意识

【任务描述】

一辆威驰车,在使用过程中时常出现电瓶亏电的现象。将汽车送到汽修厂检测后,发现是发电机不发电引起的,维修发电机后故障排除。

【知识准备】

一、交流发电机的作用

交流发电机是汽车的主要电源,其在整车上的位置如图5-2-1所示。其功用是在发动机正常运转时,向所有用电设备(起动机除外)供电,同时给蓄电池充电。连接电路如图5-2-2所示。

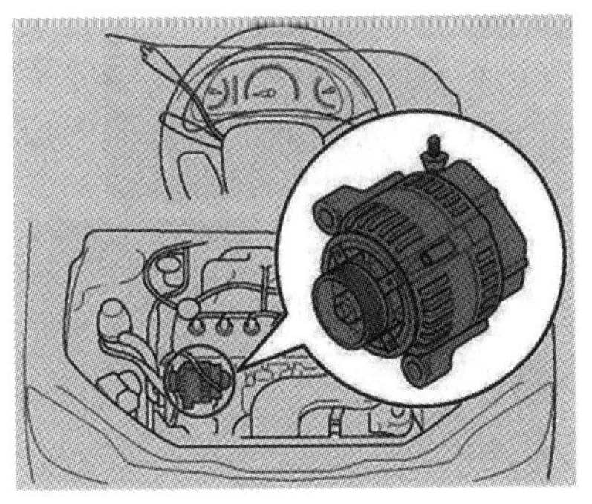

图5-2-1 发电机在车上的位置图

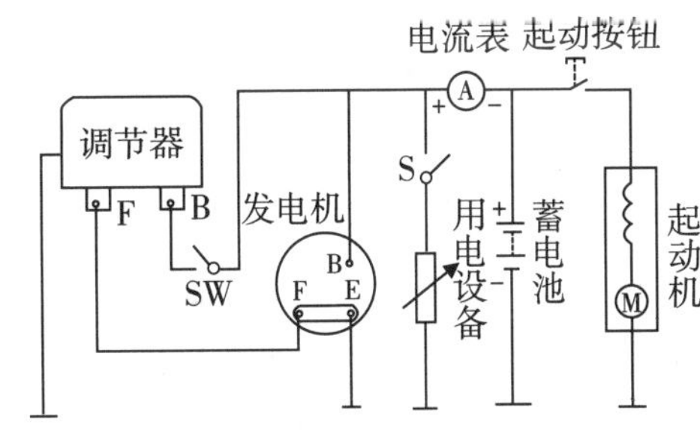

图5-2-2 蓄电池充电电路

二、交流发电机的结构

汽车的交流发电机由三相同步发电机和硅二极管整流器两大部分组成。图5-2-3所示为交流发电机解体图。交流发电机主要由转子、定子、硅二极管整流器、前后端盖、电压调节器、风扇、皮带轮、电刷组件等组成。

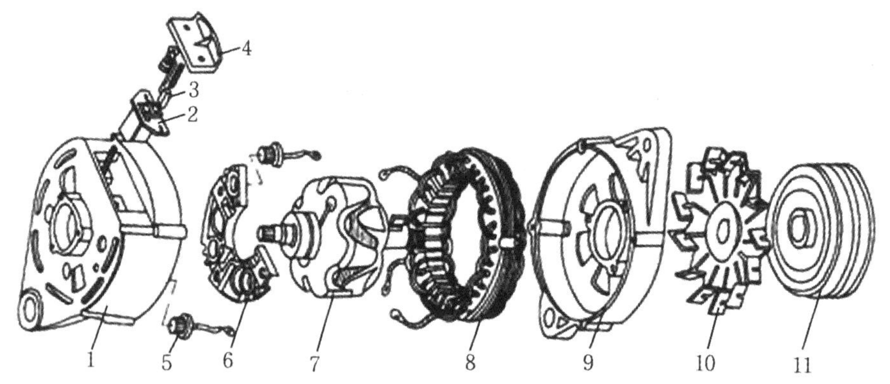

1-后端盖;2-电刷架;3-电刷;4-电刷弹簧压盖;5-硅二极管;6-散热片;
7-转子;8-定子;9-前端盖;10-风扇;11-皮带轮

图5-2-3　交流发电机解体图

(一)转子

转子的功用是产生旋转磁场。转子由爪极、转子铁芯、磁场绕组、滑环、转子轴组成,如图5-2-4所示。

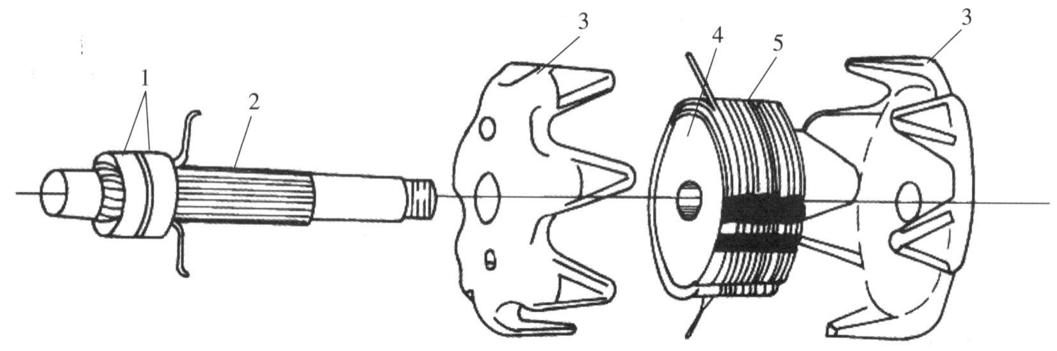

1-滑环;2-转子轴;3-爪极;4-转子铁芯;5-磁场绕组

图5-2-4　发电机转子的结构

(二)定子

定子的功用是产生交流电,由定子铁芯和定子绕组两部分组成。定子绕组有三组线圈,对称的嵌放在定子铁芯的槽中。三相绕组有星形连接和三角形连接两种方法,如图5-2-5所示。当转子旋转时,产生旋转磁场,使定子中的三相绕组切割磁感线,产生三相交变电动势。

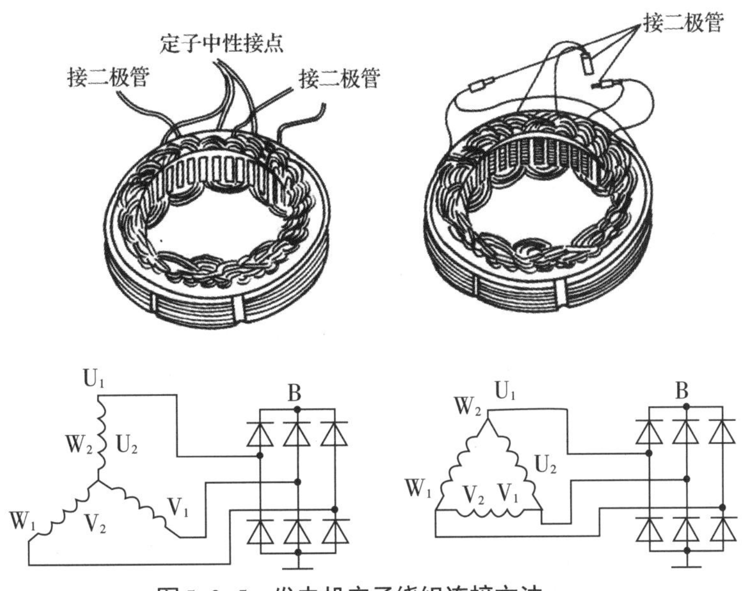

图5-2-5 发电机定子绕组连接方法

(三)硅二极管整流器

硅二极管整流器的功用是将三相绕组产生的交流电变为直流电，由6个二极管(3个正二极管，3个负二极管)、整流板等组成。二极管分为正二极管、负二极管，二极管的安装如图5-2-6所示。

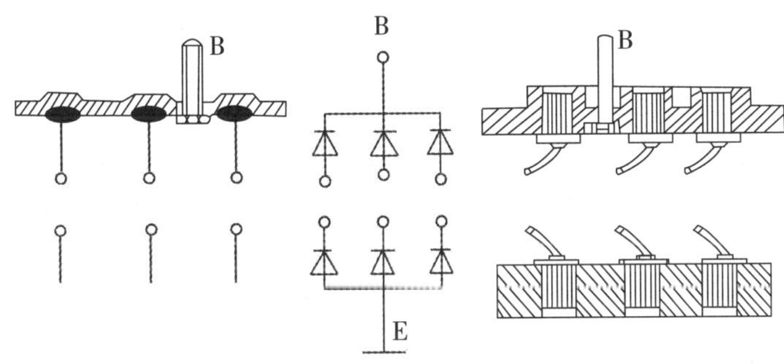

图5-2-6 二极管的安装示意图

(四)电压调节器

电压调节器的功用是在发电机转速变化时，将发电机电压控制在规定的范围内。对于12 V的汽车，其电压控制在14～15 V之间。

(五)皮带轮

通常由铸铁或铝合金制成，分单槽和双槽两种，利用半圆键装在前端盖外侧的转子轴上，用弹簧垫片和螺母紧固。

(六)风扇

一般用1.5 mm厚的钢板冲压而成或用铝合金铸造制成，利用半圆键装在前端盖外侧的转子轴上，紧压在皮带轮与前端盖之间。

(七)前后端盖

前后端盖用非导磁性的材料铝合金制成，它具有轻便、散热性好等优点。在后端盖上装有电刷总成，在前后端盖上均有通风口，当风扇旋转后能使空气高速流经发电机内部进行冷却。

(八)电刷组件

电刷组件由电刷、电刷架和电刷弹簧组成。电刷的作用是将电源通过集电环引入励磁绕组。电刷的结构有外装式和内装式两种，如图5-2-7所示。

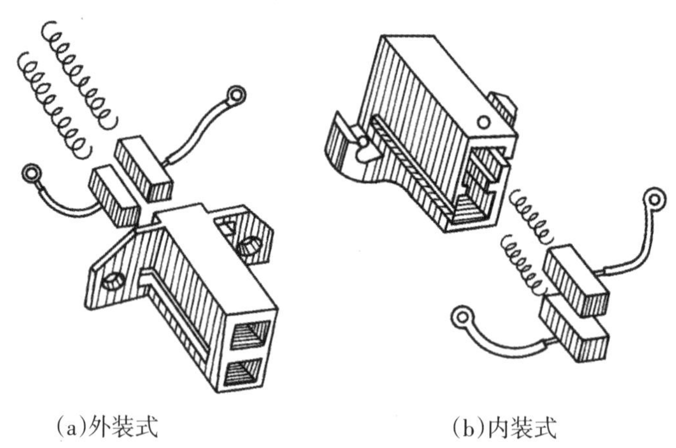

(a)外装式　　(b)内装式

图5-2-7　电刷结构类型

三、交流发电机的工作原理

(一)发电原理

交流发电机的发电原理如图5-2-8所示。三相绕组按照一定的规律分布在发电机的定子槽中，彼此相差120°，且匝数相等。当交流发电机的磁场绕组接通直流电时，产生了磁场，使转子轴上的两块爪形磁极磁化，产生磁力线，两者之间形成磁路。转子在发动机带动下旋转时，磁感线与定子绕组产生相对运动。依据电磁感应原理，此时在定子三相绕组中产生相位互差120°的三相交流电。

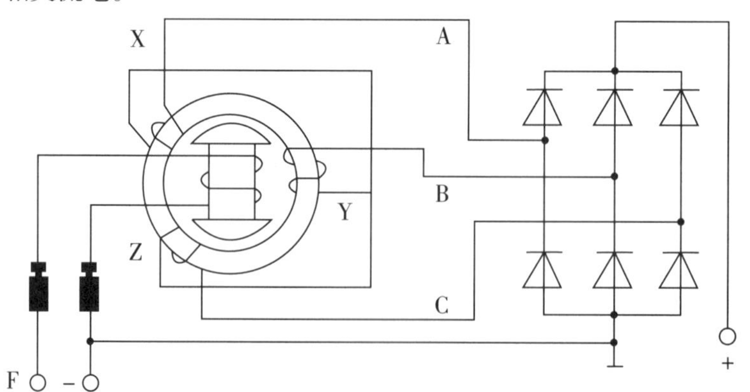

图5-2-8　交流发电机工作原理图

（二）整流原理

1.六管交流发电机整流原理

目前，多数汽车采用硅二极管整流器，利用二极管的单向导电性将定子绕组产生的三相交流电转换为直流电。六管构成的三相桥式整流电路，如图5-2-9所示。3个负二极管VD_2、VD_4、VD_6的阳极并接在负极板上，3个正二极管VD_1、VD_3、VD_5的阴极并接在正极板上。每个时刻有2个二极管同时导通，同时导通的两个管子总是将发电机的电压加在负荷的两端。

当$t=0$时，C相电位最高，而B相电位最低，所对应的二极管VD_5、VD_4均处于正向导通。电流从绕组C出发，经VD_5→负载R_L→VD_4→绕组B构成回路。由于二极管的内阻很小，所以此时发电机的输出电压可视为B、C绕组之间的线电压。

在t_1~t_2时间内，A相的电位最高，而B相电位最低，故对应VD_1、VD_4处于正向导通。同理，交流发动机的输出电压可视为A、B绕组之间的线电压。

在t_2~t_3时间内，A相电位最高，而C相电位最低，故VD_1、VD_6处于正向导通。同理，交流发动机的输出电压可视为A、C绕组之间的线电压。

以此类推，周而复始，在负载上便可获得一个比较平稳的直流脉动电压。

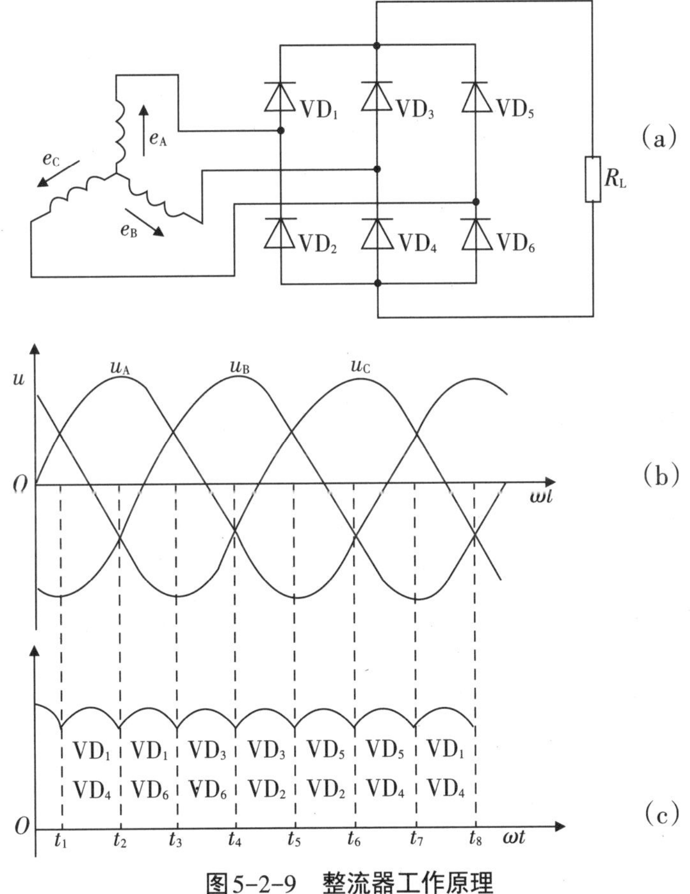

图5-2-9 整流器工作原理

2.九管交流发电机整流原理

九管交流发电机电路如图5-2-10所示，它是在六管交流发电机的基础上，增加了三个功率较小的二极管，用来供给磁场电流，所以又叫磁场二极管。磁场二极管能输出与发电机“B”接线柱相等的电压，它既能供给发电机励磁电流，又能控制充电指示灯。

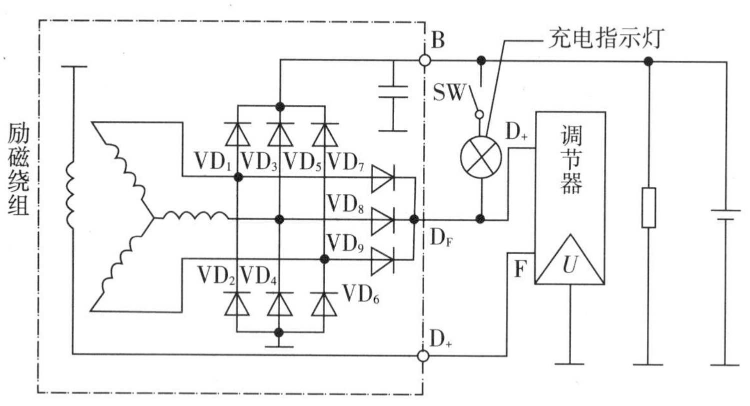

图5-2-10　九管交流发电机工作原理图

其工作原理如下：

接通点火开关，电流流向为蓄电池正极→充电指示灯→调节器触点→励磁绕组→搭铁→蓄电池负极。此时，充电指示灯由于有电流通过，所以灯会亮。

但发动机起动后，随着发电机转速提高，发电机的端电压也不断升高。当发电机的输出电压与蓄电池电压相等时，发电机“B”端和“D”端的电位相等，此时，充电指示灯由于两端电位差为零而熄灭。指示发电机已经正常工作，励磁电流由发电机自己供给。发电机中三相绕组所产生的三相交流电动势经六只二极管整流后，输出直流电，向负载供电，并向蓄电池充电。

当发电机高速运转、充电系统发生故障而导致发电机不发电时，“D”端无电压输出，所以充电指示灯由于两端电位差增大而发亮，警告驾驶员及时排除故障。九管交流发电机在停车后，蓄电池向充电指示灯继续提供电流，则充电指示灯会一直亮，提醒驾驶员断开点火开关。

(三)电子电压调节器工作原理

电子电压调节器利用三极管的开关特性，将大功率三极管作为开关串联在发电机的励磁电路中，根据发电机输出电压的高低，控制三极管导通与截止来调节发电机的励磁电流，使发电机输出电压稳定在一定范围内。内搭铁电子电压调节器电路如图5-2-11所示。

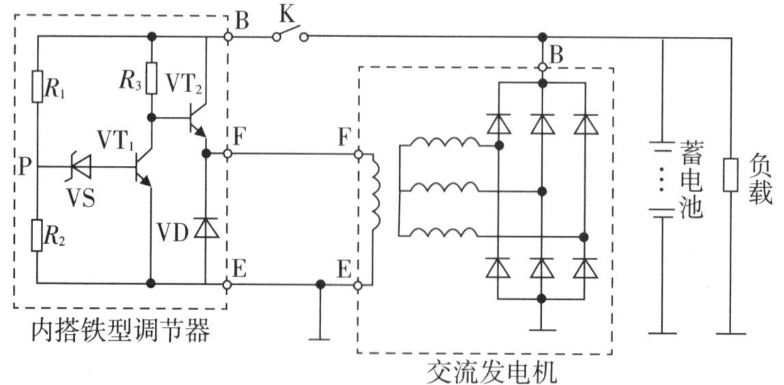

图5-2-11　内搭铁电子电压调节器基本电路

其工作原理如下：

(1)点火开关K刚接通时，发动机不转，发电机不发电，蓄电池电压加在分压器R_1、R_2上，此时因U_P较低不能使稳压管VS反向击穿，VT_1截止。此时，由于R_3的分压作用，使得VT_2导通，发电机磁场电路接通(他励完成)，此时由蓄电池供给磁场电流，电路为：蓄电池正极→点火开关K→调节器B接线柱→三极管VT_2→调节器F接线柱→发电机F接线柱→励磁绕组→发动机E接线柱→搭铁→蓄电池负极。随着发动机的起动，发电机转速升高，发电机他励发电，电压上升。

(2)当发电机电压升高到稍高于蓄电池电压时(发电机转速大约在900 r/min时)，发电机自励发电开始对蓄电池充电，如果此时发电机输出电压U_B小于调节器调节电压上限，VT_1继续截止，VT_2继续导通，但此时的磁场电流由发电机供给，通路为：发电机正极→点火开关K→调节器B接线柱→三极管VT_2→调节器F接线柱→发电机F接线柱→励磁绕组→发动机E接线柱→搭铁→发电机负极。由于磁场电路一直导通，发电机电压随转速升高迅速升高。

(3)当发电机电压升高到等于调节上限时，调节器对电压的调节开始。此时电阻R_1、R_2上的分压U_P达到VS击穿电压，VS导通，VT_1导通，VT_2截止，发电机磁场电路被切断，由于磁场被断路，磁通下降，发电机输出电压下降。

(4)当发电机电压下降到等于调节下限时，电阻R_1、R_2分压减小，U_P下降到VS截止电压，VS截止，VT_1截止，VT_2重新导通，磁场电路重新被接通，发电机电压上升。

重复(3)、(4)步骤，如此周而复始，发电机输出电压U_B被控制在一定范围内。这就是内搭铁电子电压调节器的工作原理。

【任务实施】

一、实施内容

交流发电机的拆装。

二、准备工作

(1)所需设备、工具和材料。

实训用车辆、拆装工具、前栅格布、翼子板防护套、环保三件套、干净的帕子、车轮挡块等。

(2)安全防护用品。

标准作业装、安全鞋、线手套等。

(3)信息收集。

交流发电机型号：________________。

三、技术规范与注意事项

(1)严禁违规操作。

(2)使用维修手册和电路图时，要注意避免残缺不全，资料应与使用车辆型号相对应。

(3)要遵守维修手册规定的其他技术和安全要求。

四、任务实施步骤及方法

(1)一般准备工作。

①清点所需工具、量具数量和种类。

②检查设备、工具、量具性能是否良好。

(2)安全防护准备工作。

①安装车轮挡块阻挡车轮。

②使用空挡和驻车制动。

③安装好前栅格布、翼子板防护套、环保三件套。

(3)交流发电机的拆装。

①将交流发电机从整车上拆下。

②用扭力扳手拧出发电机皮带轮的紧固螺母,取出螺母垫圈。

③用拉器拉出发电机皮带轮。

④拧下发电机后端盖的整流器罩盖螺栓,取出后端盖。

⑤拧下发电机前后壳体各颗紧固螺栓,用橡胶锤敲击转子转轴,取出前端盖 。

⑥取出发电机转子绕组总成。

⑦在装复前,用细砂纸对发电机转子滑环接触面进行打磨,并将轴承外圈及座上涂上少量润滑油。

⑧将转子装入定子轴承座上,并用橡胶锤敲击到位,然后将碳刷压下并装入,注意碳刷与滑环的工作面对位。

⑨拧紧调节器紧固螺栓,然后装上后端盖,并拧紧螺栓。

⑩装上风扇叶轮与止推垫圈。

⑪拧紧前后端盖锁紧螺栓。

⑫装发电机皮带轮、弹簧垫及平垫片,并用扭力扳手拧紧螺母。

⑬将交流发电机安装在汽车上。

注意事项:

(1)拆装过程中不得丢失、损坏和漏装零部件。

(2)拆装过程中有问题时,应及时向指导老师报告。

(4)现场恢复。

①收回、清点、整理工具、量具及设备。

②与小组成员共同清洁场地及实训车辆。

【任务检测】

一、填空题

1. 交流发电机的功用是______________________________。
2. 交流发电机主要由________________________________组成。
3. 交流发电机的转子的作用是 ____________________。
4. 交流发电机定子的作用是______________________。

5. 交流发电机整流器的作用是____________________。

6. 交流发电机输出的是________________(直流/交流)电。

7. 电压调节器的功用是____________________________。

二、思考题

1.简述交流发电机的发电工作原理。

2.根据图5-2-12所示,简述九管交流发电机的整流原理。

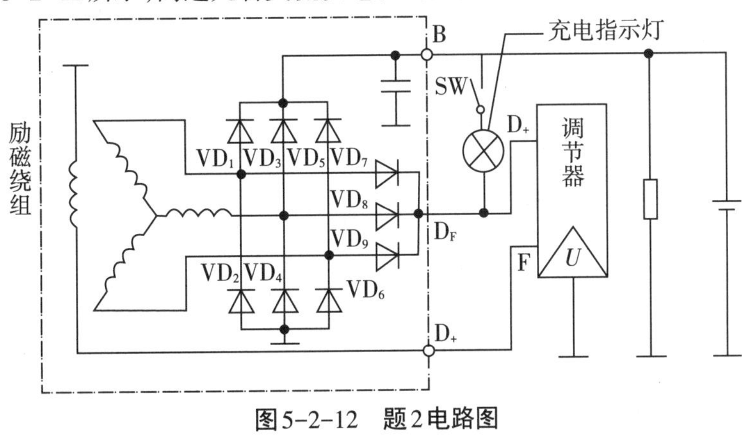

图5-2-12 题2电路图

3.根据图5-2-13所示,简述内搭铁电子电压调节器的工作原理。

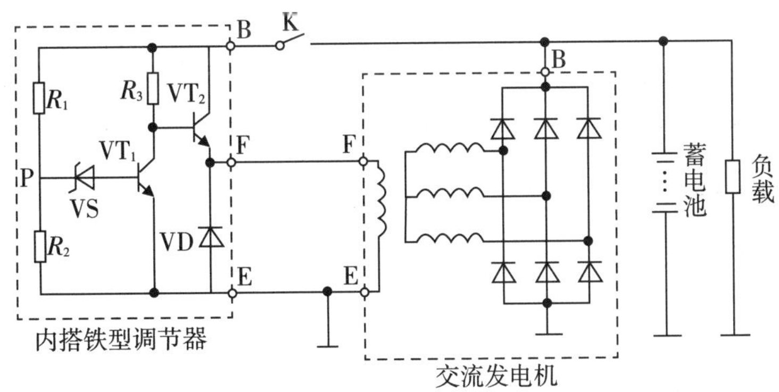

图5-2-13 题3电路图

【评价与反馈】

序号	考核项目	分值	考核内容	配分	考核标准	得分
1	出勤、纪律	5分	出勤	2分	违规一次不得分	
			行为规范	3分	违规一次不得分	
2	安全、防护、环保	20分	着装	2分	违规一次不得分	
			个人防护	3分	违规一次不得分	
			“5S”“EHS”	5分	违规一次不得分	
			设备使用安全	5分	违规一次不得分	
			操作安全	5分	违规一次不得分	
3	任务检测	20分	任务测验成绩	20分	测验成绩的20%计	
4	技能考核	35分	技能测验成绩	35分	测验成绩的35%计	
5	学习能力	10分	工单填写，工艺计划制订	4分	未做不得分	
			组内活动情况	5分	酌情扣分	
			资料查阅和收集	1分	未做不得分	
6	任务拓展	10分	知识拓展任务	2分	未做不得分	
			技能拓展任务	8分	未做不得分	
总分		100分				

【教师评估】

序号	优点	存在问题	解决方案
教师签字：			

【学习后记】

项目六　模拟电路基础元件的认知

任务一　认知与检测二极管

【任务目标】

目标类型	目标要求
知识目标	(1)能描述二极管的工作特性及主要参数 (2)能识别二极管
技能目标	能检测二极管
情感目标	(1)养成“5S”“EHS”意识 (2)能配合小组完成项目任务,帮助其他成员

【任务描述】

二极管是汽车模拟电路的主要器件。它们以体积小、质量小、功耗小、寿命长、可靠性高等优点获得了迅速发展,在汽车上应用广泛。

【知识准备】

一、半导体基本知识

(一)P型与N型半导体

在物理学中,按照材料的导电能力,可以把材料分为导体、半导体与绝缘体。在电子技术中,常用的半导体材料有硅(Si)、锗(Ge)和化合物半导体,如砷化镓(GaAs)等,目前最常用的半导体材料是硅。

目前半导体工业中使用的材料是完全纯净、结构完整的半导体材料,这种材料称为本征半导体。当然,绝对纯净的物质实际上是不存在的。半导体材料通常要求纯度达到99.999999%,而且绝大多数半导体的原子排列十分整齐,呈晶体结构。本征硅原子最外层有四个电子,其受原子核的束缚力最小,称为价电子,如图6-1-1所示。晶体的结构是三维的,在晶体结构中,原子之间的距离非常近,每个硅原子的最外层价电子不仅受到自身原子核的吸引,同时也受到相邻原子核的吸引,使得其为两个原子核共有,形成共有电子对,称为共价键结构。在热力学温度零度(即$T=0$ K,约为-273.15 ℃)时，所有价电子被束缚在共价键内,不能成为自由电子。所以此时的半导体的表现就和绝缘体一样,不能导电。

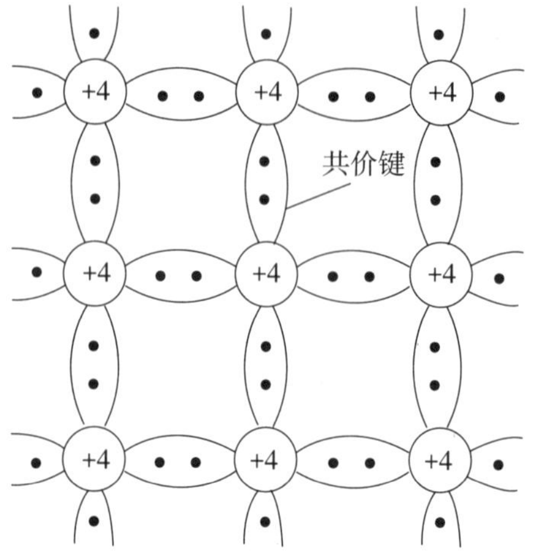

图6-1-1　半导体硅共价键结构

在本征半导体中掺入五价元素磷。由于掺入杂质比例很小,不会破坏原来的晶体结构。掺入的磷原子取代了某些位置上的硅原子,如图6-1-2所示。磷原子参加共价键结构只需要四个价电子,多余的第五个价电子很容易挣脱磷原子核的束缚,成为自由电子,于是半导体中的自由电子数目大量增加。这种由大量自由电子参与导电的杂质半导体称为电子型半导体或N型半导体。

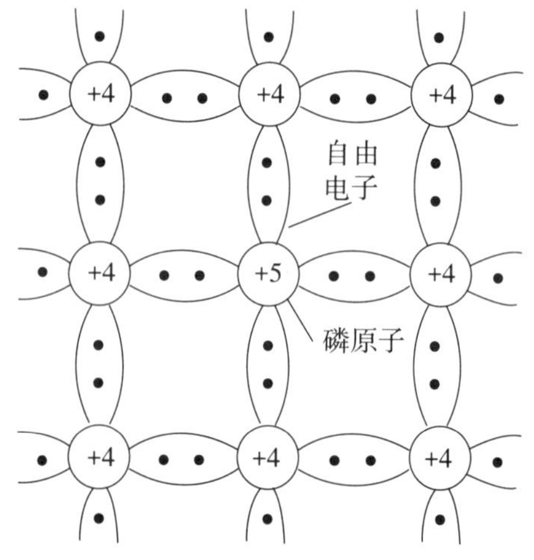

图6-1-2　掺杂磷后半导体结构

在本征半导体中掺入三价元素硼。由于每个硼原子只有三个价电子,所以就形成了一个天然的空穴。这样,在半导体中就形成了大量的空穴。这种由大量空穴参与导电的杂质半导体称为空穴型半导体或P型半导体,如图6-1-3所示。

在掺杂半导体中多数载流子主要是由掺入的杂质元素提供的,所以可以通过控制掺杂浓度来改变半导体的导电能力。掺杂半导体中尽管有一种载流子占多数,但是整个晶体仍然是呈电中性的。

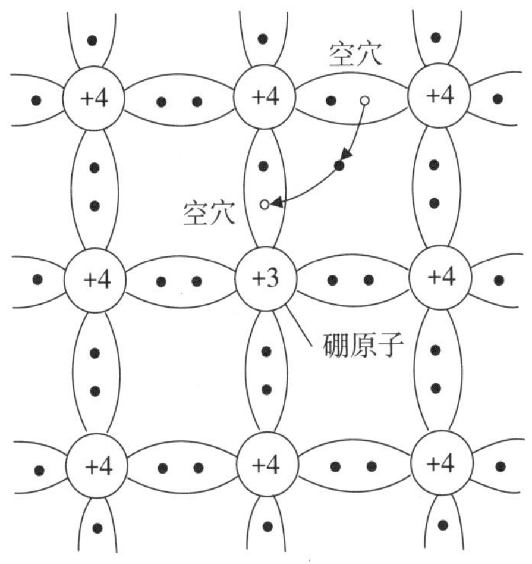

图6-1-3　掺杂硼后半导体结构

（二）PN结及其特性

在一块完整的硅片上，用不同的掺杂工艺使其一边形成N型半导体，另一边形成P型半导体，那么在两种半导体交界面附近就形成了PN结，如图6-1-4所示。

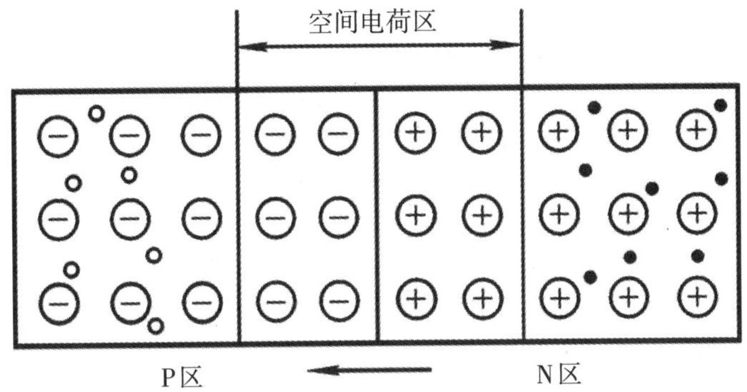

图6-1-4　PN结结构

P型半导体和N型半导体结合后，在它们的交界处就出现了自由电子和空穴的浓度差。N型区内的自由电子很多而空穴很少，P型区内的空穴很多而自由电子很少，这样自由电子和空穴都要从浓度高的地方向浓度低的地方扩散。因此，有些自由电子要从N型区向P型区扩散，也有一些空穴要从P型区向N型区扩散。自由电子和空穴带有相反的电荷，它们在扩散过程中要产生复合，结果使P区和N区中原来的电中性被破坏。P区失去空穴留下带负电的离子，N区失去自由电子留下带正电的离子，这些离子因物质结构的关系，它们不能移动，因此称为空间电荷，它们集中在P区和N区的交界面附近，形成了一个很薄的空间电荷区，这就是所谓的PN结。

在空间电荷区后，由于正、负电荷之间的相互作用，在空间电荷区中形成一个电场，其方向从带正电的N区指向带负电的P区，由于该电场是由载流子扩散后在半导体内部形成的，故称为内电场。显然，内电场对多数载流子的扩散运动起阻碍作用，但却把P区的少数载流子（包括N区扩散到P区的）电子拉向N区，把N区的少数载流子（包括P区扩散到N区的）空穴拉向P区，形成所谓的漂移运动。

综上所述,PN结中存在着两种载流子的运动。一种是多数载流子克服电场阻力的扩散运动;另一种是少数载流子在内电场的作用下产生的漂移运动。因此,只有当扩散运动与漂移运动达到动态平衡时,空间电荷区的宽度和内建电场才能相对稳定。由于两种运动产生的电流方向相反,因而在无外电场或其他因素激励时,PN结中无宏观电流。

PN结在未加外加电压时,扩散运动与漂移运动处于动态平衡, 通过PN结的电流为零。当电源正极接P区,负极接N区时, 称为给PN结加正向电压或正向偏置,如图6-1-5所示。

由图可见,外加电压在PN结上形成外电场,此时外电场与PN结内电场的方向相反。在外电场作用下,载流子的扩散运动和漂移运动的平衡被打破,外电场驱使P型区中的多数载流子(空穴)和N型区中的多数载流子(自由电子)都向PN结运动。

当P型区空穴进入PN结后,就要与PN结中P型区的负离子复合,使P型区的电荷量减少;同时N型区自由电子进入PN结后,就要与PN结中N型区的正离子复合,使N型区的电荷量减少。结果PN结变窄,于是N区的自由电子不断地扩散到P型区,形成扩散电流。然而,当外加电压较小时,并不能完全削弱内电场,此时,只有很小的电流,只有外加电压增加到某一值时,才产生较大的扩散电流,该电压称为PN结的死区电压,一般硅材料为0.7 V,锗材料为0.3 V。

由上可知,PN结正向偏置时导通电流很大(外加电压大于死区电压时)。

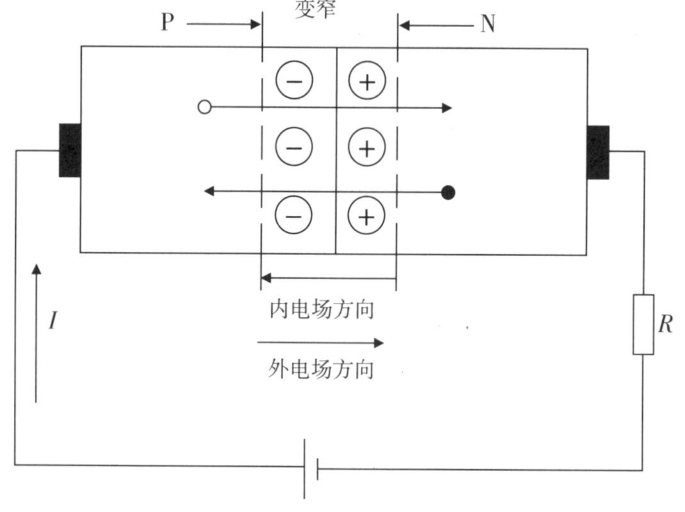

图6-1-5 正向电压下的PN结

当电源正极接N区、负极接P区时,称为给PN结加反向电压或反向偏置。反向电压产生的外加电场的方向与内电场的方向相同,使PN结内电场加强,它把P区的多数载流子(空穴)和N区的多数载流子(自由电子)从PN结附近拉走, 使PN结进一步加宽, PN结的电阻增大,打破了PN结原来的平衡,在电场作用下的漂移运动大于扩散运动,形成的反向电流很小,一般在微安级。所以在PN结反向偏置时,可以认为基本不导通(或称截止),表现出很大电阻性。如图6-1-6所示。

由上述可知,PN结正偏时导通,电阻很小,电流很大;反偏时截止,电阻很大,电流很小。这就是PN结的单向导通性。

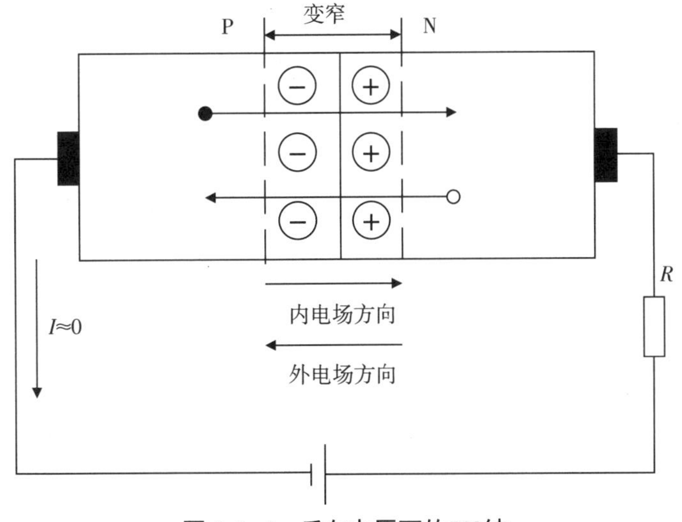

图6-1-6 反向电压下的PN结

二、二极管的结构与符号

晶体二极管也称半导体二极管。二极管是由一个PN结构成的半导体器件，即将一个PN结加上两条电极引线做成管芯，并用管壳封装而成。P型区的引出线称为正极或阳极，N型区的引出线称为负极或阴极，如图6-1-7所示。

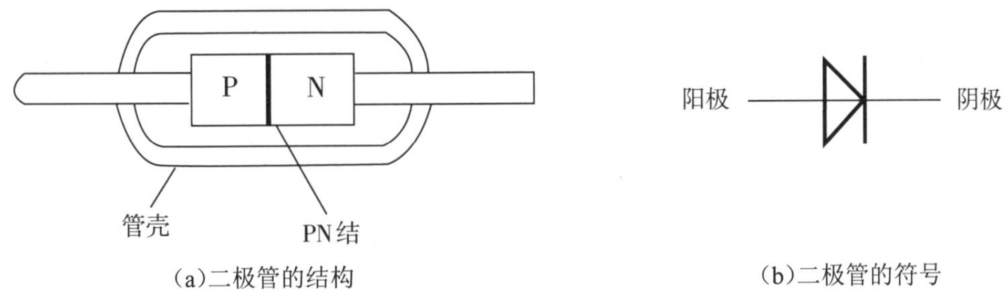

(a)二极管的结构 (b)二极管的符号

图6-1-7 二极管的结构和符号

二极管的种类很多，按使用的半导体材料分，有硅二极管和锗二极管；按用途分，有普通二极管、整流二极管、稳压二极管、光敏二极管、热敏二极管、发光二极管等；按结构分，有点接触型二极管和面接触型二极管。其中，点接触型二极管如图6-1-8(a)所示，它是由一根根细的金属丝热压在半导体薄片上制成的。点接触型二极管的金属丝和半导体的金属面很小，虽难以通过较大的电流，但因其结电容较小，因而可以在较高的频率下工作。面接触型二极管如图6-1-8(b)所示，它是利用扩散、多用合金及外延等掺杂质方法，实现P型半导体和N型半导体直接接触而形成PN结的。面接触型二极管PN结的接触面积大，可以通过较大的电流，适用于大电流整流电路或在脉冲数字电路中作开关管。因其结电容相对较大，故只能在较低的频率下工作。图6-1-8(c)所示是硅工艺平面型二极管的结构图，是集成电路中常见的一种形式。

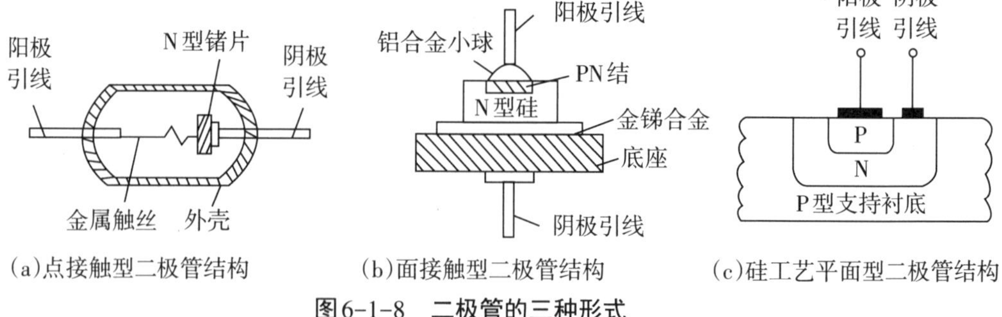

(a)点接触型二极管结构　(b)面接触型二极管结构　(c)硅工艺平面型二极管结构

图6-1-8　二极管的三种形式

三、二极管的伏安特性

二极管是由一个PN结构成的,它的主要特性就是单向导电性,可以用它的伏安特性来表示。

二极管的伏安特性是指流过二极管的电流与加于二极管两端的电压之间的关系。用逐点测量的方法测绘出来或用晶体管图示仪显示出来的$U-I$曲线,称为二极管的伏安特性曲线。图6-1-9是二极管的伏安特性曲线示意图,以此为例说明其特性。

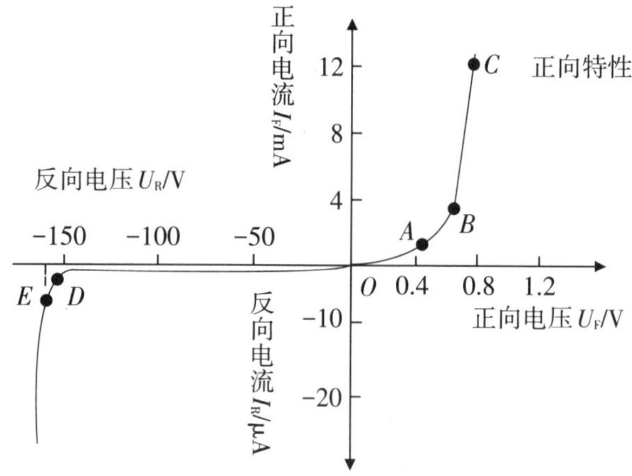

图6-1-9　二极管伏安特性曲线

(一)正向特性

当正向电压较小时,二极管呈现的电阻很大,基本上处于截止状态,这个区域常称为正向特性的“死区”,一般硅二极管的“死区”电压约为0.5 V,锗二极管约为0.1 V。

当正向电压超过“死区”电压后,二极管的电阻变得很小,二极管处于导通状态,二极管导通后两端电压降基本保持不变,硅二极管导通电压为0.6~0.8 V,一般取0.7 V,锗二极管导通电压为0.2~0.3 V,一般取0.3 V。

(二)反向特性

当二极管两端外加反向电压时,PN结内电场进一步增强,使扩散更难进行。这时只有少数载流子在反向电压作用下的漂移运动形成微弱的反向电流,称为漏电流。漏电流基本不随反向电压的变化而变化,该区域称为反向截止区。

（三）反向击穿特性

当反向电压增大到一定数值U_{BR}时，反向电流剧增，这种现象称为二极管的击穿，此时的U_{BR}电压值叫作击穿电压。U_{BR}视不同二极管而定，普通二极管一般在几十伏以上且硅管较锗管高。

击穿特性的特点是，虽然反向电流剧增，但二极管的端电压却变化很小，这一特点成为制作稳压二极管的依据。

（四）温度对二极管伏安特性的影响

二极管是对温度敏感的器件，温度的变化对其伏安特性的影响主要表现为：随着温度的升高，其正向特性曲线左移，即正向压降减小；反向特性曲线下移，即反向电流增大。一般在室温附近，温度每升高1 ℃，其正向压降减小2～2.5 mV；温度每升高10 ℃，反向电流增大1倍左右。

综上所述，二极管的伏安特性具有以下特点。

（1）二极管具有单向导电性。

（2）二极管的伏安特性具有非线性。

（3）二极管的伏安特性与温度有关。

四、二极管的主要参数

（一）最大整流电流I_{FM}

I_{FM}是指二极管长期工作时，允许通过的最大正向平均电流。它与PN结的面积、材料及散热条件有关。实际应用时工作电流应小于I_{FM}，否则，可能导致结温过高而烧毁PN结。

（二）最高反向工作电压U_{RM}

U_{RM}是指二极管反向运用时，所允许加的最大反向电压。实际应用时，当反向电压增加到击穿电压U_{BR}时，二极管可能被击穿损坏，因而，U_{RM}通常取为（1/2~2/3）U_{BR}。

（三）反向电流I_R

I_R是指二极管未被反向击穿时的反向电流。考虑表面漏电等因素，实际上I_R稍大一些。I_R愈小，表明二极管的单向导电性能愈好。另外，I_R与温度密切相关，使用时应注意。

（四）最高工作频率f_M

f_M是指二极管正常工作时，允许通过交流信号的最高频率。实际应用时，不要超过此值，否则二极管的单向导电性将显著退化。f_M的大小主要由二极管的电容效应来决定。

五、特殊用途的二极管简介

（一）稳压管

在二极管上所加的反向电压如果超过二极管的承受能力，二极管就要击穿损毁。但是有一种二极管，它的正向特性与普通二极管相同，而反向特性却比较特殊：当反向电压加到一定程度时，虽然管子呈现击穿状态，通过较大电流，却不损毁，并且这种现象的重复性很

好;反过来看,只要管子处在击穿状态,尽管流过管子的电流变化很大,而管子两端的电压却变化极小,能起到稳压作用。这种特殊的二极管叫稳压管。

稳压管(也称为齐纳二极管)是一种用特殊工艺制造的面接触型硅半导体二极管,其符号如图6-1-10(a)所示。这种管子的杂质浓度比较大,空间电荷区内的电荷密度高,且很窄,容易形成强电场。当反向电压加到某一定值时,反向电流急剧增加,产生反向击穿,只要反向电流不超过I_{ZM},仍能正常工作,其特性如图6-1-10(b)所示。

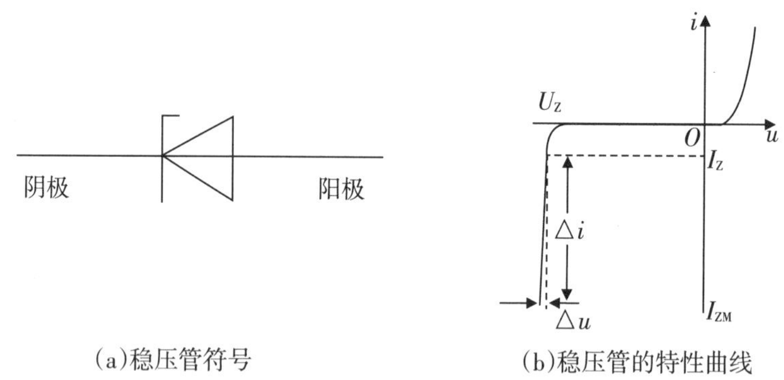

(a)稳压管符号　(b)稳压管的特性曲线

图6-1-10　稳压管

稳压管是利用反向击穿区的稳压特性进行工作的,因此,稳压管在电路中要反向连接。稳压管的反向击穿电压称为稳定电压,不同类型稳压管的稳定电压不一样,某一型号的稳压管的稳压值固定在一定范围。例如:2CW11的稳压值是3.2 V到4.5 V,其中某一只管子的稳压值可能是3.2 V,另一只管子则可能是4.5 V。

如图6-1-11是汽车仪表电路的稳压电路,它是由稳压管和限流电阻串联组成。其中稳压管与负载电路并联,以便发挥稳压作用。

稳压电路的稳压原理是:当蓄电池电压上升时,稳压管的反向电压略有增大,根据反向击穿特性可知,其反向电流大大增加。这将引起限流电阻的电流和电压增加,若电阻选择合适,则其电压的增量将抵消掉蓄电池电压的增量,使仪表上的电压基本不变。相反,当蓄电池电压减小时,限流电阻上的电压减小,保证了仪表上的电压基本不变。

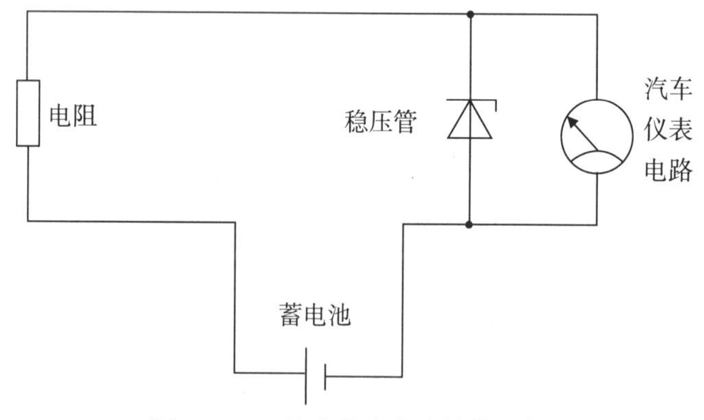

图6-1-11　汽车仪表电路的稳压电路

(二)发光二极管(LED)

发光二极管的实质是由P型半导体和N型半导体组成的一个PN结,如图6-1-12所示是发光二极管的实物和符号。其简单工作原理是:PN结的N侧和P侧的电荷载流子分别为电子和空穴，如果加一正偏压，使电流沿图6-1-13(a)所示方向通过器件，复合区中的空穴就穿过结进入N型区，复合区中的电子也会越过结进入P型区，在结的附近，多余的载流子会发生复合，在复合过程中会发光，即N+P→光子，如图6-1-13(b)所示。

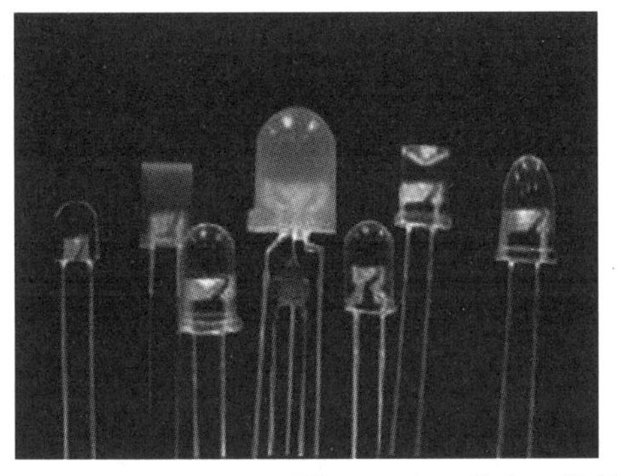
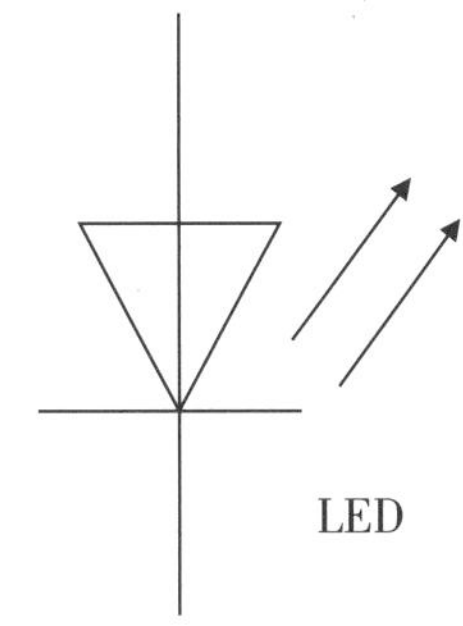

图6-1-12　发光二极管与符号

不同的半导体材料，发出的光的颜色是不一样的，用砷化镓(GaAs)时，复合区发出的光是红色的；用磷化镓(GaP)时，则发出绿色的光。发光二极管在使用时必须正向偏置，还应串接限流电阻，不能超过极限工作电流I_{FM}。在使用时，工作温度一般为-20～75 ℃，不能安装在发热元件附近。

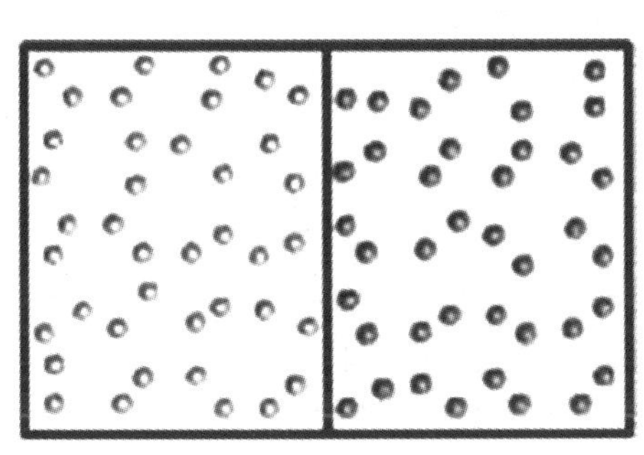

(a)发光二极管是N型(左)和P型(右)的结器件

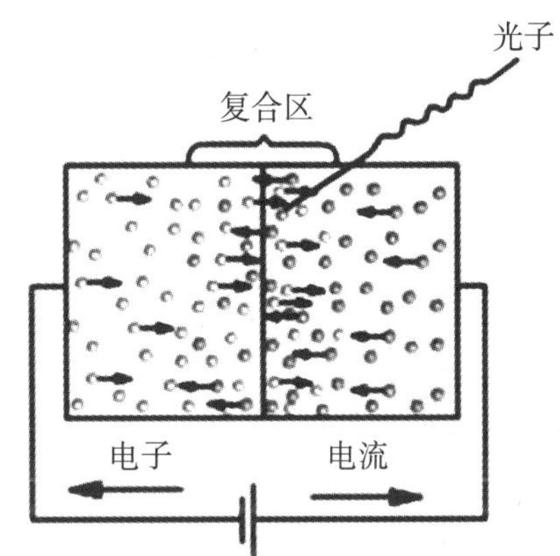

(b)结上加上正向偏置，两种载流子越过结，并在结处进行复合而发出光子

图6-1-13　发光二极管原理图

在发光二极管技术发展的早期，LED已经被用于汽车仪表照明和车内一些电子设备的指示灯。基于技术的迅猛发展和成本的不断下降，时至今日，采用LED信号灯或室内灯的车型已不罕见。首先与传统的白炽灯泡不同，LED是一种几乎不发热的光源，这就使其寿命大大增加。发光二极管的使用寿命可达5万至10万小时，即5至10年以上，一般在车辆寿命期间无须更换。LED照明可以直接把电能转化为光能，完全能够满足环保节能的需要。反观一只白炽灯泡，只能把电能的12%~18%转化为光能，其余电能都转化为热能散发了。普通白炽灯泡的启动时间较长，一般在100～300 ms，而LED的启动时间仅为几十纳秒。对高速行驶中至关重要的制动灯而言，这样的时间差距就意味着相差4～7 m的刹车距离，可大大降低事故发生率。在汽车照明产品中，目前应用LED技术最多的是高位刹车灯，常见的适用

车型有奥迪A4、宝马3系列E36和E46、欧宝雅特G、大众高尔夫4等。将LED光源运用于组合尾灯的成功范例也很多,如宝马5系列、欧宝雅特、奔驰S级等都采用了造型独特的LED后位灯。下面举一个LED在汽车上的应用。

如图6-1-14是汽车上的液面检测报警电路。永久磁铁是浮子,舌簧管是静止的,由它们组成液位传感器。其工作原理是:在液位正常时,舌簧管触点断开,报警灯不发光。当液位低于规定值时,磁铁浮子下移到舌簧管中部,在磁场作用下触点闭合,报警灯电路接通而发光报警。

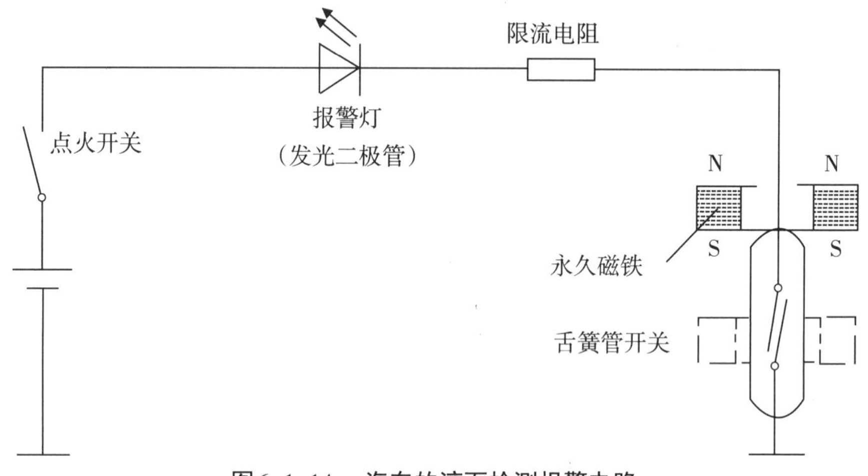

图6-1-14　汽车的液面检测报警电路

(三)光电二极管(光敏二极管)

半导体光电二极管与普通的半导体二极管一样,都具有一个PN结,但与普通二极管不同的是,光电二极管的PN结面积尽量做得大一些,电极面积尽量小些,PN结的结深很浅,一般小于1 μm,另外就是管壳上有一个能让光照射入其光敏区的窗口。

光电二极管是在反向电压作用下工作的,它的正极接较低的电平,负极接较高的电平。工作电路如图6-1-15(b)所示。没有光照时,反向电流极其微弱,称为暗电流;有光照时,反向电流迅速增大到几十微安,称为亮电流。光的强度越大,反向电流也越大。光的变化引起光电二极管电流变化,该电流流经负载,产生输出电压U_0,由此可以把光信号转换成电信号,故将其称为光电传感器件。

光电二极管使用时,应尽量选用暗电流小的产品,管壳必须保持清洁,以保持其光电灵敏度,管壳脏了,应用酒精及时清洗。

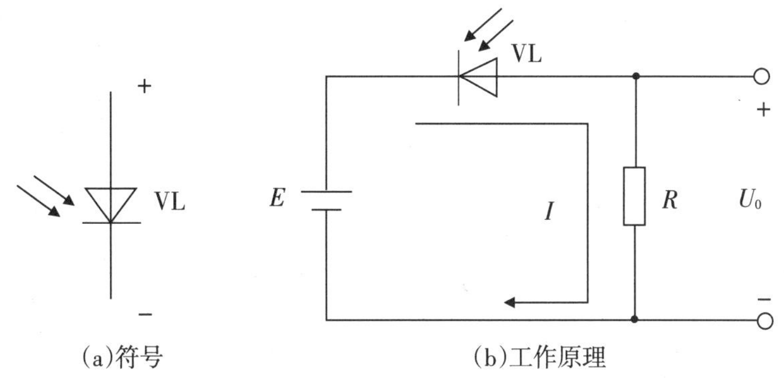

(a)符号 (b)工作原理

图6-1-15 光电二极管电路符号与工作原理

六、二极管的检测

普通二极管外壳上均印有型号和标记。标记方法有箭头、色点、色环3种，箭头所指方向或靠近色环的一端为二极管的负极，有色点的一端为正极。若型号和标记脱落时，可用万用表的欧姆挡进行判别。主要原理是根据二极管的单向导电性，其反向电阻远远大于正向电阻，具体过程如下。

1.判别极性

将万用表选在“R×100”挡或“R×1k”挡，两表笔分别接二极管的两个电极。若测出的电阻值较小(硅管为几百到几千欧姆，锗管为100 W ~ 1 kW)，说明是正向导通，此时黑表笔接的是二极管的正极，红表笔接的则是负极；若测出的电阻值较大(几万欧姆以上)，为反向截止，此时红表笔接的是二极管的正极，黑表笔接的是负极。如图6-1-16所示。

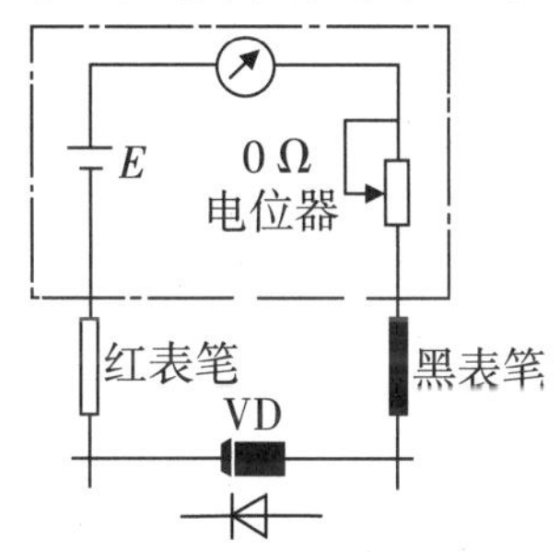

图6-1-16 判别极性方法示意图

2.检查好坏

通过测量正、反向电阻可判断二极管的好坏。一般小功率硅二极管正向电阻为几千欧姆到几兆欧姆，锗管为100 W ~ 1 kW。如图6-1-17所示。

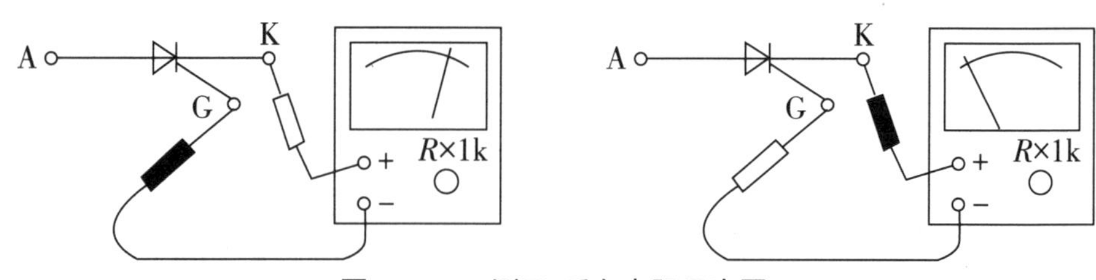

图6-1-17　测正、反向电阻示意图

3. **判别硅、锗管**

若不知被测的二极管是硅管还是锗管，可用上述测量二极管好坏的方法，测量二极管的正向电阻（两次测量中阻值最小的是正向电阻）如果用万用表"R×100"挡测得二极管的正向电阻在500 Ω至1 kΩ之间，则这是锗管；如果测得正向电阻在几千欧至几万欧姆之间，则是硅管。如图6-1-18所示。

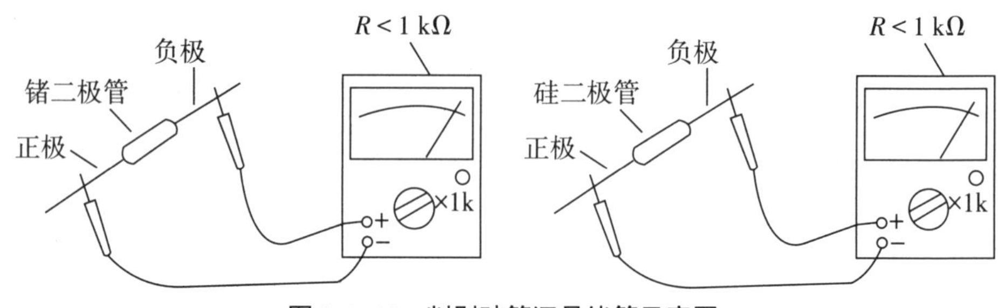

图6-1-18　判别硅管还是锗管示意图

【任务实施】

一、实施内容

二极管检测。

二、准备工作

（1）所需设备、工具和材料。

二极管、万用表。

（2）安全防护用品。

标准作业装、安全鞋、线手套等。

（3）信息收集。

二极管型号：______________。

三、技术规范与注意事项

（1）严禁违规操作。

（2）使用维修手册和电路图时，要注意避免残缺不全，资料应与使用车辆型号相对应。

（3）要遵守维修手册规定的其他技术和安全要求。

四、任务实施步骤及方法

1. 判别极性

将万用表选在"R×100"挡或"R×1k"挡，两表笔分别接二极管的两个电极。若测出的电阻值较小(硅管为几百到几千欧姆，锗管为100 W～1 kW)，说明是正向导通，此时黑表笔接的是二极管的正极，红表笔接的则是负极；若测出的电阻值较大(几万欧姆以上)，为反向截止，此时红表笔接的是二极管的正极，黑表笔接的是负极。

2. 检查好坏

通过测量正、反向电阻可判断二极管的好坏。一般小功率硅二极管正向电阻为几千欧姆到几兆欧姆，锗管为100 W～1 kW。

3. 判别硅、锗管

若不知被测的二极管是硅管还是锗管，可根据硅、锗管的导通压降不同的原理来判别。将二极管接在电路中，当其导通时，用万用表测其正向压降硅管一般为0.6～0.7 V，锗管为0.1～0.3 V。也可以用数字表直接测量二极管的正向压降，马上判断出该二极管的材料。

4. 现场恢复

(1)收回、清点、整理工具、量具及设备。

(2)与小组成员共同清洁场地及实训车辆。

【任务检测】

1. 二极管有何用途？

2. 二极管主要有哪些性能参数？

3. 如何用万用表来判断二极管的好坏和极性？

【评价与反馈】

序号	考核项目	分值	考核内容	配分	考核标准	得分
1	出勤、纪律	5分	出勤	2分	违规一次不得分	
			行为规范	3分	违规一次不得分	
2	安全、防护、环保	20分	着装	2分	违规一次不得分	
			个人防护	3分	违规一次不得分	
			“5S”“EHS”	5分	违规一次不得分	
			设备使用安全	5分	违规一次不得分	
			操作安全	5分	违规一次不得分	
3	任务检测	20分	任务测验成绩	20分	测验成绩的20%计	
4	技能考核	35分	技能测验成绩	35分	测验成绩的35%计	
5	学习能力	10分	工单填写,工艺计划制订	4分	未做不得分	
			组内活动情况	5分	酌情扣分	
			资料查阅和收集	1分	未做不得分	
6	任务拓展	10分	知识拓展任务	2分	未做不得分	
			技能拓展任务	8分	未做不得分	
总分		100分				

【教师评估】

序号	优点	存在问题	解决方案
教师签字：			

【学习后记】

任务二　认知与检测三极管

【任务目标】

目标类型	目标要求
知识目标	(1)能描述三极管的工作特性及主要参数 (2)能识别三极管
技能目标	能检测三极管
情感目标	(1)养成“5S”“EHS”意识 (2)能配合小组完成项目任务,帮助其他成员

【任务描述】

三极管是汽车模拟电路的主要器件,它们以体积小、质量小、功耗小、寿命长、可靠性高等优点获得了迅速发展,它们在汽车上应用广泛。

【知识准备】

一、三极管的结构和类型

(一)三极管的结构

具有两个PN结的半导体器件称为半导体三极管,简称三极管,亦称晶体管。三极管是一种很重要的半导体器件。自1948年问世以来,它的放大作用和开关作用促使电子技术飞速发展。

三极管由两个PN结、三层半导体和三个电极构成。中间区域引出的电极叫基极,用B表示。两边的电极一个叫发射极,用E表示;另一个叫集电极,用C表示。三极管三个区的特点是:发射极掺杂浓度大;基区很薄;集电极体积大,掺杂少。因此,决不能把发射极和集电极颠倒使用,也不能用两个二极管串并联来代替三极管。三极管的内部结构、符号和外形如图6-2-1所示,符号中的箭头表示发射结加正向电压时的内部电流方向。

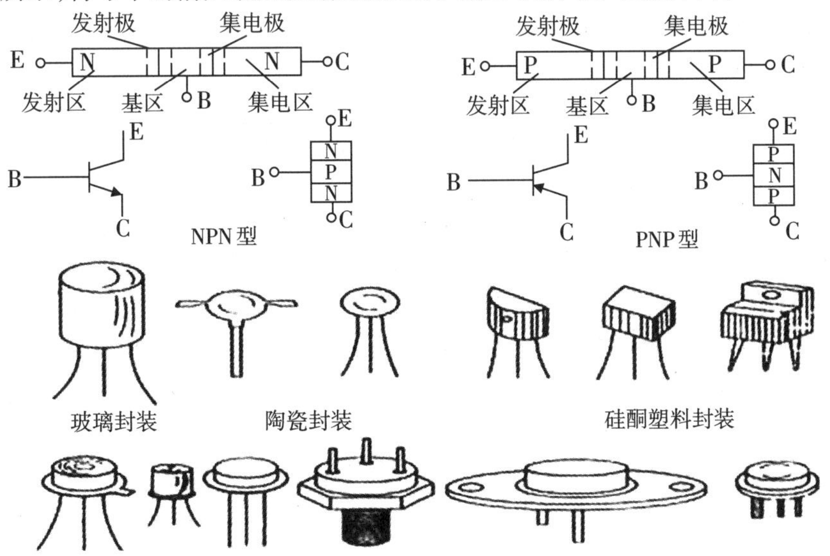

图6-2-1　三极管的内部结构、符号及外形

(二)三极管的类型

三极管按制造材料可分为硅管和锗管两大类。这两类三极管的特性基本相同,但硅管受温度影响较小,工作稳定,所以它较广泛地应用于各种电路,如汽车电子调节器点火控制器、燃油喷射系统电控单元等。根据三极管的内部结构可分为NPN型和PNP型两种。目前,我国生产的硅管多为NPN型,锗管多为PNP型。根据用途可分为放大管和开关管;根据功率可分为小功率管(功率小于1 W)和大功率管(功率大于或等于1 W)两种。

二、三极管的电流放大作用

(一)三极管的工作电压

为了保证三极管正常工作,必须在发射极加一个正向电压(即处于正向偏置),在集电极加一个反向电压(即处于反向偏置),如图6-2-2所示。一般加在基极与发射极之间的偏置电压,硅管约为0.7 V,锗管约为0.3 V;加在集电极与发射极之间的电压一般为几伏到几十伏。

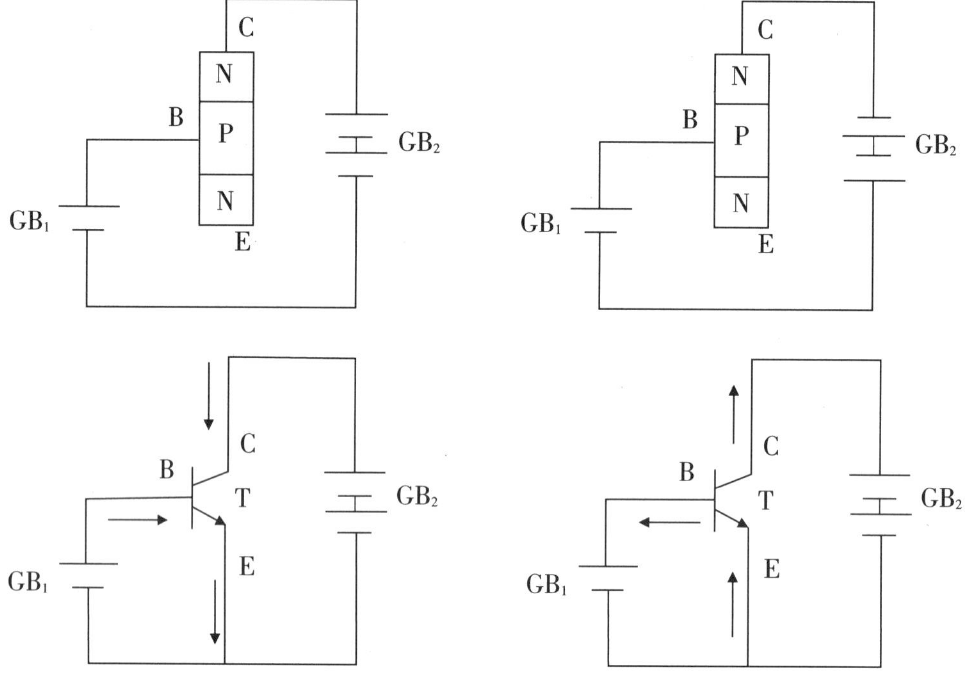

图6-2-2　三极管工作电压的加法

(二)三极管的电流分配

为了解三极管的电流放大作用,可用图6-2-3所示电路对三极管的基极电流I_B,集电极电流I_C与发射极电流I_E之间的关系进行测试。调节可调电阻R_B可使I_B发生变化。当I_B变化时,I_C和I_E也随之变化。每调节一次,I_B就会得到一组相应的I_C和I_E值。

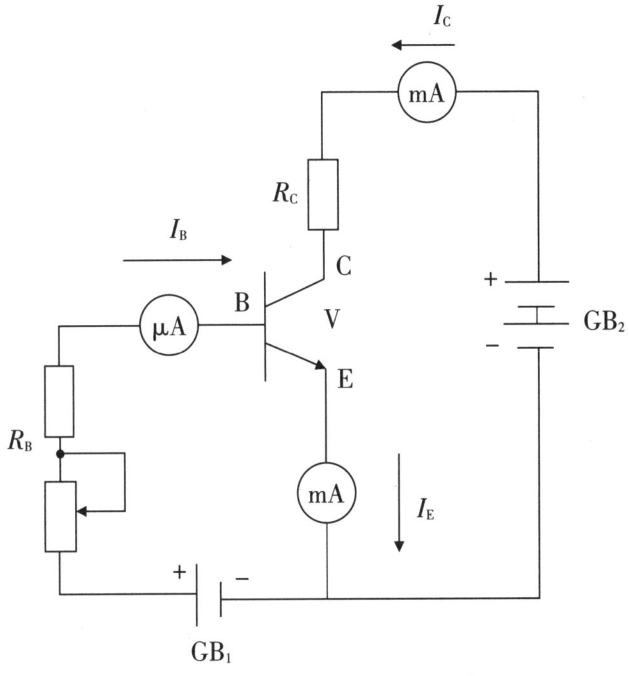

图6-2-3 三极管电流分配实验电路

三、三极管的特性曲线

(一)输入特性曲线

输入特性是指三极管集电极和发射极之间电压U_{CE}一定时,基极电流I_B同基极与发射极之间电压U_{BE}的关系,特性曲线如图6-2-4所示。

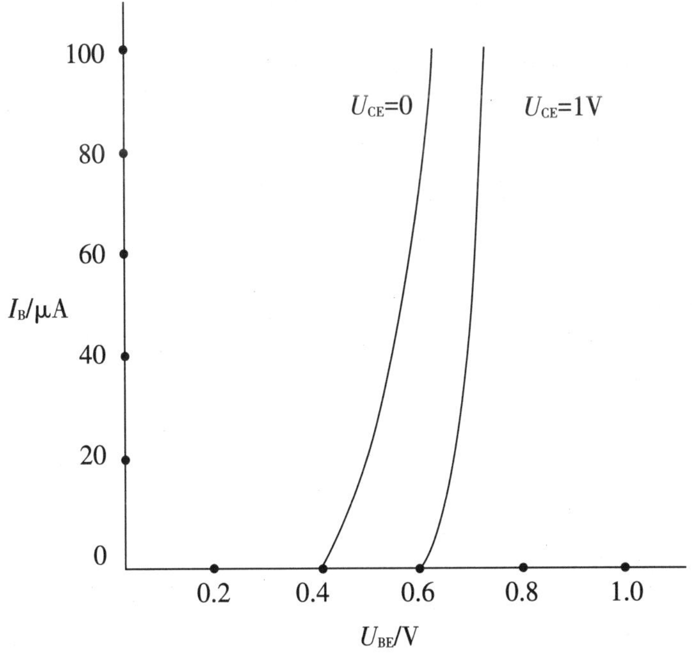

图6-2-4 三极管输入特性曲线

(二)输出特性曲线

输出特性是指三极管基极电流I_B为常数时，输出电路中集电极电流I_C同集电极与发射极之间电压U_{CE}的关系曲线。当I_B不同时，可得到不同的曲线，所以三极管共射极电路的输出特性曲线是一组曲线族，如图6-2-5所示。

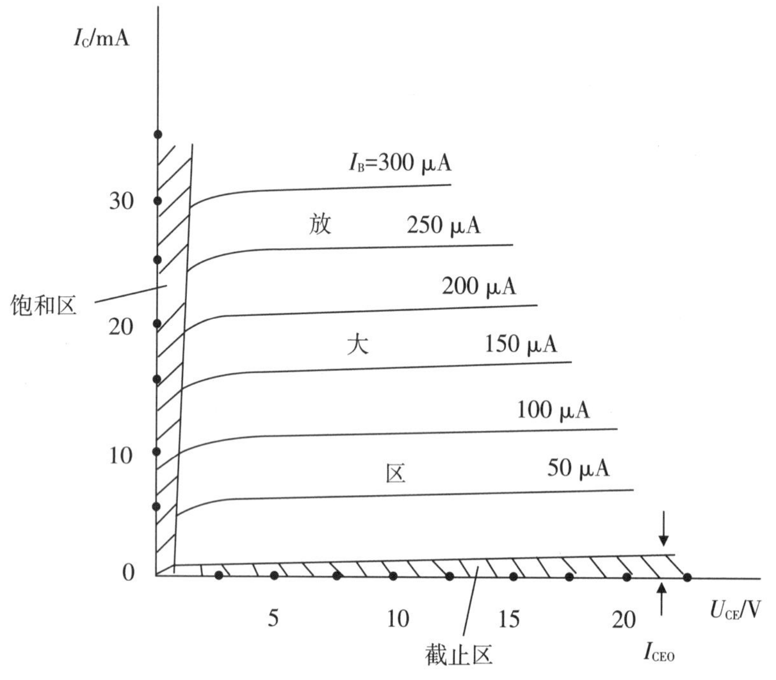

图6-2-5　三极管的输出特性曲线

由三极管的输出特性曲线族可见，三极管有三个不同的工作区域，即放大区、截止区和饱和区，也就说三极管具有放大、截止和饱和三种不同的工作状态。

四、三极管的主要参数

(一)电流放大系数β

三极管工作时，集电极电流I_C与基极电流I_B的比值称为电流放大系数。即：

$$\beta=I_C/I_B$$

(二)穿透电流I_{CEO}

当三极管基极开路，集电结反偏，发射结正偏时，集电极与发射极之间的反向电流称为穿透电流，用I_{CEO}表示。I_{CEO}的大小一般与管子的质量和温度有关。即：

$$I_{CEO}=(1+\beta)I_{CBO}$$

(三)集电极反向电流I_{CBO}

发射极开路时，集电结的反向电流I_{CBO}越小越好。

(四)集电极最大允许电流I_{CM}

当集电极电流I_C超一定值时，三极管的参数开始发生变化，特别是电流放大系数β将下降。β值下降到正常值的2/3时的集电极电流称为集电极最大允许电流I_{CM}。

(五)集电极最大允许耗散功率P_{CM}

当集电极电流流过集电结时,集电结温度会升高,从而引起三极管参数变化。当三极管受热而引起的参数变化不超过允许值时,集电极消耗的最大功率称为集电极最大允许耗散功率P_{CM}。

(六)反向击穿电压

加在三极管上的反向电压可能导致PN结出现很大的反向电流而使PN结击穿,导致PN结击穿的最低反向电压称为反向击穿电压。

五、三极管的简易判别

(一)基极和类型的判别

因为三极管由两个PN结组成,所以,可以根据PN结正向电阻小、反向电阻大的特点,用万用表的欧姆挡来判别。判别时先任意假设一个极为基极B,并将一支表笔接此电极,另一支表笔分别接其余两极进行测试,如图6-2-6所示。如果测得电阻值都很小(或很大),再将两表笔对调测试,其电阻若都很大(或很小),说明假设基极是对的。

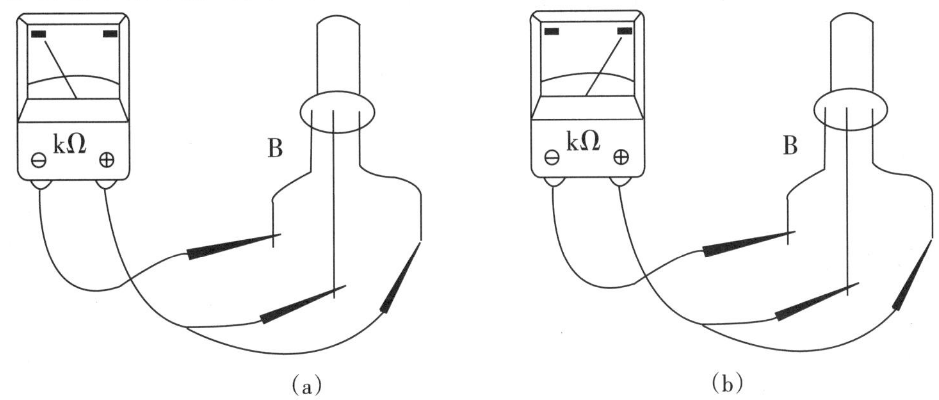

(a) (b)

图6-2-6 检测判定三极管的基极

如果测量时两个电阻一大一小,则判别是错的,应换一个管脚再测,直到符合上面的情况为止。类型判别:当负表笔接三极管基极,正表笔分别接另外两个电极进行测试。如测得的电阻值都很小,说明三极管为NPN型;如测得的电阻值都很大,说明三极管为PNP型。

(二)集电极和发射极的判别

三极管的基极确定后,再判别集电极和发射极。对于NPN型三极管可以将万用表的两表笔分别接基极以外的两管脚,并在基极与黑棒之间接一只100 kΩ的电阻,如图6-2-7所示。如果此时万用表的电阻值较小,对调两表笔后电阻值较大,那么测得电阻值小时黑棒接的管脚是集电极C,红棒接的就是发射极P。

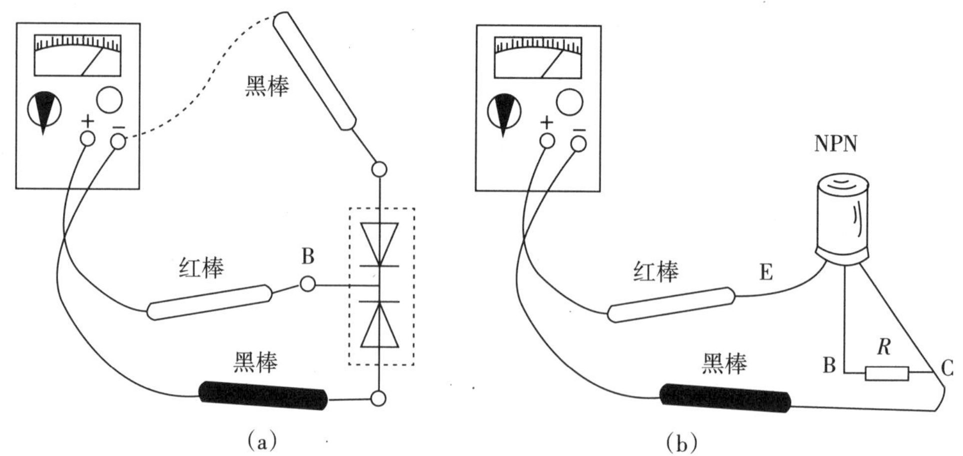

图6-2-7　三极管集电极发射极的判定

(三)三极管好坏的判断

根据PN结的单向导电性,可用万用表判断三极管的好坏。具体方法是分别测量B-E-P-C间PN结的正、反向电阻。如果测得的正、反向电阻相差很大,说明管子是好的;如果测得的正、反向电阻都很大,说明管子内部断路;如果测得的正、反向电阻相差很小或为零,说明管子极间短路或击穿。

(四)放大倍数β的判定

对于NPN型三极管,按图6-2-7所示,分别测量电阻100 kΩ与基极连接和不连接时C-E间的电阻值。若两次的读数差别大,说明β值高,若相同或相差很小,说明β值很小或为零。

【任务实施】

一、实施内容

三极管检测。

二、准备工作

(1)所需设备、工具和材料。

三极管、万用表。

(2)安全防护用品。

标准作业装、安全鞋、线手套等。

(3)信息收集。

三极管型号:________________。

三、技术规范与注意事项

(1)严禁违规操作。

(2)使用维修手册和电路图时,要注意避免残缺不全,资料应与使用车辆型号相对应。

(3)要遵守维修手册规定的其他技术和安全要求。

四、任务实施步骤及方法

按照前文叙述的操作方法，逐个对选择的三极管进行基极和类型的判别、集电极和发射极的判别、三极管好坏的判断和放大倍数β的判定。

【任务检测】

1.三极管有何用途？

2.三极管主要有哪些性能参数？

3.如何用万用表来判断三极管的好坏和极性？

(二)三相桥式整流电路工作原理

设三相绕组输出的电压为三相对称电压，波形如图6-3-2(最上面的图形)所示，表达式如下：

$$U_U = \sqrt{2}\ U_m \sin\omega t$$
$$U_V = \sqrt{2}\ U_m \sin(\omega t - 120°)$$
$$U_W = \sqrt{2}\ U_m \sin(\omega t + 120°)$$

为便于分析，现将一个周期等分成6个小区间加以说明。

在t_1~t_2内，三相电压中U点电位最高，V点电位最低，于是VD_1和VD_5承受正向电压而导通。负载电流的流向为U→VD_1→R→VD_5→V，UV间电压加到负载上。

在t_2~t_3内，三相电压中U点电位仍最高，W点电位最低，于是VD_1和VD_6承受正向电压而导通。负载电流的流向为U→VD_1→R→VD_6→W，UW间电压加到负载上。

在t_3~t_4内，三相电压中V点电位最高，W点电位最低，于是VD_2和VD_6承受正向电压而导通。负载电流的流向为V→VD_2→R→VD_6→W，VW间电压加到负载上。

在t_4~t_5内，VD_2、VD_4导通，VU间电压加到负载上。

按照正极管VD_1—VD_2—VD_3、负极管VD_5—VD_6—VD_4的顺序轮流导通，在负载端便得到一个较平稳的直流电压。电压波形如图6-3-2(最下面的图形)所示。

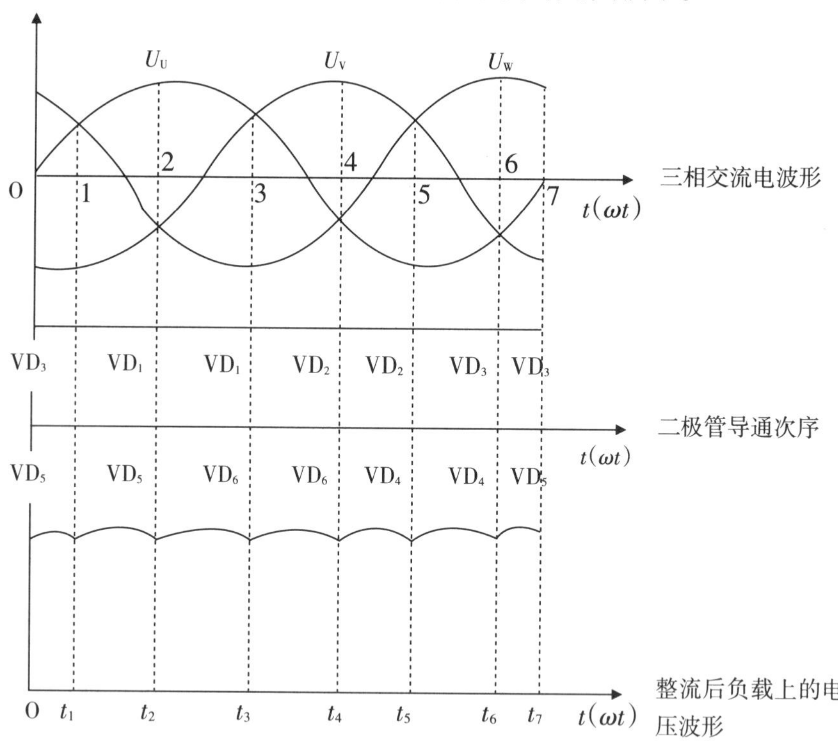

图6-3-2　三相桥式整流电路波形图

二、三极管的三种基本电路

(一)共发射极电路

在晶体管电路中，以发射极为公共点，发射极和基极组成输入端，集电极和发射极组成输出端，这样连接成的电路叫晶体管共发射极电路。如图6-3-3所示。

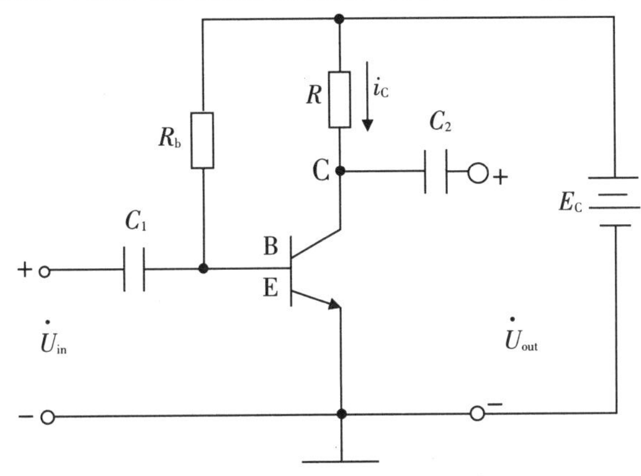

图6-3-3 晶体三极管共发射极电路

(二)共基极电路

在晶体管电路中，以基极为公共点，发射极和基极为输入端，集电极和基极为输出端，这样连接成的电路叫晶体三极管共基极电路。如图6-3-4所示。

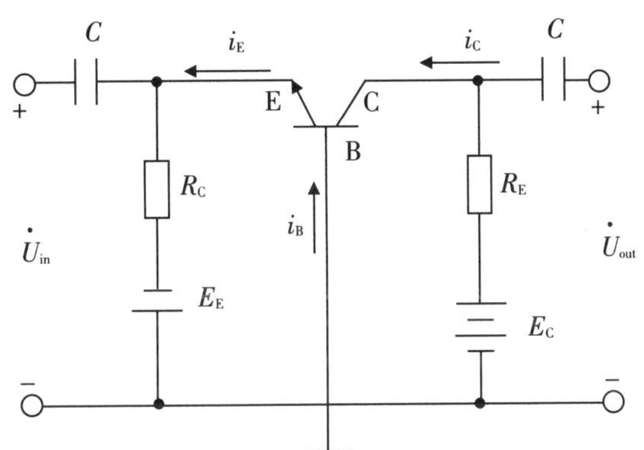

图6-3-4 晶体三极管共基极电路

(三)共集电极电路

在晶体管电路中，若集电极是输入电路和输出电路公共端，由发射极输出，这样的电路叫三极管共集电极电路。如图6-3-5所示。

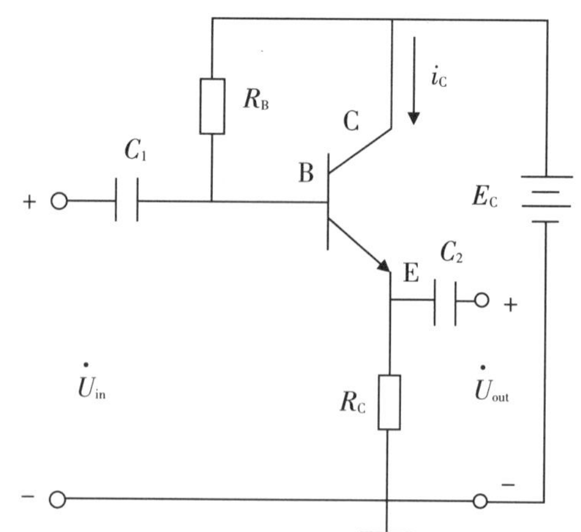

图6-3-5　晶体三极管共集电极电路

上述三种基本电路的性能比较见表6-3-1。

表6-3-1　晶体三极管三种接法的比较

参数名称	共发射极电路	共基极电路	共集电极电路
输入阻抗	中(几百至几千欧)	小(几至几十欧)	大(几万欧以上)
输出阻抗	中(几千欧至几万欧)	大(几万欧以上)	小(几欧至几十欧)
电压放大倍数	大	大	小(小于1,接近1)
电流放大倍数	大(即β)	小(即α,小于并接近1)	大(约$1+\beta$)倍
功率放大倍数	大(30~40 dB)	中(15~20 dB)	小(约10 dB)
频率特性	调频性能差	高频性能好,频带宽	频率性能良好,频带宽
应用	多级放大器的中间低频放大	高频宽带线路或恒流源电路	输入级、输出级及阻抗变换

【任务实施】

一、实施内容

(1)二极管整流电路。

(2)三极管放大电路。

二、准备工作

(1)所需设备、工具和材料。

二极管、三极管、万用表。

(2)安全防护用品。

标准作业装、安全鞋、线手套等。

三、技术规范与注意事项

(1)严禁违规操作。

(2)使用维修手册和电路图时,要注意避免残缺不全,资料应与使用车辆型号相对应。

(3)要遵守维修手册规定的其他技术和安全要求。

四、任务实施步骤及方法

根据图6-3-6所示说明二极管整流电路工作原理。

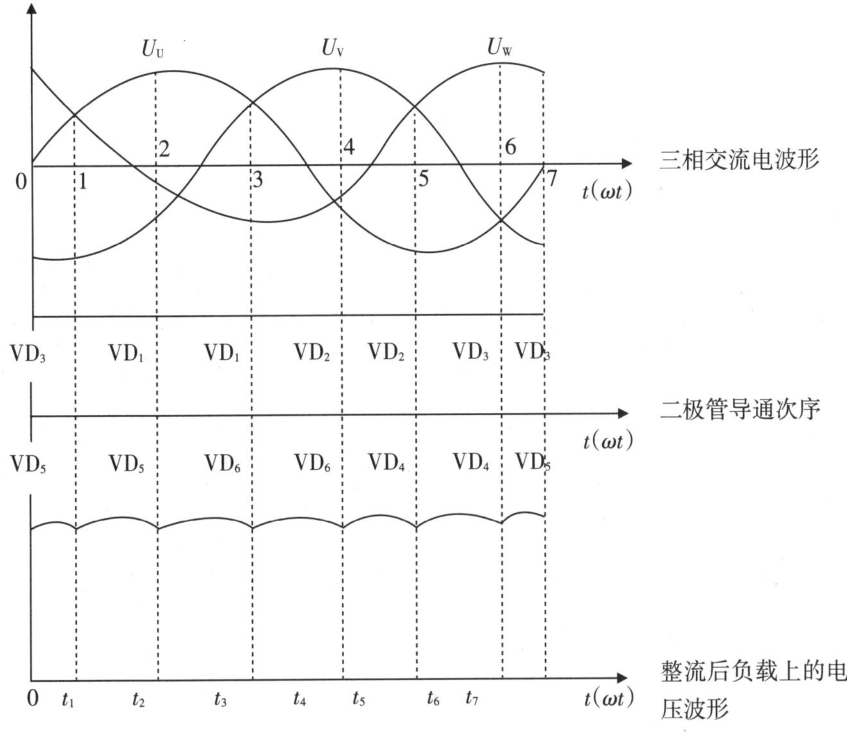

图6-3-6 三相桥式整流波形图

五、现场恢复

(1)收回、清点、整理工具及设备。

(2)与小组成员共同清洁场地及实训车辆。

【任务检测】

根据图6-3-7所示说明三极管放大电路工作原理。

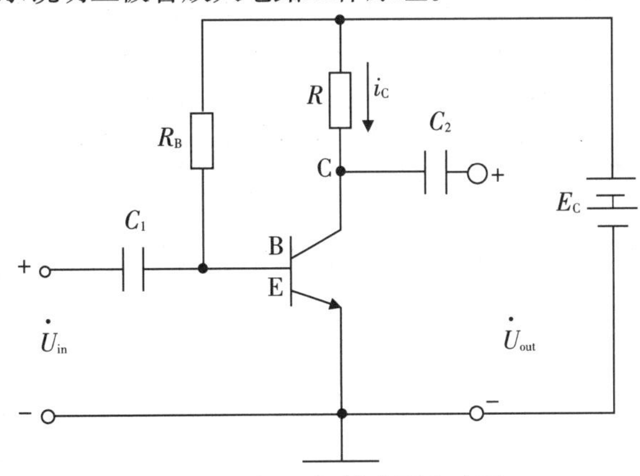

图6-3-7 三极管应用电路图

【评价与反馈】

序号	考核项目	分值	考核内容	配分	考核标准	得分
1	出勤/纪律	5分	出勤	2分	违规一次不得分	
			行为规范	3分	违规一次不得分	
2	安全、防护、环保	20分	着装	2分	违规一次不得分	
			个人防护	3分	违规一次不得分	
			“5S”“EHS”	5分	违规一次不得分	
			设备使用安全	5分	违规一次不得分	
			操作安全	5分	违规一次不得分	
3	任务检测	20分	任务测验成绩	20分	测验成绩的20%计	
4	技能考核	35分	技能测验成绩	35分	测验成绩的35%计	
5	学习能力	10分	工单填写,工艺计划制订	4分	未做不得分	
			组内活动情况	5分	酌情扣分	
			资料查阅和收集	1分	未做不得分	
6	任务拓展	10分	知识拓展任务	2分	未做不得分	
			技能拓展任务	8分	未做不得分	
总分		100分				

【教师评估】

序号	优点	存在问题	解决方案
教师签字:			

【教师评估】

项目七　汽车数字电路的检测与运用

任务一　基本逻辑门电路的分析与运用

【任务目标】

目标类型	目标要求
知识目标	(1)了解数字电路的特点,数制和码制,二进制及其运算 (2)掌握基本逻辑门电路、复合逻辑门电路的逻辑符号、逻辑功能及三种表示方法 (3)了解逻辑代数的基本公式及基本定律 (4)了解集成逻辑门电路的电路特性等相关知识
技能目标	(1)掌握基本逻辑门电路、复合逻辑门、集成逻辑门逻辑功能的测试方法 (2)掌握集成逻辑门电路参数的测试方法
情感目标	增强安全用电意识,养成良好的用电习惯

【任务描述】

了解基本逻辑门电路、复合逻辑门、集成逻辑门电路的逻辑符号、逻辑功能;了解集成逻辑门电路特性,学会使用电压表、电流表等仪器仪表进行逻辑电路逻辑功能的测试,掌握集成逻辑门电路参数的测试方法。

【知识准备】

一、数字电路概述

数字电路是计算机技术和各种数控、数显以及测量技术的基础。

(一)数字电路

1.数字信号与模拟信号

模拟信号:是指在时间上和数值上都连续变化的电信号。如图7-1-1(a)所示。如声音、温度、压力等电信号就是模拟信号,处理模拟信号的电路称模拟电路。

数字信号:是指时间上和数值上都离散的信号。如图7-1-1(b)所示是一种脉冲信号。

“0”与**“1”**:在电路中就是高电平与低电平两种状态的信号,处理数字信号的电路称数字电路。

此，按选取方式的不同，可以得到的只需选用其中10种组合BCD码的编码方式有很多种，见表7-1-1。

表7-1-1　常见的几种编码

十进制	有权码			无权码	
	8421码	5421码	2421码	余3码	格雷码
0	0000	0000	0000	0011	0000
1	0001	0001	0001	0100	0001
2	0010	0010	0010	0101	0011
3	0011	0011	0011	0110	0010
4	0100	0100	0100	0111	0110
5	0101	1000	1011	1000	0111
6	0110	1001	1100	1001	0101
7	0111	1010	1101	1010	0100
8	1000	1011	1110	1011	1100
9	1001	1100	1111	1100	1000

(三)基本逻辑门电路

逻辑：是指条件与结果之间的关系。

逻辑电路：输入与输出信号之间存在一定逻辑关系的电路称为逻辑电路。

逻辑门电路：是一种具有多个输入端和一个输出端的开关电路。由于它的输出信号与输入信号之间存在着一定的逻辑关系，所以称为逻辑电路。

1.与逻辑及与门

(1)与逻辑电路图：与逻辑的实物连接图及电路图见图7-1-5(a)和(b)所示。

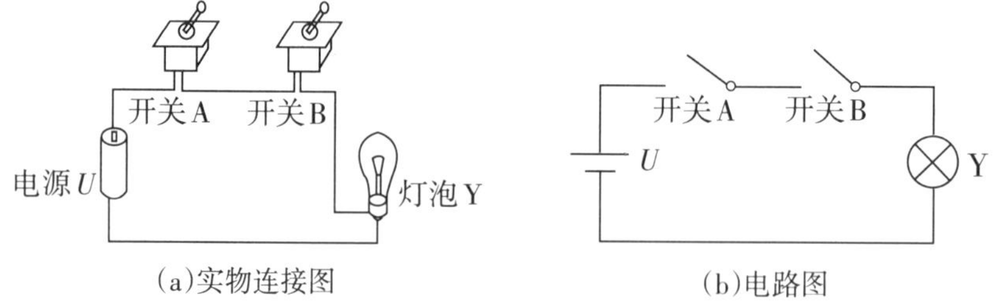

图7-1-5　与逻辑实例

与逻辑关系表。

开关A	开关B	灯Y
断	断	灭
断	通	灭
通	断	灭
通	通	亮

与逻辑真值表。

输入		输出
A	B	Y
0	0	0
0	1	0
1	0	0
1	1	1

(2)与逻辑表达式。

逻辑表达式:用代数式表示输出和输入之间的逻辑关系,称为逻辑表达式。与逻辑表达式为:

$$Y = A \cdot B = AB \qquad \text{(逻辑乘)}$$

(3)二极管与门及逻辑符号。

与门电路如图7-1-6(a)所示,它是由二极管和电阻组成的。其逻辑符号如图7-1-6(b)所示。

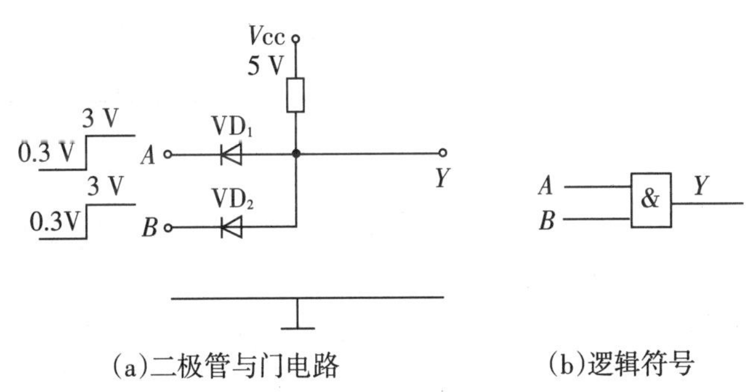

(a)二极管与门电路　　(b)逻辑符号

图7-1-6　二极管与门

二极管与门电路的逻辑电平表。

A/V	B/V	Y/V
0	0	0.7
0	3	0.7
3	0	0.7
3	3	3.7

2.**或逻辑及或门**

(1)或逻辑电路图:或逻辑的实物连接图及电路图见图7-1-7(a)和(b)。

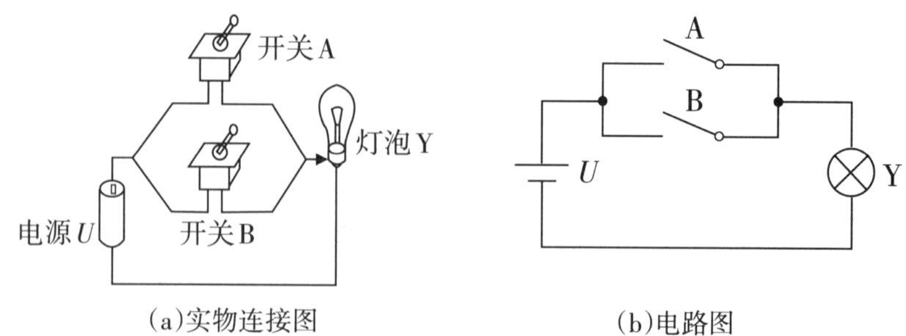

(a)实物连接图　　(b)电路图

图7-1-7　或逻辑例

(2)或逻辑关系表。

开关A	开关B	灯Y
断	断	灭
断	通	亮
通	断	亮
通	通	亮

(3)或逻辑真值表。

输入		输出
A	B	Y
0	0	0
0	1	1
1	0	1
1	1	1

(4)或逻辑表达式。

或逻辑表达式:或门的输出与输入之间的逻辑关系表示为:

$$Y=A+B \qquad \text{(逻辑加)}$$

(5)二极管或门及逻辑符号。

如图7-1-8(a)所示,它也是由二极管和电阻组成的。其逻辑符号如图7-1-8(b)所示 。

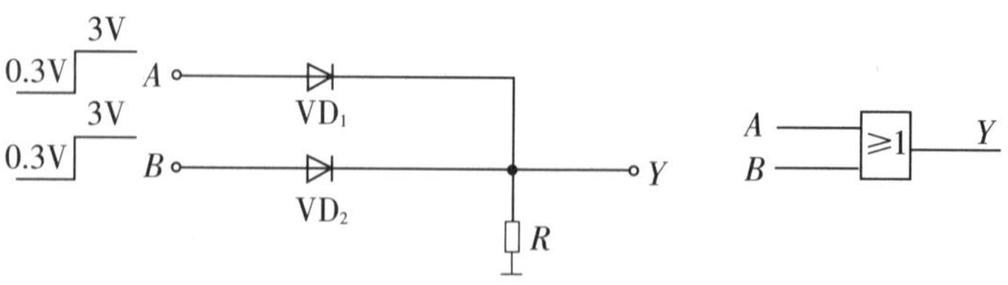

(a)实物连接图　　(b)电路图

图7-1-8　或逻辑实例

二极管或门电路的逻辑电平表。

A/V	B/V	Y/V
0	0	0
0	3	2.3
3	0	2.3
3	3	2.3

二极管或门电路的真值表。

输入		输出
A	B	Y
0	0	0
0	1	1
1	0	1
1	1	1

3.**非逻辑及非门**

(1)非逻辑电路图:非逻辑的实物连接图及电路图见图7-1-9(a)、(b)所示。

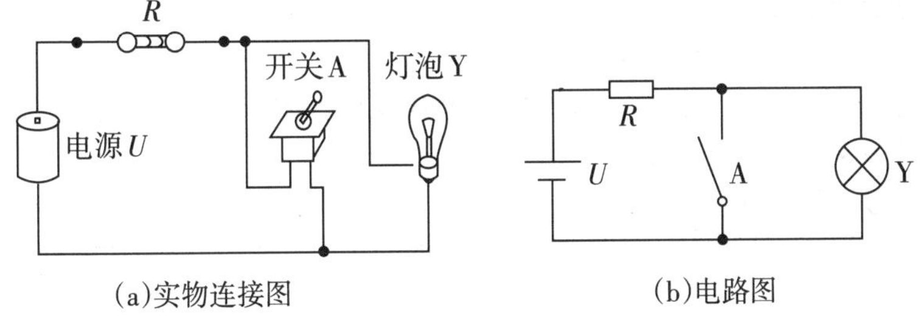

(a)实物连接图　(b)电路图

图7-1-9　非逻辑实例

(2)非逻辑关系表。

开关A	灯Y
断	亮
通	灭

(3)非逻辑真值表。

输入	输出
A	Y
0	1
1	0

(4)非逻辑表达式。

非逻辑的输出与输入之间的逻辑关系表达式为:$Y=\overline{A}$

(5)三极管非门。

图7-1-10(a)所示为三极管开关电路。

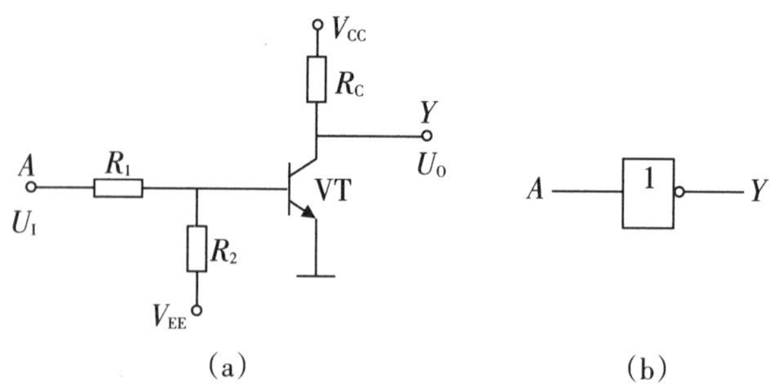

图7-1-10　三极管非门

(四)常用的复合逻辑关系

1.与非逻辑

与非逻辑是由一个与逻辑和一个非逻辑直接构成 。

图7-1-11所示与非逻辑结构及图形符号。

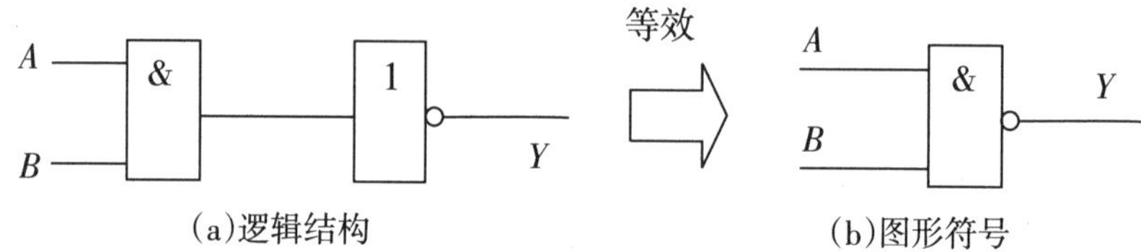

图7-1-11　与非逻辑结构及图形符号

(1)“与非”逻辑表达为：$Y=\overline{AB}$。

(2)“与非”逻辑真值表。

输入		输出
A	B	Y
0	0	0
0	1	1
1	0	1
1	1	0

2.或非逻辑

或逻辑和一个非逻辑连接起来就可以构成一个或非逻辑。

如图7-1-12所示或非门的逻辑结构及图形符号。

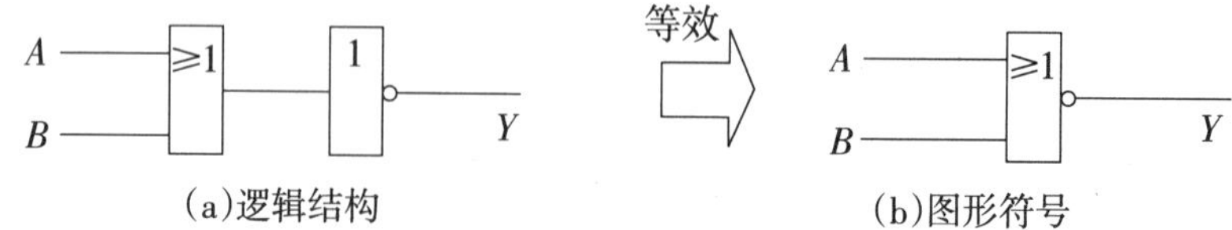

图7-1-12　与非门逻辑结构及图形符号

(1)或非门的逻辑表达式为：$Y=\overline{A+B}$。

(2)或非门的逻辑真值表。

输入		输出
A	B	Y
0	0	1
0	1	0
1	0	0
1	1	0

3. **与或非逻辑**。

与或非逻辑是由两个与门和一个或门及一个非门逻辑直接构成。与或非门的逻辑结构及逻辑符号如图7-1-13所示。

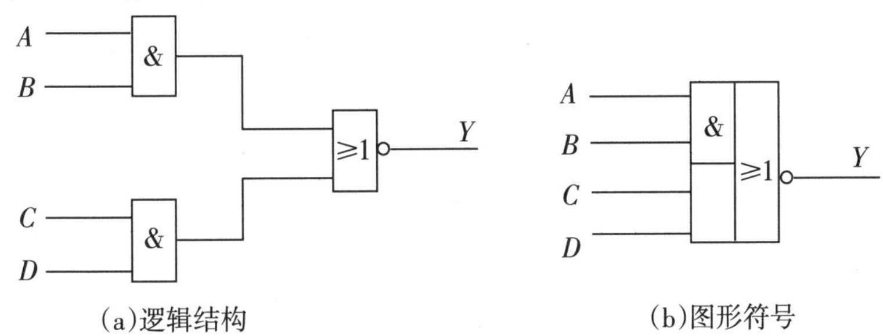

(a)逻辑结构　　(b)图形符号

图7-1-13　或非门逻辑结构及图形符号

①与或非门逻辑表达式：$Y=\overline{AB+CD}$。

②与或非门逻辑真值表。

输入				输出
A	B	C	D	Y
0	0	0	0	1
0	0	0	1	1
0	0	1	0	1
0	0	1	1	0
0	1	0	0	1
0	1	0	1	1
0	1	1	0	1
0	1	1	1	0
1	0	0	0	1
1	0	0	1	1
1	0	1	0	1
1	0	1	1	0
1	1	0	0	0
1	1	0	1	0
1	1	1	0	0
1	1	1	1	0

(五)逻辑函数的表示法

1. 逻辑函数

若输入逻辑变量A、B、C…取值确定后，输出逻辑变量Y的值也随之确定，则称Y是A、B、C…的逻辑函数，记作：$Y=F(A、B、C\cdots)$。

2. 逻辑函数的表示方法

(1)逻辑关系式：把输出与输入之间的逻辑关系写成与、或、非三种运算组合起来的表达式，称为逻辑函数表达式。

(2)真值表：将输入逻辑变量的各种取值对应的输出值找出来，列成表格，称为真值表。

(3)逻辑图：将逻辑函数中各变量之间的与、或、非等逻辑关系用图形符号表示出来，就可以画出表示函数关系的逻辑图。

(4)波形图：把一个逻辑电路的输入变量的波形和输出变量的波形，依时间顺序画出来的图称为波形图。

(六) TTL集成逻辑门电路

1.TTL集成逻辑门

(1)与非门。

TTL集成与非门组成：电路由输入级、中间级和输出级等部分组成。

图7-1-14(a)所示为TTL与非门的工作原理图，图7-1-14(b)为其逻辑符号。

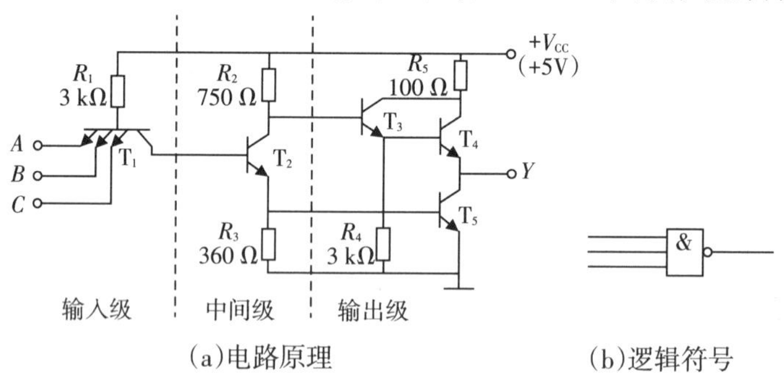

(a)电路原理　　(b)逻辑符号

图7-1-14　TTL与非门

(2)常用的集成与非门如图7-1-15所示。

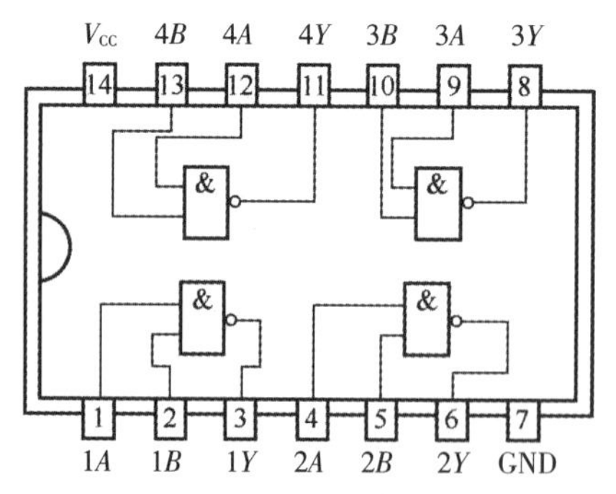

(a)输入端与非门

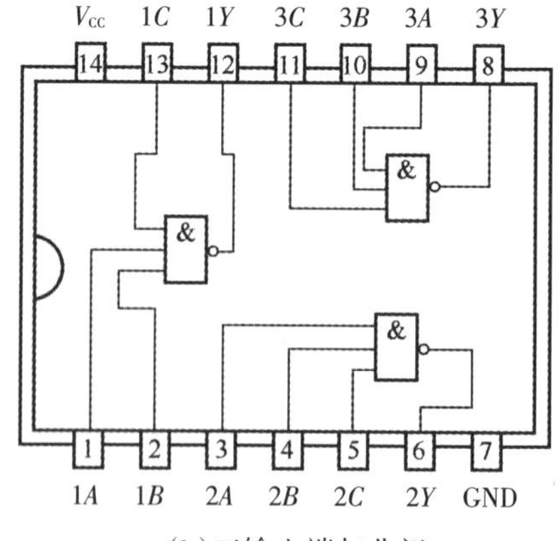

(b)三输入端与非门

图7-1-15　非门的管脚排列

2.与门

如图7-1-16所示为三3输入与门的管脚排列图。

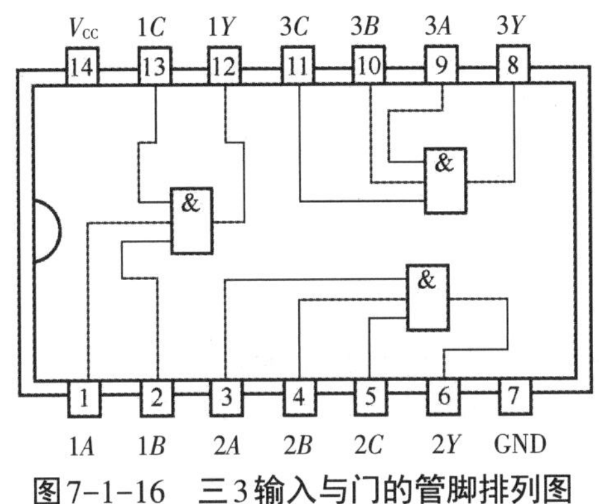

图7-1-16　三3输入与门的管脚排列图

3.非门

图7-1-17所示为六反相器(非门)的管脚排列图。

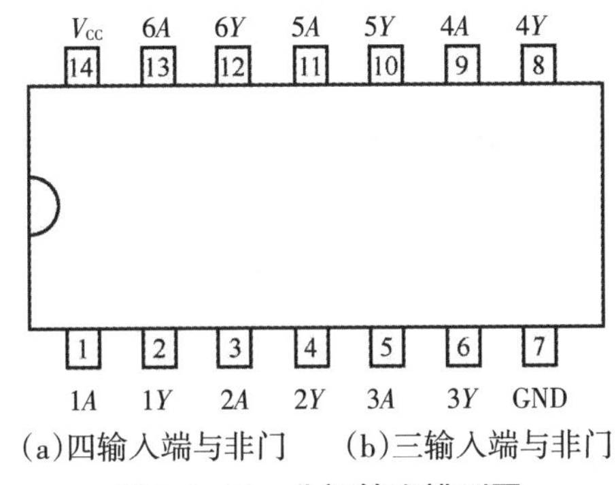

(a)四输入端与非门　(b)三输入端与非门

图7-1-17　非门管脚排列图

4.或非门

图7-1-18所示为四2输入或非门的管脚排列图。

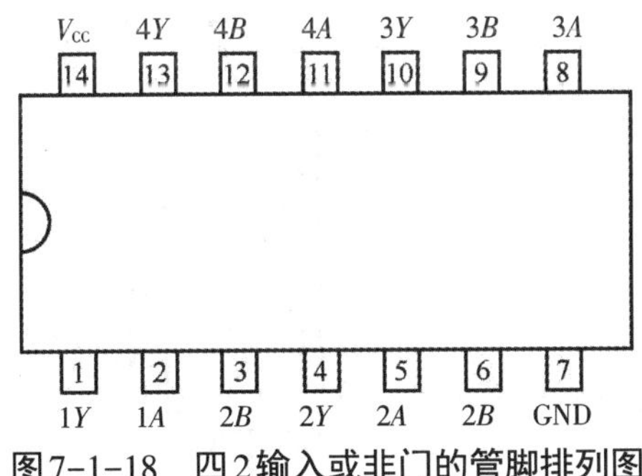

图7-1-18　四2输入或非门的管脚排列图

【任务实施】

一、实施内容

74LS00基本逻辑电路的功能检测。

二、准备工作

(1)所需设备、工具和材料。

电源、导线、万用表。

(2)安全防护用品。

标准作业装、安全鞋、线手套等。

三、技术规范与注意事项

(1)严禁违规操作。

(2)使用维修手册和电路图时,要注意避免残缺不全,资料应与使用车辆型号相对应。

(3)要遵守维修手册规定的其他技术和安全要求。

四、任务实施步骤及方法

(1)清点所需工具、量具数量和种类。

(2)检查设备、工具、量具性能是否良好。

五、74LS00基本逻辑电路的功能检测

<table>
<tr><td>课程名称</td><td></td><td>小组编号</td><td></td></tr>
<tr><td>小组负责人</td><td></td><td>任务接受时间</td><td></td></tr>
<tr><td>任务完成人</td><td></td><td>要求完成时间</td><td></td></tr>
<tr><td>任务名称</td><td colspan="3">74LS00基本逻辑电路的功能检测</td></tr>
<tr><td colspan="4">任务内容和要求:会测试TTL集成电路74LS00的逻辑功能</td></tr>
<tr><td colspan="2">器材准备:
电源;万用表;集成电路74LS00一块。
实验说明:
(1)74LS00 14脚接通+5 V电源,7脚接地。
(2)74LS00输入端通过1 kΩ电阻接逻辑开关。
(3)高电平为1;低电平为0。
任务步骤:
(1)检查设备是否安全正常。
(2)用万用表直流电压挡测量与非门输出端电压(3、6、8、11脚)电压。
(3)输出端3、6、8、11分别脚接LED。
(4)根据数据记表的要求连接输入端,观察并填入LED的状态。</td><td colspan="2">74LS00引脚图
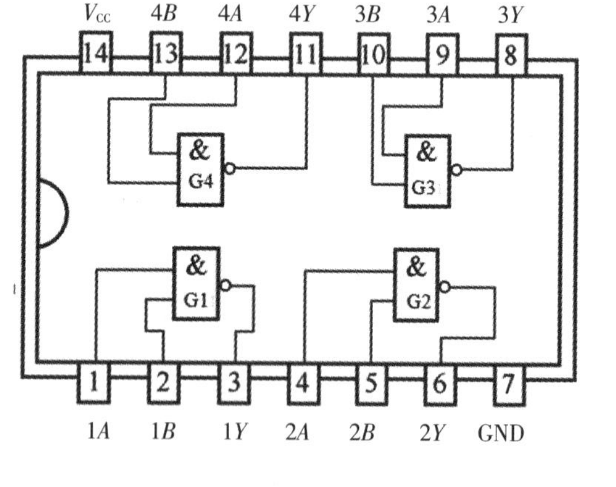
</td></tr>
</table>

数据记录表								
G1门			G2门			G3门		
1脚	2脚	3脚	4脚	5脚	6脚	9脚	10脚	8脚
0	0		1	0		0	1	
0	1		1	1		1	0	
1	1		0	0		0	0	
74LS00是一个由什么门电路组成的集成电路:								
74LS00具有什么功能:								
任务完成过程中遇到的问题,解决方法:								
自评打分:								

【任务检测】

一、选择题

1.二进制数$(1010)_2$转换成十进制数转换式为(　　)。

A. $(1010)_2 = 1\times23 + 0\times22 + 1\times21 + 0\times20 = (10)_{10}$

B. $(1010)_2 = 1+23\times02+2\times1 + 2\times10 + 20 = (10)_{10}$

C. $(1010)_2 = 1\times25 + 0\times24 + 1\times23 + 0\times22 = (10)_{10}$

D. $(1010)_2 = 1\times13 + 0\times12 + 1\times11 + 0\times10 = (10)_{10}$

2.已知与门的两输入端A、B的电压波形如图所示,Y对应端的输出电压波形应为（　　）。

A.

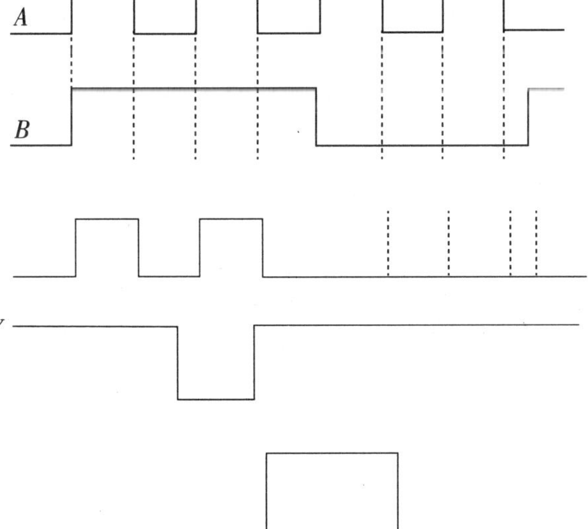

B.

C.

D.

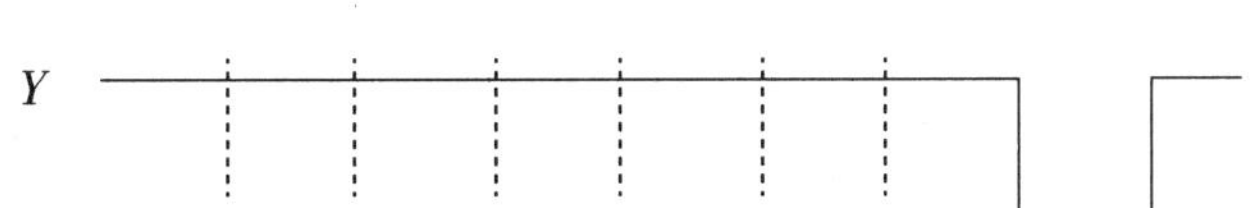

二、计算题

1.写出二进制数1011.1的展开式。

2.已知两输入端或门A、B的电压波形如图7-1-19所示，试画出Y对应端的输出电压波形。

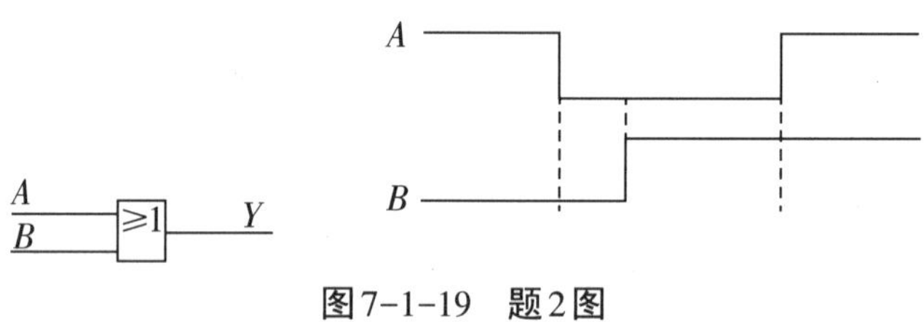

图7-1-19　题2图

3.已知非门输入A的电压波形如图7-1-20所示，试画出Y对应端的输出电压波形。

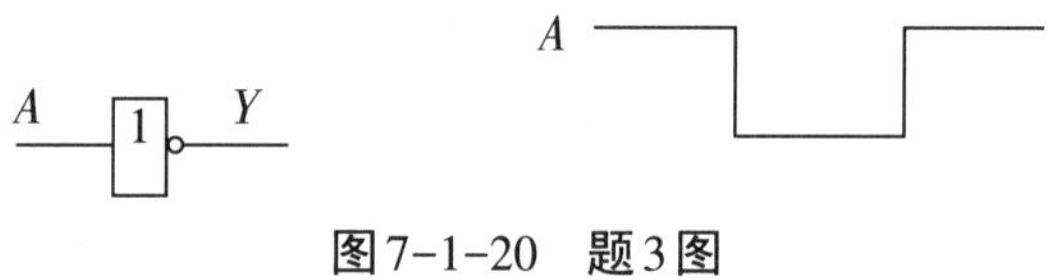

图7-1-20　题3图

4.已知或非门输入A、B的电压波形如图7-1-21所示，试画出Y对应端的输出电压波形。

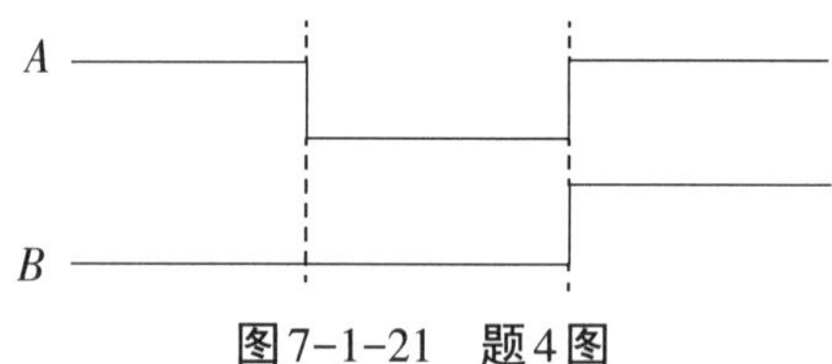

图7-1-21　题4图

【评价与反馈】

序号	考核项目	分值	考核内容	配分	考核标准	得分
1	出勤、纪律	5分	出勤	2分	违规一次不得分	
			行为规范	3分	违规一次不得分	
2	安全、防护、环保	20分	着装	2分	违规一次不得分	
			个人防护	3分	违规一次不得分	
			“5S”“EHS”	5分	违规一次不得分	
			设备使用安全	5分	违规一次不得分	
			操作安全	5分	违规一次不得分	
3	任务检测	20分	任务测验成绩	20分	测验成绩的20%计	
4	技能考核	35分	技能测验成绩	35分	测验成绩的35%计	
5	学习能力	10分	工单填写,工艺计划制订	4分	未做不得分	
			组内活动情况	5分	酌情扣分	
			资料查阅和收集	1分	未做不得分	
6	任务拓展	10分	知识拓展任务	2分	未做不得分	
			技能拓展任务	8分	未做不得分	
总分		100分				

【教师评估】

序号	优点	存在问题	解决方案
教师签字:			

【学习后记】

任务二　组合逻辑电路的分析与运用

【任务目标】

目标类型	目标要求
知识目标	(1)了解编码器、译码器、数据选择及数据分配器等电路的结构 (2)掌握编码器、译码器、数据选择及数据分配器等电路的工作原理
技能目标	(1)学会双踪示波器、电压表、电流表等仪器仪表的使用 (2)掌握译码器等电路的测试方法 (3)熟悉数码管的使用
情感目标	增强安全用电意识,养成良好的用电习惯

【任务描述】

了解编码器、译码器、数据选择及数据分配器等电路的结构。学会使用双踪示波器、电压表、电流表等仪器仪表,掌握编码器、译码器等电路逻辑功能的测试,进一步熟悉组合逻辑电路实验装置的结构、基本功能和使用方法。

【知识准备】

一、组合逻辑电路

(一)组合逻辑电路的特点

特点:电路在任一时刻的输出状态只取决于该时刻的输入状态,而与前一时刻的输出状态无关。

设某组合逻辑电路的多端输入信号为 X_1 、X_2 、X_3 、…、X_n,输出信号为 Y_1、Y_2 、Y_3 、…、Y_m该组合逻辑电路的方框图如图7-2-1所示。

图7-2-1　组合逻辑电路方框图

(二)组合逻辑电路的逻辑功能描述及分类

1.逻辑功能描述

组合电路逻辑函数的几种方法——真值表、逻辑表达式、时序图和逻辑图等,都可以用来表示组合电路的逻辑功能。

2.组合电路的分类

按照逻辑功能特点的不同划分,组合电路分为加编码器、译码器、数据选择器和分配器等。按照使用基本开关元件的不同划分,组合电路又分为CMOS、TTL等类型。

(1)编码器。

①二进制编码器。

将各种有特定意义的输入信息编成二进制代码的电路称为二进制编码器。

以3位二进制编码器为例,如图7-2-2所示,分析编码器的工作原理。3位二进制编码器真值表见表7-2-1。

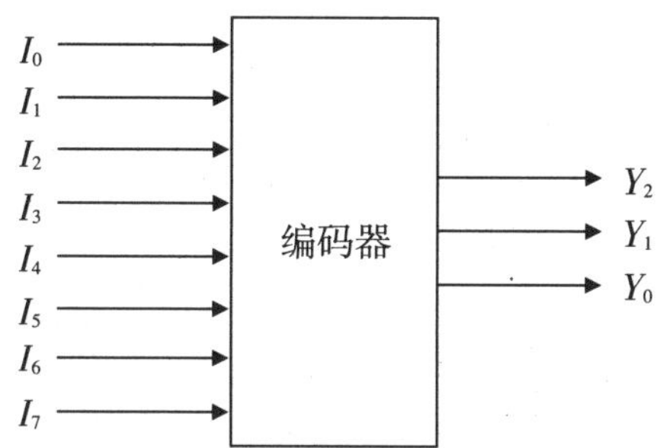

图7-2-2　3位二进制编码器示图

表7-2-1　3位二进制编码器真值表

十进制	输入变量	输出
	$I_7I_6I_5I_4I_3I_2I_1I_0$	$Y_2Y_1Y_0$
0	00000001	000
1	00000010	001
2	00000100	010
3	00001000	011
4	00010000	100
5	00100000	101
6	01000000	110
7	10000000	111

从真值表以写出逻辑函数表达式:

$$Y_0=I_1+I_3+I_5+I_7$$

$$Y_1=I_2+I_3+I_6+I_7$$

$$Y_0=I_1+I_3+I_5+I_7$$

根据逻辑表画出由3个或门组成的3位二进制编码器，如图7-2-3所示。

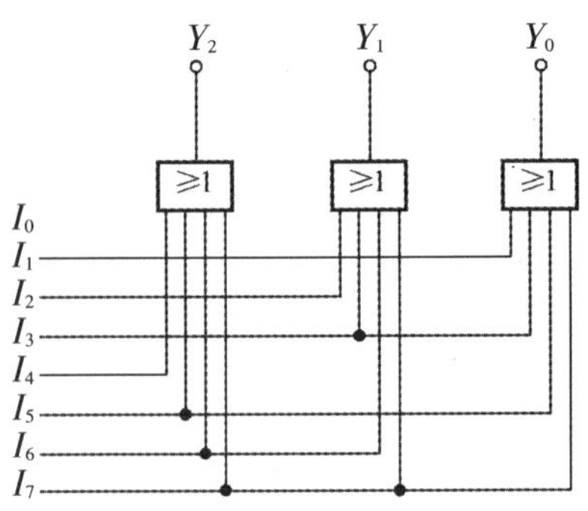

图7-2-3　3位二进制编码器逻辑

② 二-十进制编码器。

二-十进制编码器：将0～9十个十进制数编成二进制代码的电路，叫作二-十进制编码器，也称为10线-4线编码器。I_0、I_1、…、I_7、…、I_9表示10路输入，Y_0、Y_1、Y_2、Y_3作为4条输出线。

(2)译码器。

译码器是一种能把二进制代码转换成特定信息的电路系统；它将给定的数码“翻译”为相应的状态，并使输出通道中相应的一路有信号输出，用以控制其他部件或驱动数码显示器工作。

译码器分类：按输出端功能的区别，译码器可分为二进制译码器和显示译码器两种。

① 二进制译码器。

变量译码器(二进制译码器)：用以表示输入变量的状态，如2线－4线、3线－8线和4线－16线译码器。若有n个输入变量，则有$2n$个不同的组合状态，就有$2n$个输出端供其使用。

以3线－8线译码器74LS138为例：图7-2-4 (a)、(b)分别为其逻辑图及引脚排列。其中A_2、A_1、A_0为地址输入端，~为译码输出端，S_1、S_2、S_3为使能端。其功能见表7-2-2。

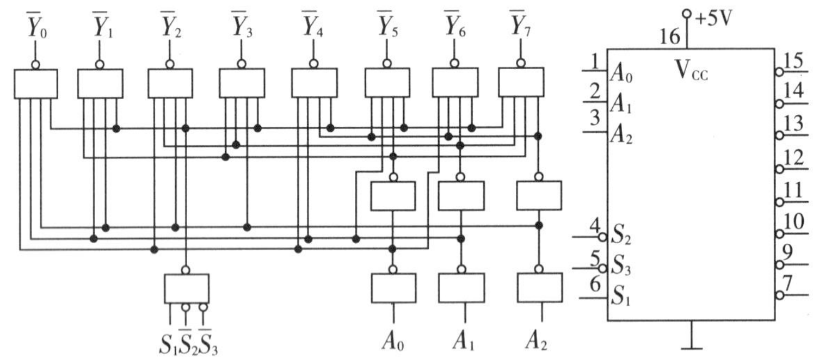

图7-2-4　3线-8线译码器74LS138逻辑图

表7-2-2　译码器74LS138功能表

输入					输出							
S_1	$\overline{S}_2+\overline{S}_3$	A_2	A_1	A_0	$\overline{Y}_0$	$\overline{Y}_1$	$\overline{Y}_2$	$\overline{Y}_3$	$\overline{Y}_4$	$\overline{Y}_5$	$\overline{Y}_6$	$\overline{Y}_7$
1	0	0	0	0	0	1	1	1	1	1	1	1
1	0	0	0	1	1	0	1	1	1	1	1	1

续表

输入					输出							
S_1	$\overline{S}_2+\overline{S}_3$	A_2	A_1	A_0	$\overline{Y}_0$	$\overline{Y}_1$	$\overline{Y}_2$	$\overline{Y}_3$	$\overline{Y}_4$	$\overline{Y}_5$	$\overline{Y}_6$	$\overline{Y}_7$
1	0	0	1	0	1	1	0	1	1	1	1	1
1	0	0	1	1	1	1	1	0	1	1	1	1
1	0	1	0	0	1	1	1	1	0	1	1	1
1	0	1	0	1	1	1	1	1	1	0	1	1
1	0	1	1	0	1	1	1	1	1	1	0	1
1	0	1	1	1	1	1	1	1	1	1	1	0
0	×	×	×	×	1	1	1	1	1	1	1	1
×	1	×	×	×	1	1	1	1	1	1	1	1

② 数码显示译码器

a.七段半导体数码显示器。

如图7-2-5所示，由7个发光二极管排列成的数码显示器的示意图。发光二极管分别用a、b、c、d、e、f、g这7个字母代表，按一定的形式排列成“日”字形。通过字段的不同组合，可显0～9十个数字 。

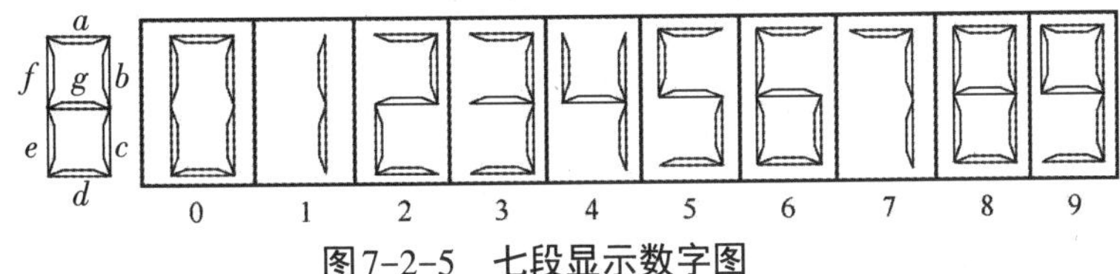

图7-2-5　七段显示数字图

共阴极接法如图7-2-6(a)所示，共阳极接法如图7-2-6(b)所示，图7-2-6 (c)为两种不同出线形式的引出脚功能图。

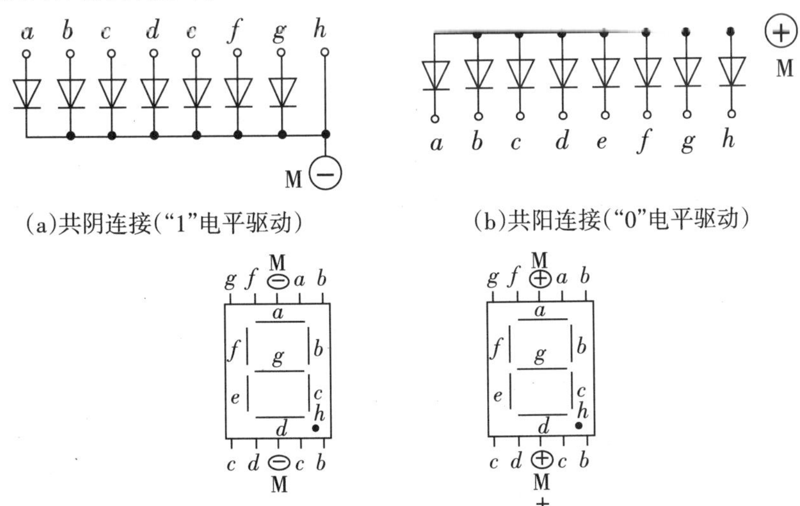

图7-2-6　LED数码管

七段译码驱动电路框图如图7-2-7所示：

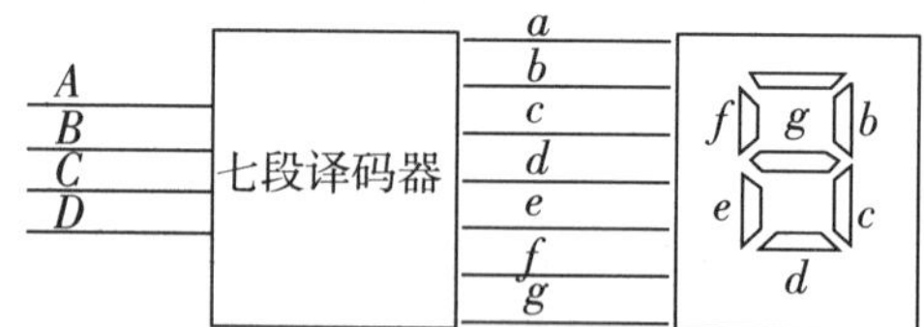

图7-2-7 七段译码驱动电路框图

图7-2-8为CC4511引脚排列。CC4511功能表，见表7-2-3。

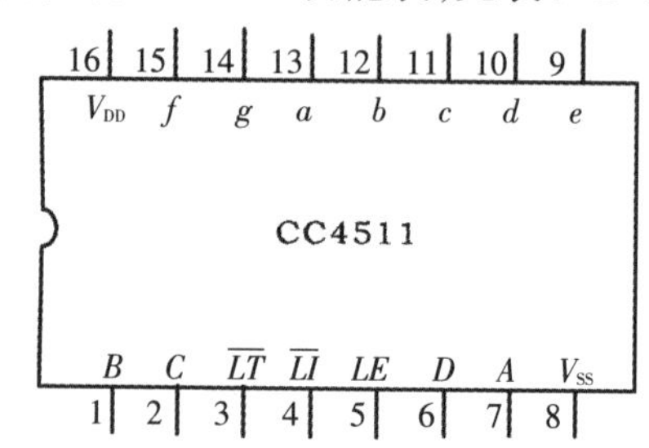

图7-2-8 CC4511引脚排列

表7-2-3 CC4511功能表

输入							输出							
LE	$\overline{BI}$	$\overline{LT}$	*D*	*C*	*B*	*A*	*a*	*b*	*c*	*d*	*e*	*f*	*g*	显示字形
×	×	0	×	×	×	×	1	1	1	1	1	1	1	8
×	0	1	×	×	×	×	0	0	0	0	0	0	0	消隐
0	1	1	0	0	0	0	1	1	1	1	1	1	0	0
0	1	1	0	0	0	1	0	1	1	0	0	0	0	1
0	1	1	0	0	1	0	1	1	0	1	1	0	1	2
0	1	1	0	0	1	1	1	1	1	1	0	0	1	3
0	1	1	0	1	0	0	0	1	1	0	0	1	1	4
0	1	1	0	1	0	1	1	0	1	1	0	1	1	5
0	1	1	0	1	1	0	0	0	1	1	1	1	1	6
0	1	1	0	1	1	1	1	1	1	0	0	0	0	7
0	1	1	1	0	0	0	1	1	1	1	1	1	1	8
0	1	1	1	0	0	1	1	1	1	0	0	1	1	9
0	1	1	1	0	1	0	0	0	0	0	0	0	0	消隐
0	1	1	1	0	1	1	0	0	0	0	0	0	0	消隐
0	1	1	1	1	0	0	0	0	0	0	0	0	0	消隐
0	1	1	1	1	0	1	0	0	0	0	0	0	0	消隐
0	1	1	1	1	1	0	0	0	0	0	0	0	0	消隐

续表

输入							输出							
LE	$\overline{BI}$	$\overline{LT}$	D	C	B	A	a	b	c	d	e	f	g	显示字形
0	1	1	1	1	1	1	0	0	0	0	0	0	0	消隐
1	1	1	×	×	×	×	锁存							锁存

(3)数据分配器和数据选择器。

① 数据选择器。

数据选择器(MUX):其功能是能从多个数据通道中,按要求选择其中某一个通道的数据,并传送到输出通道中。

常用的产品:双4选1数据选辑择器(74LS153)、8选1数据选择器(74LS151)、16选1数据选择器(74LS150)等。图7-2-9所示为中规模双4选1数据选择器74LS253的逻辑符号框图。数据选择器74LS253功能表,见表7-2-4。

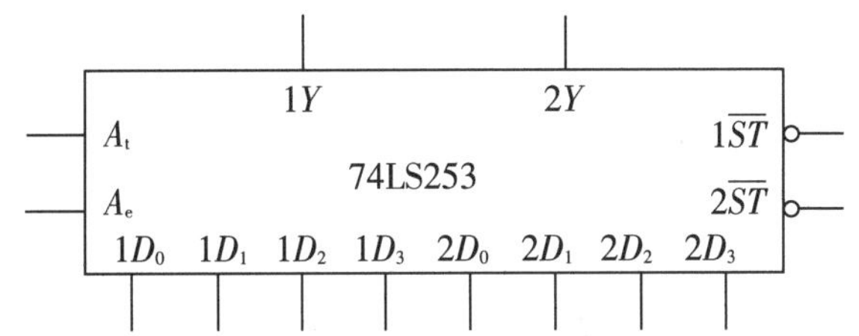

图7-2-9 数据选择器74LS253逻辑符号框

表7-2-4 74LS253功能表

输入				输出
选通	地址		数据	
$\overline{ST}$	A_1	A_0	D	Y
1	×	×	×	Z
0	0	0	D_0~D_3	D_0
0	0	1	D_0~D_5	D_1
0	1	0	D_0~D_5	D_3
0	1	1	D_0~D_3	D_2

输出端Y的逻辑表达式分别为:

$$1Y=1D_0\overline{A}_1\overline{A}_0+1D_1\overline{A}_1A_0+1D_2A_1\overline{A}_0+1D_3A_1A_0$$

$$2Y=2D_0\overline{A}_1\overline{A}_0+2D_1\overline{A}_1A_0+2D_2A_1\overline{A}_0+2D_3A_1A_0$$

② 数据分配器。

数据分配器(DMUX):其作用与多路选择器相反,它可以把一个通道中传来的信息,按地址分配到不同的数据通道中去。

图7-2-10为由74LSl38构成的数据分配器。

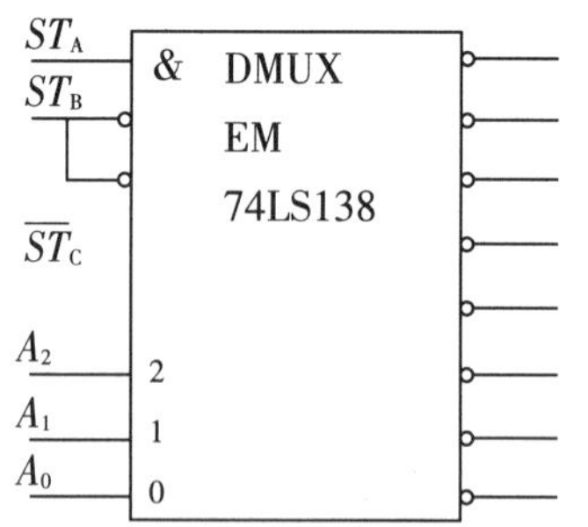

图7-2-10　数据分配器74LSl38逻辑符号框图

【任务实施】

一、实施内容

CD4511驱动七段数码管。

二、准备工作

(1)所需设备、工具和材料。

电源、导线、万用表。

(2)安全防护用品。

标准作业装、安全鞋、线手套等。

三、技术规范与注意事项

(1)严禁违规操作。

(2)使用维修手册和电路图时,要注意避免残缺不全,资料应与使用车辆型号相对应。

(3)要遵守维修手册规定的其他技术和安全要求。

四、任务实施步骤及方法

(1)清点所需工具、量具数量和种类。

(2)检查设备、工具、量具性能是否良好。

五、CD4511驱动七段数码管

(一)认识数码管

半导体数码管的优点:

(1)亮度高、字形清晰;

(2)工作电压低(1.5～3 V);

(3)体积小、可靠性高、寿命长;

(4)响应速度快。

(二)研究显示字形所需的驱动信号

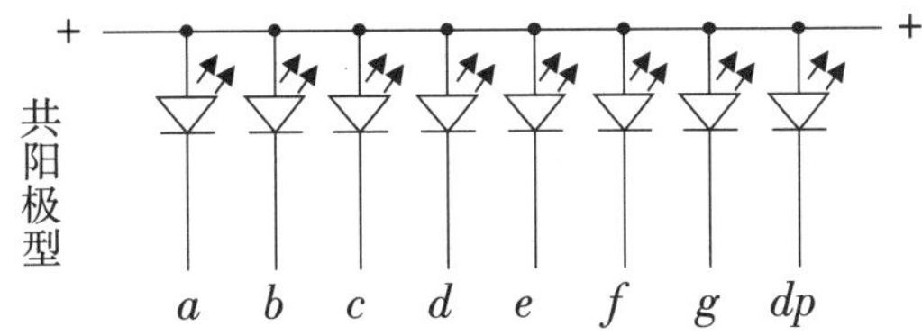

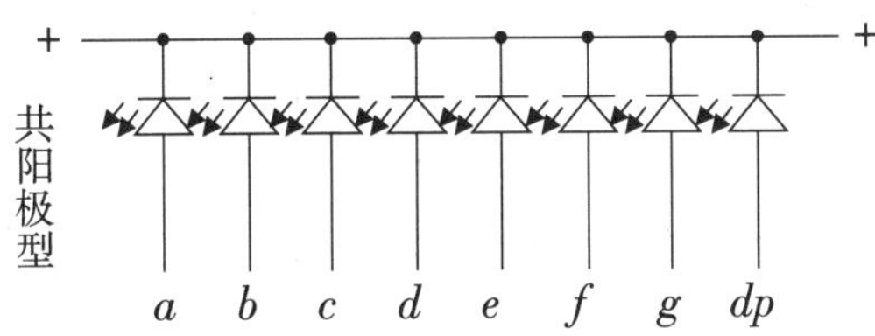

填入字形所需要的 *abcdefg* 的状态

课程名称		小组编号	
小组负责人		任务接受时间	
任务完成人		要求完成时间	
任务名称	CD4511 驱动七段数码管		

任务内容和要求：CD4511 驱动七段数码管，会 CD4511 以及七段数码管工作原理

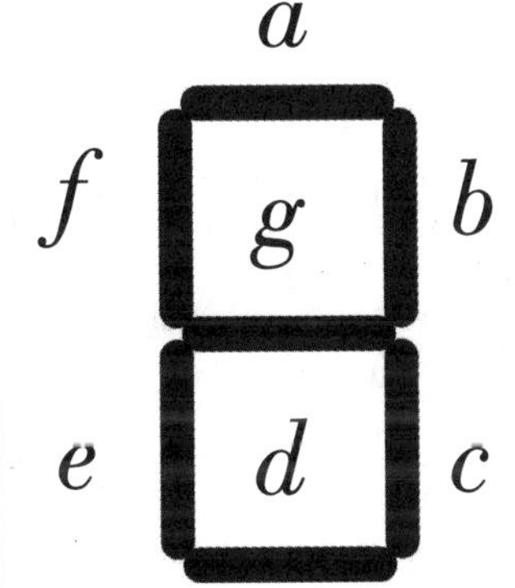

字形	*a*	*b*	*c*	*d*	*e*	*f*	*g*
0							
1							
2							
3							
4							
5							
6							
7							
8							
9							

CD4511连接七段数码管原理图

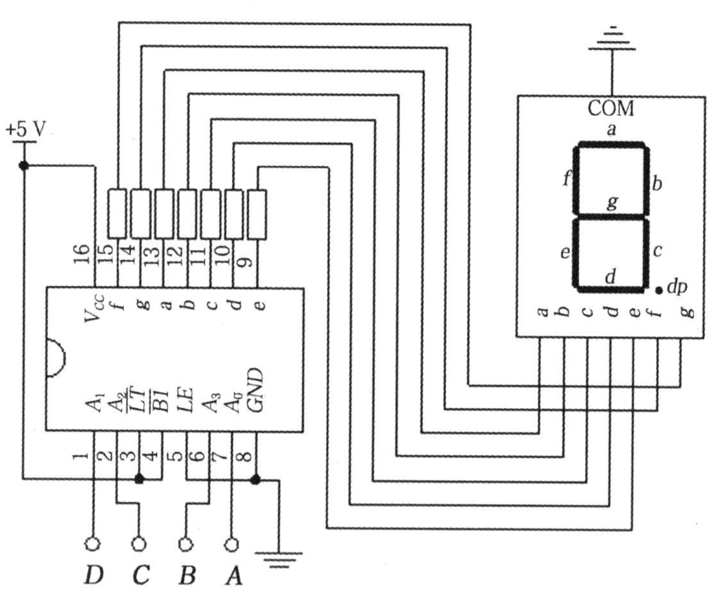

实验步骤:

(1)检查工作条件和设备是否安全。

(2)按原理图接好电路。

(3)输入端*ABCD*连上逻辑开关。

(4)连好试验台上电源。

(5)等待老师检查电路是否合格。

(6)打开试验台电源。

(7)拨动逻辑开关,按记录表的要求输入*ABCD*相应的状态,记录下数码管显示的数值。

(8)实验完成后做好"8S"。

A	*B*	*C*	*D*	数码管显示
0	0	0	0	
0	0	0	1	
0	1	1	0	
0	1	1	1	
1	0	0	0	
1	0	0	1	
0	0	1	0	
0	0	1	1	
0	1	0	0	
0	1	0	1	

如果要数码管显示8输入端*ABCD*应是什么状态组合:

如果要数码管显示2输入端*ABCD*应是什么状态组合:

任务完成心得:

自评打分:

【任务检测】

一、选择题

1.组合电路逻辑函数的几种方法包括(　　)、逻辑表达式、时序图和逻辑图等。

A.真值表　　B.逻辑式　　C.数据式　　D.译码器

2.译码器是一种能把(　　)转换成特定信息的电路系统。

A.十进制　　B.二进制　　C.十进制代码　　D.二进制代码

3.图7-2-11所示为(　　)。

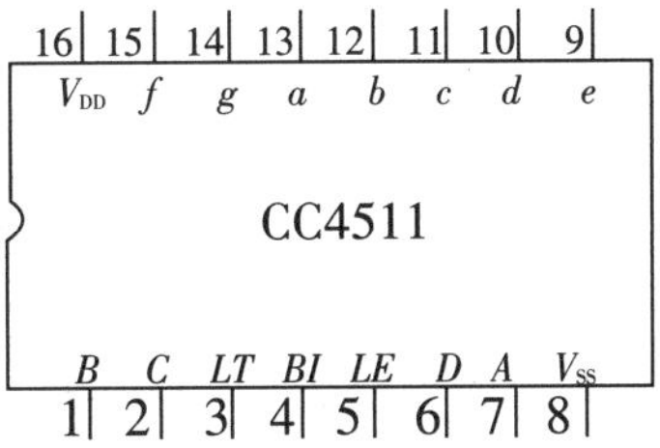

16 15 14 13 12 11 10 9
V_{DD} f g a b c d e
CC4511
B C LT BI LE D A V_{SS}
1 2 3 4 5 6 7 8

图7-2-11　题3图

A.数据选择器74LS253逻辑符号框　B.CC4511引脚排　C.数据分配器　D.七段译码驱动电路框

4.发光二极管分别用a、b、(　　)、d、e、(　　)、g这7个字母代表。

A.c、d　　B.a、d　　C.c、f　　D.g、g

5.按照使用基本开关元件不同划分,组合电路又分为CMOS、(　　)等类型。

A.TTL　　B.Mi　　C.TEL　　D.CMSS

二、判断题

1.组合逻辑电路特点:电路在任一时刻的输出状态只取决于该时刻的输入状态,而与前一时刻的输出状态无关。　　(　　)

2.一种能把二进制代码转换成特定信息的电路系统被称为与非门。　　(　　)

3.数据选择器(DMUX):其功能是能从多个数据通道中,按要求选择其中某一个通道的数据,并传送到输出通道中。　　(　　)

4.数据分配器(DMUX):其作用与多路选择器相反,它可以把一个通道中传来的信息,按地址分配到不同的数据通道中去。　　(　　)

5.按照逻辑功能特点不同划分,组合电路分为加编码器、译码器、数据选择器和分电器等。　　(　　)

【评价与反馈】

序号	考核项目	分值	考核内容	配分	考核标准	得分
1	出勤、纪律	5分	出勤	2分	违规一次不得分	
			行为规范	3分	违规一次不得分	
2	安全、防护、环保	20分	着装	2分	违规一次不得分	
			个人防护	3分	违规一次不得分	
			“5S”“EHS”	5分	违规一次不得分	
			设备使用安全	5分	违规一次不得分	
			操作安全	5分	违规一次不得分	
3	任务检测	20分	任务测验成绩	20分	测验成绩的20%计	
4	技能考核	35分	技能测验成绩	35分	测验成绩的35%计	
5	学习能力	10分	工单填写,工艺计划制订	4分	未做不得分	
			组内活动情况	5分	酌情扣分	
			资料查阅和收集	1分	未做不得分	
6	任务拓展	10分	知识拓展任务	2分	未做不得分	
			技能拓展任务	8分	未做不得分	
总分		100分				

【教师评估】

序号	优点	存在问题	解决方案
教师签字:			

【学习后记】

任务三　触发器的分析与运用

【任务目标】

目标类型	目标要求
知识目标	(1)熟悉基本*RS*触发器、*JK*触发器、*D*触发器电路的逻辑符号 (2)掌握基本*RS*触发器、*JK*触发器、*D*触发器电路逻辑功能
技能目标	(1)掌握基本*RS*触发器逻辑功能的测试方法 (2)掌握集成*JK*触发器逻辑功能的测试方法 (3)掌握*D*触发器逻辑功能的测试方法
情感目标	增强安全用电意识,养成良好的用电习惯

【任务描述】

学会使用双踪示波器、电压表、电流表等仪器仪表,掌握基本*RS*触发器、*JK*触发器、*D*触发器、集成触发器等电路逻辑功能的测试,进一步熟悉数字电路实验装置的结构、基本功能和使用方法。

【知识准备】

一、触发器概述

触发器具有两个稳定状态,用以表示逻辑状态"1"和"0",在一定的外界信号作用下,可以从一个稳定状态翻转到另一个稳定状态,它是一个具有记忆功能的二进制信息存贮器件,是构成各种时序电路的最基本逻辑单元。

(　)*RS*触发器

1.基本*RS*触发器

它由两个与非门交叉连接而成。电路结构如图7-3-1(a)所示。其中:$\overline{R}_D$、$\overline{S}_D$为两个输入端,$\overline{Q}$和Q为两个输出端,其逻辑符号如图7-3-1(b)所示。

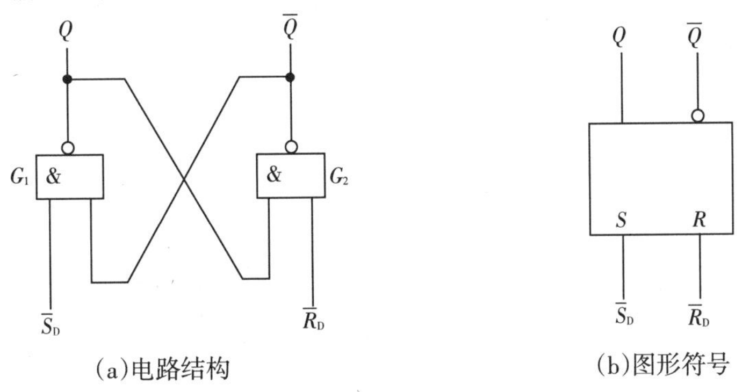

(a)电路结构　　(b)图形符号

图7-3-1　与非门构成的基本*RS*触发器

基本RS触发器的状态表:

$\overline{S}_D$	$\overline{R}_D$	Q	Q	逻辑功能
0	1	1	0	置1
1	0	0	1	置0
1	1	不变	不变	保持
0	0	不定	不定	禁用

2.集成基本RS触发器

集成基本RS触发器:它是由4个基本RS触发器组成的集成电路,例如CC4043,其引脚排列图如图7-3-2所示,功能表如表7-3-1所示。

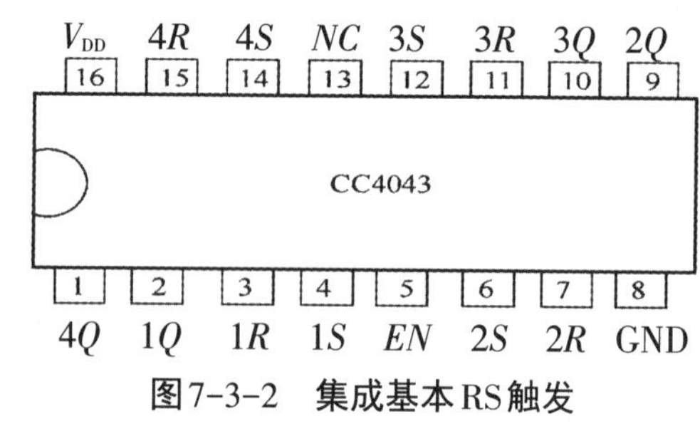

图7-3-2 集成基本RS触发

表7-3-1 CC4043功能表

输入			输出
S	R	EN	Q
×	×	0	高阻 Q^n(原态)
0	0	1	0
0	1	1	1
1	0	1	禁用
1	1	1	

3.同步RS触发器

同步触发器:把受时钟控制的触发器统称为时钟触发器或同步触发器。

同步RS触发器:电路结构图和图形符号如图7-3-3(a)、(b)所示,其中与非门C、D构成导引电路,与非门A和B构成基本RS触发器。

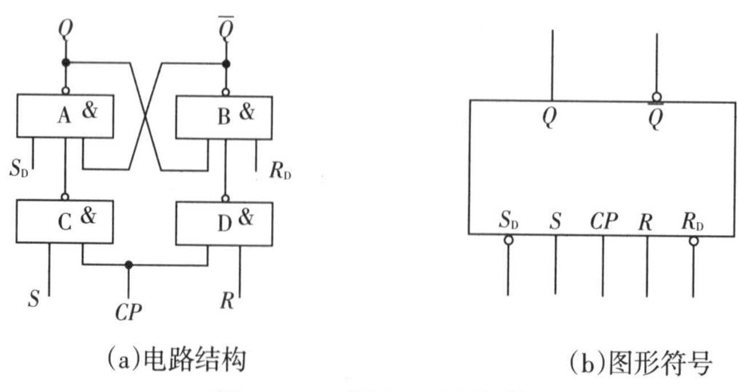

(a)电路结构　　(b)图形符号

图7-3-3 同步RS触发器

同步 RS 触发器特性表：

CP	R	S	Q^n	Q^{n-1}	功能
0	×	×	0	0	保持
			1	1	
1	0	0	0	0	保持
			1	1	
1	0	1	0	1	置1
			1	1	
1	1	0	0	0	置0
			1	0	
1	1	1	0	×	不定
			1	×	

（二）JK 触发器

1. 主从 JK 触发器

主从 JK 触发器由两个同步 RS 触发器组成，前级为主触发器，后级为从触发器。主从 JK 触发器电路结构和图形符号如图 7-3-4(a)、(b)所示。

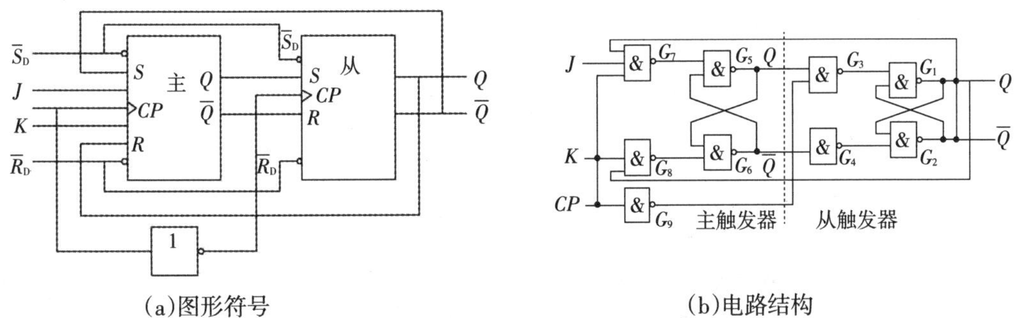

(a)图形符号　　(b)电路结构

图 7-3-4　主从 JK 触发器图形符号

主从 JK 触发器逻辑功能：

J	K	Q^n	Q^{n-1}	功能
0	0	0	0	保持
		1	1	
0	1	0	0	置0
		1	0	
1	0	0	1	置1
		1	1	
1	1	0	1	翻转
		1	0	

主从*JK*触发器的特性方程为：

$$Q^{n+1}=JQ^{n}+KQ^{n}$$

2.边沿触发的*JK*触发器

边沿触发的*JK*触发器：图形符号见图7-3-5，在符号图中，*CP*一端标有“∧”和小圆圈，表示脉冲下降沿有效；如*CP*一端只标有“∧”，而没有小圆圈，则表示脉冲上升沿有效。

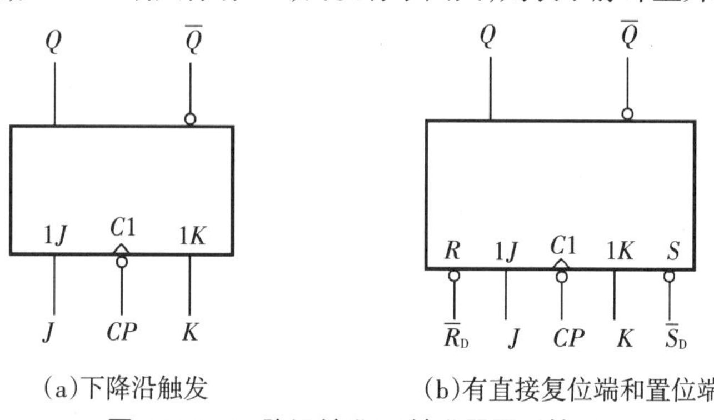

(a)下降沿触发　　(b)有直接复位端和置位端

图7-3-5　下降沿触发JK触发器图形符号

想一想：

已知下降沿触发的*JK*触发器的输入*CP*、*J*和*K*的波形，如图7-3-6所示，试画出*Q*端对应的电压波形。设触发器的初始状态为0态。

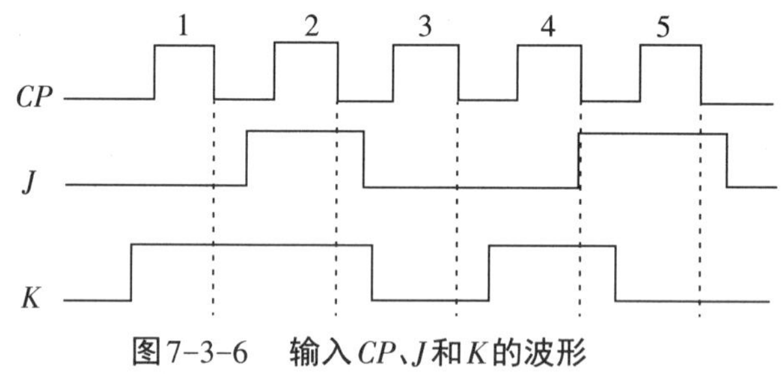

图7-3-6　输入*CP*、*J*和*K*的波形

3.集成*JK*触发器

如图7-3-7所示，图中分别为TTL边沿*JK*触发器CT74LS112的实物图(a)、外引脚排列图(b)、逻辑符号(c)。

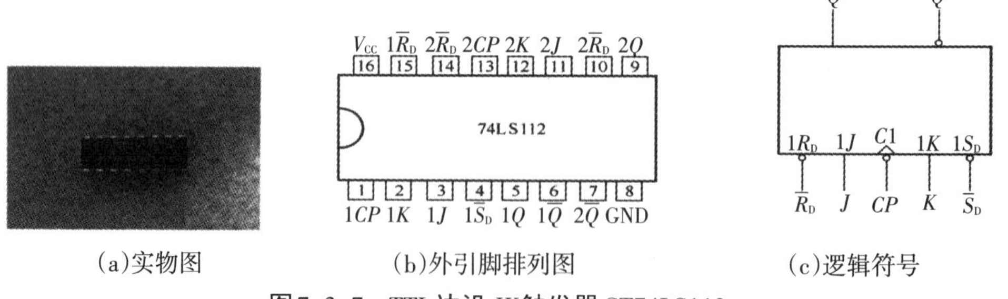

(a)实物图　　(b)外引脚排列图　　(c)逻辑符号

图7-3-7　TTL边沿*JK*触发器CT74LS112

(三)D触发器

1.同步D触发器

同步D触发器的图形符号如图7-3-8所示。

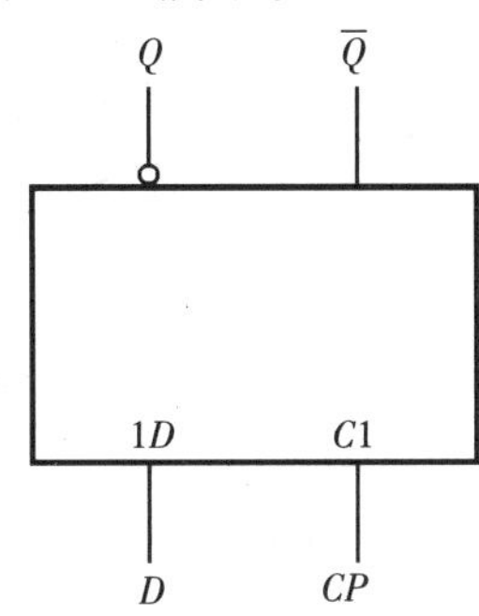

图7-3-8　同步D触发器图形符号

特性方程为:$Q^{n+1}=D^n$

同步D触发器逻辑功能见表:

D	Q^n	Q^{n+1}	功能
0	0	0	置0
	1		
1	0	1	置1
	1		

2.边沿触发的D触发器

边沿触发的D触发器的图形符号如图7-3-9所示。

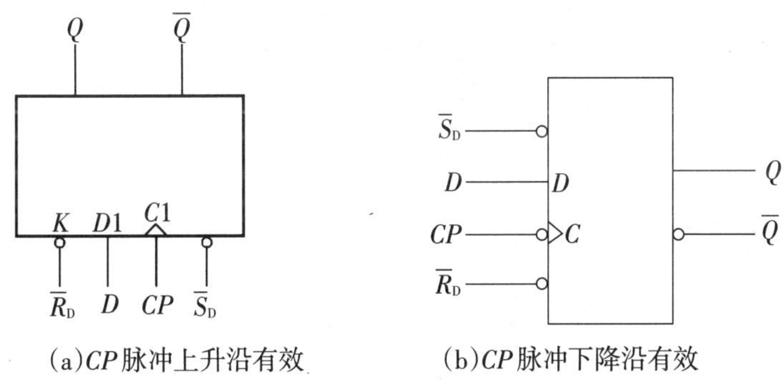

(a)CP脉冲上升沿有效　(b)CP脉冲下降沿有效

图7-3-9　D触发器图形符号

3.**集成D触发器**

集成D触发器74LS74的实物图和引脚排列图如图7-3-10(a)、(b)所示，74LS74为双上升沿D触发器。

(a)CP脉冲上升沿有效

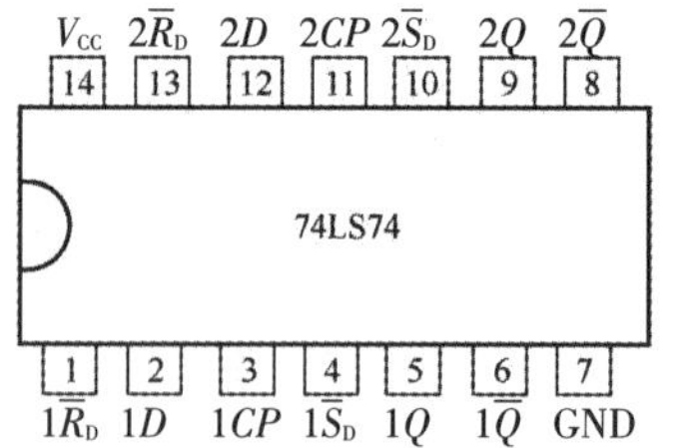

(b)CP脉冲下降沿有效

图7-3-10　D触发器图形符号

【任务实施】

一、实施内容

74LS112 控制彩灯。

二、准备工作

(1)所需设备、工具和材料。

电源、导线、万用表。

(2)安全防护用品。

标准作业装、安全鞋、线手套等。

三、技术规范与注意事项

(1)严禁违规操作。

(2)使用维修手册和电路图时，要注意避免残缺不全，资料应与使用车辆型号相对应。

(3)要遵守维修手册规定的其他技术和安全要求。

四、任务实施步骤及方法

(1)清点所需工具、量具数量和种类。

(2)检查设备、工具、量具性能是否良好。

五、74LS112 控制彩灯

<table>
<tr><td>课程名称</td><td></td><td>小组编号</td><td></td></tr>
<tr><td>小组负责人</td><td></td><td>任务接受时间</td><td></td></tr>
<tr><td>任务完成人</td><td></td><td>要求完成时间</td><td></td></tr>
<tr><td>任务名称</td><td colspan="3">74LS112 控制彩灯</td></tr>
<tr><td colspan="4">任务内容和要求：用74LS112 控制彩灯</td></tr>
<tr><td colspan="2">1.器材准备
数字实验台；电源；集成电路74LS00一块。
2.电路连接说明。
(1)74LS112的16脚接通+5 V电源，8脚接地；
(2)标准频率脉冲源的GND和实验板上GND接一起；
(3)1脚和13脚连一起后接CP秒信号；
(4)2脚和3脚连一起后接逻辑开关；
(5)5脚与11脚、12脚连一起后接发光二极管LB；
(6)9脚连发光二极管LA，LC。
3.任务步骤
(1)根据电路连接说明连接电路；
(2)老师检查电路合格后通电；
(3)逻辑开关置高电平；
(4)观察发光二极管的闪烁情况；
(5)完成实验后断开LA，LB，LC的连接后，把5脚、6脚、7脚、9脚分别接发光二极管，观察发光二极管的闪烁情况。</td><td colspan="2">74LS112引脚图：
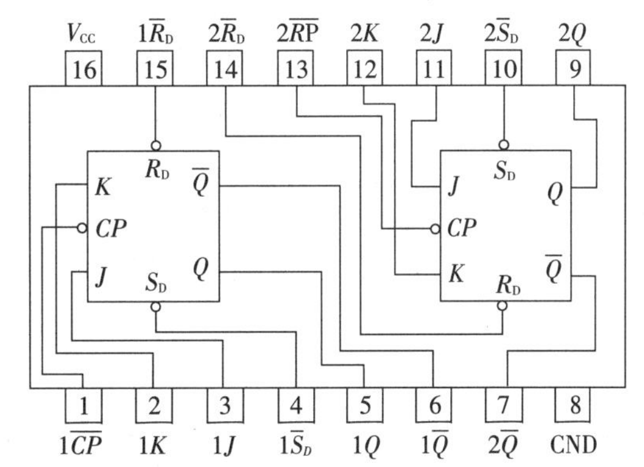

74LS112控制彩灯电路：
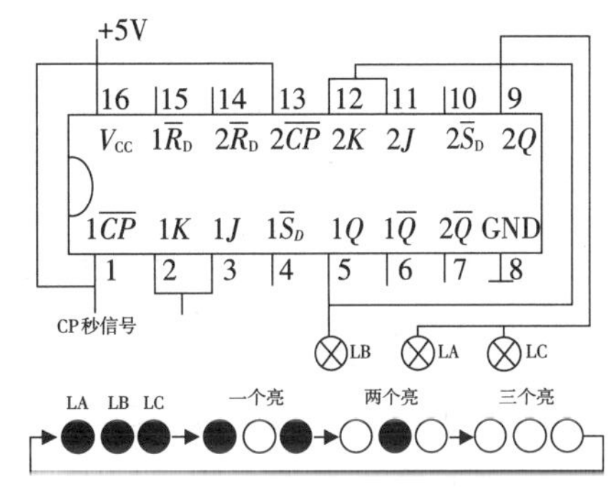
</td></tr>
<tr><td colspan="4">由任务步骤4观察发光二极管的闪烁情况，分析电路实现了什么功能：</td></tr>
<tr><td colspan="4">由任务步骤5观察发光二极管的闪烁情况，分析电路实现了什么功能：</td></tr>
<tr><td colspan="4">任务总结:</td></tr>
<tr><td colspan="4">自评打分：</td></tr>
</table>

【任务检测】

一、选择题

1.触发器具有两个稳定状态，用以表示逻辑状态“(　　)”和“(　　)”。

A.1、2　　B.1、0　　C.2、1　　D.0、0

2.基本*RS*触发器:它由两个与非门(　　)连接而成。

A.交叉　　B.相交　　C.平行　　D.串并连

3.集成基本*RS*触发器:它是由4个基本(　　)组成的集成电路。

A.*RS*触发器　　B.译码器　　C.七彩电路译码器　　D.*RS*接触器

4.主从*JK*触发器由两个同步*RS*触发器组成，前级为主触发器，后级为(　　)。

A.主接触器　　B.从触发器　　C.从接触器　　D.主触发器

5.把受时钟控制的触发器统称为(　　)或同步触发器。

A.同时触发器　　B.时刻触发器　　C.钟表触发器　　D.时钟触发器

二、计算题

1.已知基本*RS*触发器的$\overline{R}_D$和$\overline{S}_D$电压波形如图7-3-11所示，试画出*Q*端对应的电压波形。

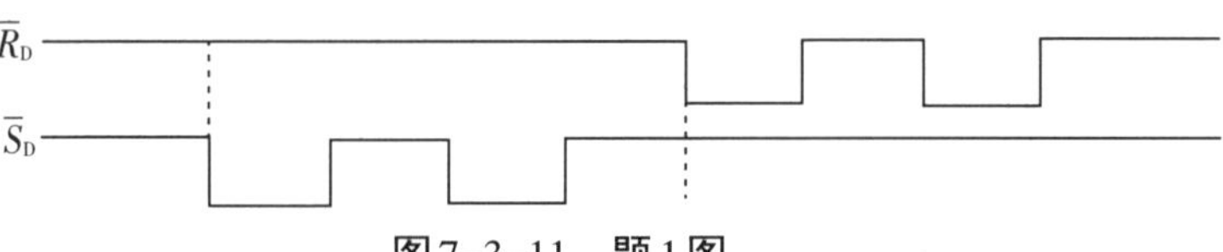

图7-3-11　题1图

2.已知主从*JK*触发器的输入*CP*、*J*和*K*的波形，如图7-3-12所示，试画出*Q*端对应的电压波形。设触发器的初始状态为0态。

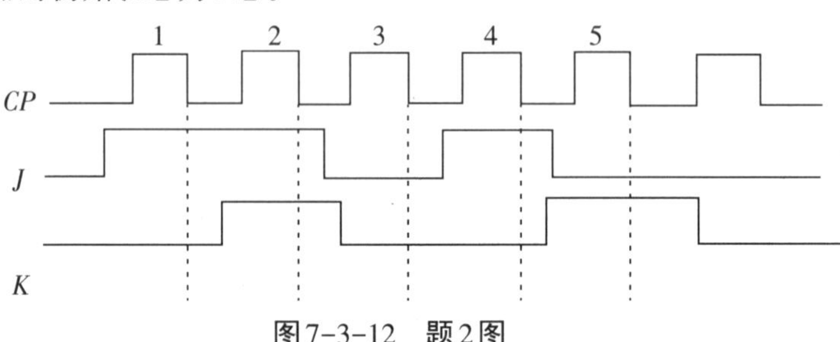

图7-3-12　题2图

汽车电工电子

【评价与反馈】

序号	考核项目	分值	考核内容	配分	考核标准	得分
1	出勤、纪律	5分	出勤	2分	违规一次不得分	
			行为规范	3分	违规一次不得分	
2	安全、防护、环保	20分	着装	2分	违规一次不得分	
			个人防护	3分	违规一次不得分	
			“5S”“EHS”	5分	违规一次不得分	
			设备使用安全	5分	违规一次不得分	
			操作安全	5分	违规一次不得分	
3	任务检测	20分	任务测验成绩	20分	测验成绩的20%计	
4	技能考核	35分	技能测验成绩	35分	测验成绩的35%计	
5	学习能力	10分	工单填写,工艺计划制订	4分	未做不得分	
			组内活动情况	5分	酌情扣分	
			资料查阅和收集	1分	未做不得分	
6	任务拓展	10分	知识拓展任务	2分	未做不得分	
			技能拓展任务	8分	未做不得分	
总分		100分				

【教师评估】

序号	优点	存在问题	解决方案
教师签字:			

【学习后记】

任务四　时序逻辑电路的分析与运用

【任务目标】

目标类型	目标要求
知识目标	(1)了解二进制计数器、十进制计数器、集成计数器、寄存器的工作原理 (2)掌握二进制计数器、十进制计数器、集成计数器、寄存器等电路分析 (3)了解555定时器的工作原理及应用
技能目标	(1)掌握二进制计数器、集成计数器等电路逻辑功能的测试 (2)掌握555定时器的功能测试及应用
情感目标	增强安全用电意识,养成良好的用电习惯

【任务描述】

了解二进制计数器、十进制计数器、集成计数器、寄存器及555定时器的工作原理。学会使用双踪示波器、电压表、毫安表等仪器仪表,进行二进制计数器、十进制计数器、集成计数器等电路逻辑功能的测试,掌握555定时器的功能测试及应用。

【知识准备】

一、时序逻辑电路

(一)时序逻辑电路结构

时序逻辑电路结构如图7-4-1所示,在任意时刻,电路的输出状态不仅取决于该时刻的输入状态,还与前一时刻电路的状态有关。

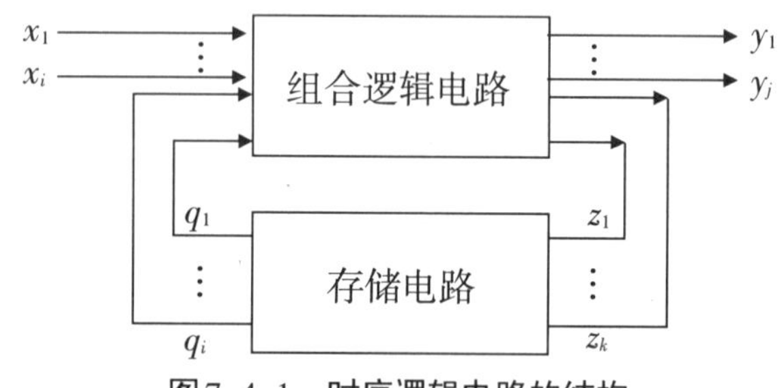

图7-4-1　时序逻辑电路的结构

(二)时序逻辑电路特点

第一,时序电路通常包含存储电路和组合电路两个部分。

第二,存储电路的输出状态必须反馈到组合电路的输入端,与输入信号一起,共同决定组合电路的输出。

(三)时序逻辑电路分类

同步时序电路:所有触发器状态的变化都在同一时钟信号操作下同时发生。

异步时序电路:触发器状态的触发器状态不是同时发生的。

(四)计数器

计数器是一个用以实现计数功能的时序部件,它是一种记忆系统,它不仅可用来计脉冲数,还常用作数字系统的定时、分频和执行数字运算以及其他特定的逻辑功能。

1.异步计数器

(1)异步二进制加法计数器

用四个主从JK触发器组成的四位二进制加法计数器逻辑图如图7-4-2所示。

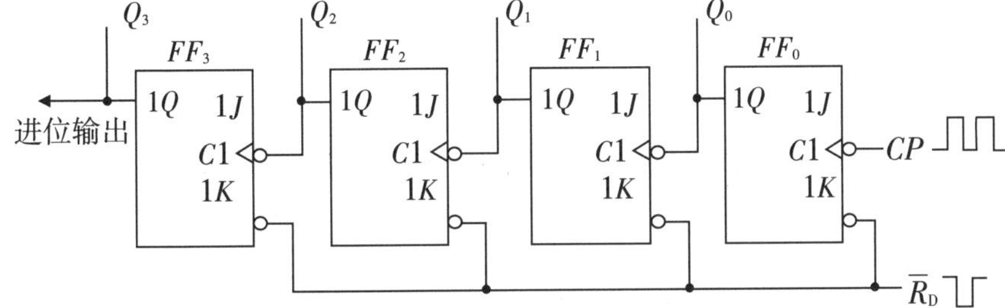

图7-4-2 JK触发器组成的异步二进制四位加法计数器

四位二进制加法计数器状态表:

输入脉冲序号	Q_3	Q_2	Q_1	Q_0
0	0	0	0	0
1	0	0	0	1
2	0	0	1	0
3	0	0	1	1
4	0	1	0	0
5	0	1	0	1
6	0	1	1	0
7	0	1	1	1
8	1	0	0	0
9	1	0	0	1
10	1	0	1	0
11	1	0	1	1
12	1	1	0	0
13	1	1	0	1
14	1	1	1	0
15	1	1	1	1

各级触发器的状态可用波形如图7-4-3所示。图中每个触发器状态波形的频率为其相邻低位触发器状态波形频率的二分之一，即对输入脉冲进行二分频。所以，相对于计数输入脉冲而言，FF_0、FF_1、FF_2、FF_3的输出脉冲分别是二分频、四分频、八分频、十六分频，由此可见N位二进制计数器具有2*N*分频功能，可作分频器使用。

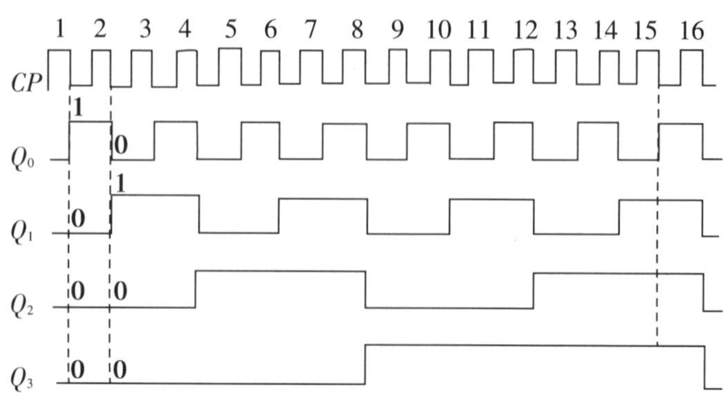

图7-4-3　异步二进制四位加法计数器各级触发器的波形

(2)异步二进制减法计数器。

三位异步二进制减法计数器如图7-4-4所示。

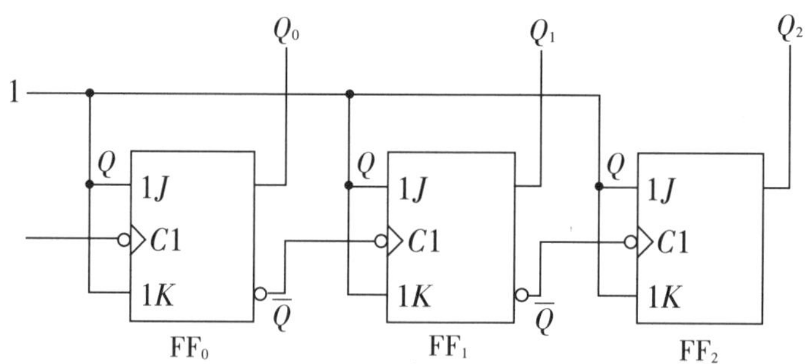

图7-4-4　异步二进制减法计数器

三位异步二进制减法计数器状态转换真值表。

CP	$Q_2^nQ_2^nQ_0^n$	$Q_2^{n+1}Q_2^{n+1}Q_0^{n+1}$
1	000	111
2	111	110
3	110	101
4	101	100
5	100	011
6	011	010
7	010	001
8	001	000

各级触发器的状态波形图如图7-4-5所示。

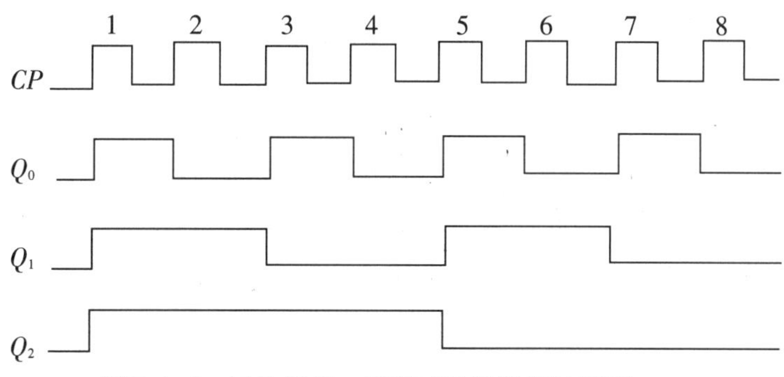

图7-4-5　三位异步二进制减法计数器波形图

2.同步计数器

同步十进制加法计数器:第十个计数脉冲来到后,计数器返回0000状态,完成一次十进制计数循环。如图7-4-6所示。

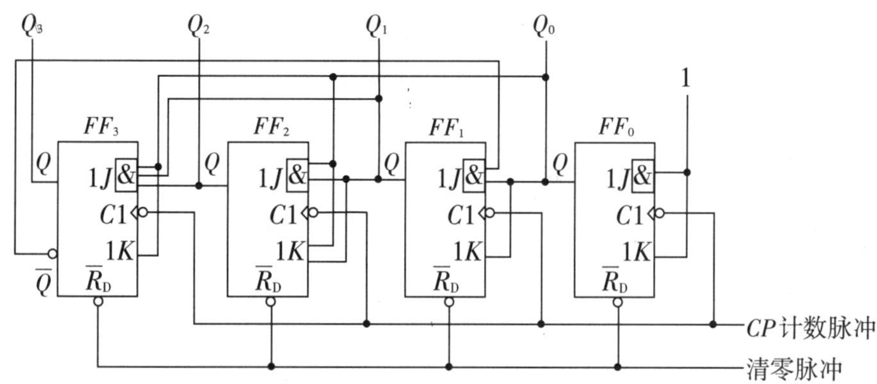

图7-4-6　同步十进制加法计数器

同步十进制加法计数器状态表:

CP	$Q_3^nQ_2^nQ_2^nQ_0^n$	$Q_3^{n+1}Q_2^{n+1}Q_2^{n+1}Q_0^{n+1}$	十进制数
0	0000	0000	0
1	0000	0001	1
2	0001	0010	2
3	0010	0011	3
4	0011	0100	4
5	0100	0101	5
6	0101	0110	6
7	0110	0111	7
8	0111	1000	8
9	1000	1001	9
10	1001	0000	0

各级触发器的状态波形图如图7-4-7所示。

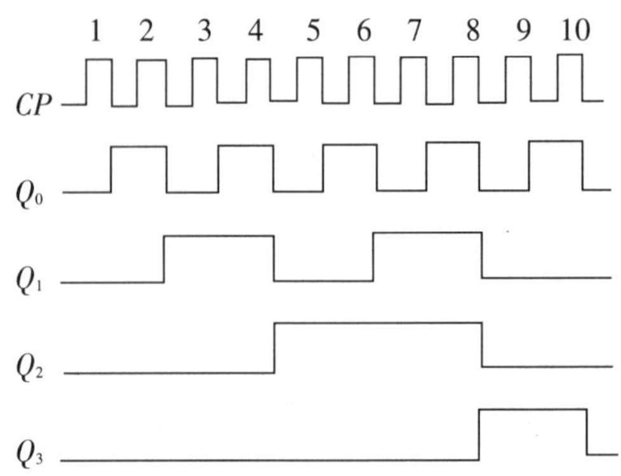

图7-4-7　同步十进制加法计数器的波形

3. 集成计数器

中规模十进制计数器CC40192：是同步十进制可逆计数器，具有双时钟输入，并具有清除和置数等功能，其引脚排列及逻辑符号如图7-4-8所示。

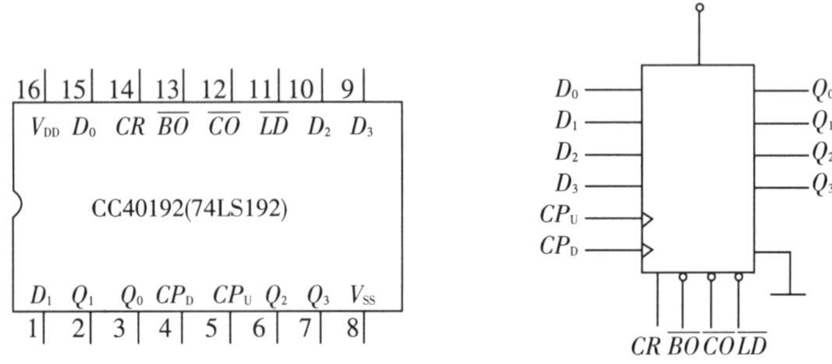

图7-4-8　CC40192引脚排列及逻辑符号

逻辑功能表：

输入								输出			
CR	$\overline{LD}$	CP_U	CP_D	D_3	D_2	D_1	D_0	Q_3	Q_2	Q_1	Q_0
1	×	×	×	×	×	×	×	0	0	0	0
0	0	×	×	d	c	b	a	d	c	b	a
0	1	↑	1	×	×	×	×	加计数			
0	1	1	↑	×	×	×	×	减计数			

(五)寄存器

1. 寄存器的概念

将二进制数码指令或数据暂时存储起来的操作称为寄存，具有寄存功能的电路称为寄存器。

2. 数码寄存器

仅具有接收、存储和消除原来所存数码功能的寄存器称为数码寄存器。

图7-4-9所示为四个D触发器组成的四位数码寄存器。

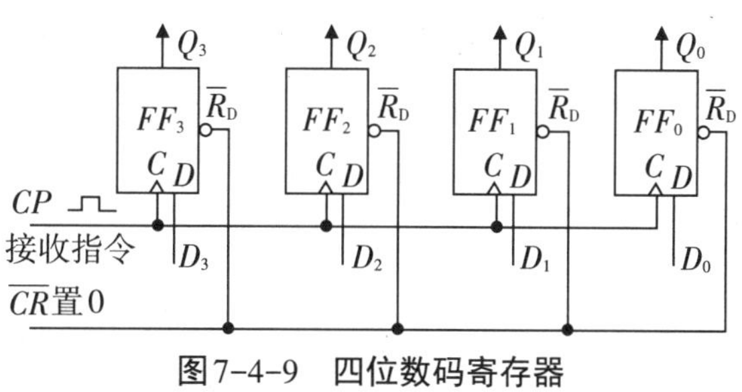

图7-4-9 四位数码寄存器

(六)555集成电路

1.555电路的工作原理

555电路组成：电路方框图和引脚排列如图7-4-10(a)、(b)所示。它含有两个电压比较器，一个基本*RS*触发器，一个放电开关管T，比较器的参考电压由三只5 kΩ的电阻器构成的分压器提供。

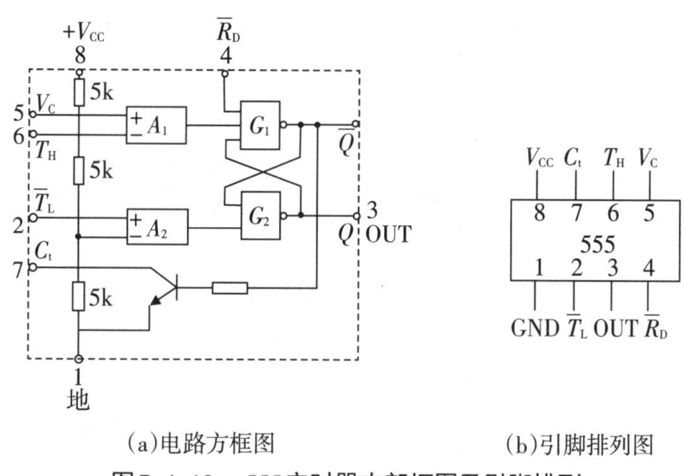

(a)电路方框图　　(b)引脚排列图

图7-4-10 555定时器内部框图及引脚排列

2.555定时器的典型应用

(1)构成单稳态触发器。

图7-4-11(a)为由555定时器和外接定时元件*R*、*C*构成的单稳态触发器。

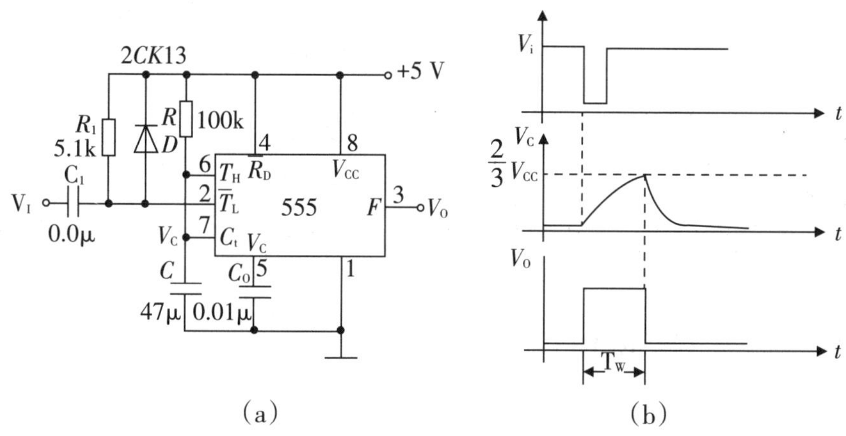

(a)　　(b)

图7-4-11 单稳态触发器

单稳态触发器工作原理：当有一个外部负脉冲触发信号经C_1加到2端，并使2端电位瞬时低于0，低电平比较器动作，单稳态电路即开始一个暂态过程，电容C开始充电，V_C按指数规律增长。当V_C充电到$\frac{2}{3}V_{CC}$时，高电平比较器动作，比较器翻转，输出V_o从高电平返回低电平，放电开关管重新导通，电容C上的电荷很快经放电开关管放电，暂态结束，恢复稳态，为下个触发脉冲的来到做好准备。波形图如图7-4-11(b)所示。

(2)构成多谐振荡器。

如图7-4-12(a)，由555定时器和外接元件$R1$、$R2$、C构成多谐振荡器，脚2与脚6直接相连。电路没有稳态，仅存在两个暂稳态，电路亦不需要外加触发信号，利用电源通过R_1、R_2向C充电，以及C通过R_2向放电端C_t放电，使电路产生振荡。电容C在和之间充电和放电，其波形如图7-4-12(b)所示。

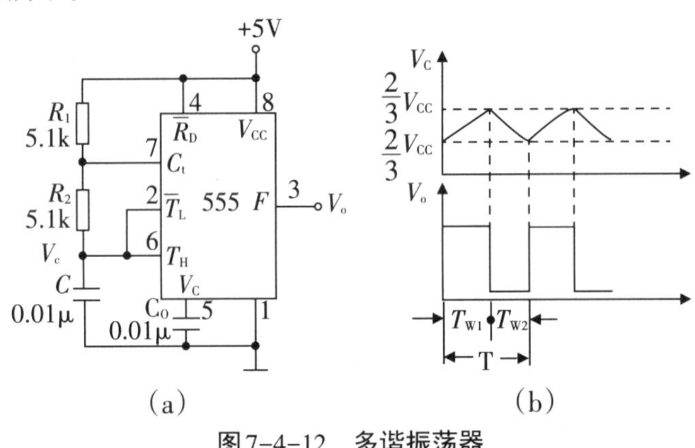

图7-4-12　多谐振荡器

(3)组成施密特触发器。

电路如图7-4-13所示，只要将脚2、脚6连在一起作为信号输入端，即得到施密特触发器。

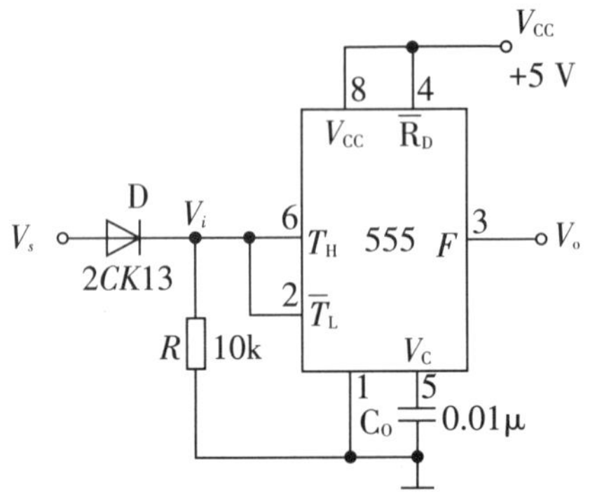

图7-4-13　施密特触发器

【任务实施】

一、实施内容

555时基电路防盗报警电路连接。

二、准备工作

(1)所需设备、工具和材料。

电源、导线、万用表。

(2)安全防护用品。

标准作业装、安全鞋、线手套等。

三、技术规范与注意事项

(1)严禁违规操作。

(2)使用维修手册和电路图时,要注意避免残缺不全,资料应与使用车辆型号相对应。

(3)要遵守维修手册规定的其他技术和安全要求。

四、任务实施步骤及方法

(1)清点所需工具、量具数量和种类。

(2)检查设备、工具、量具性能是否良好。

五、555时基电路防盗报警电路连接

<table>
<tr><td>课程名称</td><td></td><td>小组编号</td><td></td></tr>
<tr><td>小组负责人</td><td></td><td>任务接受时间</td><td></td></tr>
<tr><td>任务完成人</td><td></td><td>要求完成时间</td><td></td></tr>
<tr><td>任务名称</td><td colspan="3">555时基电路防盗报警电路</td></tr>
<tr><td colspan="4">任务内容和要求:555时基电路防盗报警电路</td></tr>
<tr><td colspan="2">1.器材准备
数字实验台,电源,10 kΩ 电阻一个,100 kΩ 电阻两个,电容三个,喇叭一个,集成电路555时基电路一块。
2.任务步骤
(1)将搭建如右图的电路,实现报警功能;
(2)画出3号脚输出波形示意图:
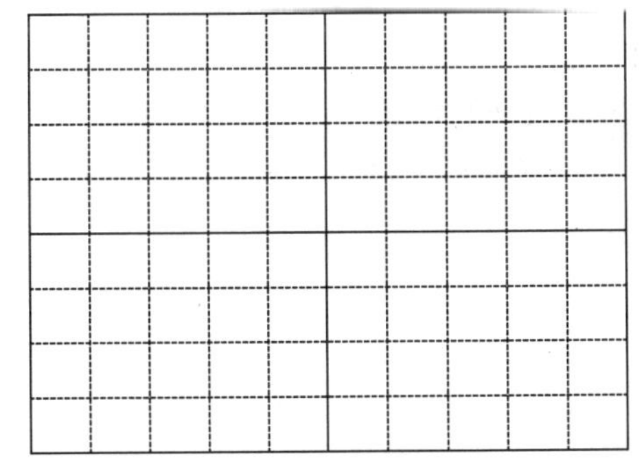</td><td colspan="2">555时基电路防盗报警电路图:
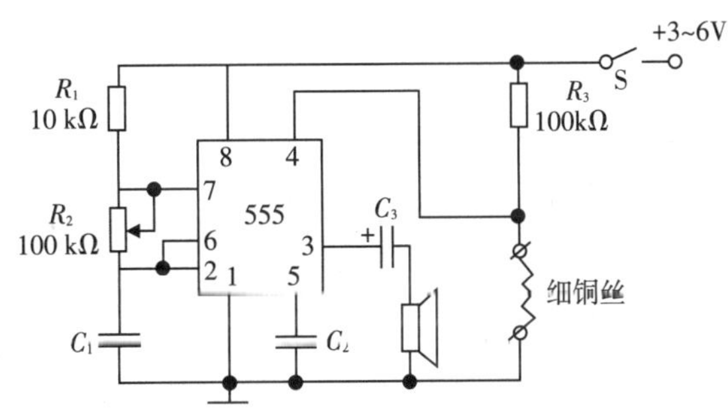
</td></tr>
<tr><td colspan="4">说出555防盗报警电路的工作原理:</td></tr>
<tr><td colspan="4">任务总结:</td></tr>
<tr><td colspan="4">自评打分:</td></tr>
</table>

【任务检测】

一、选择题

1. 仅具有(　　)、存储和消除原来所存数码功能的寄存器称为数码寄存器。

A. 接收　　B. 发送　　C. 删除　　D. 回放

2. 在任意时刻,电路的输出状态不仅取决于该时刻的输入状态,还与前一时刻电路的状态有关的是(　　)。

A. 时序逻辑电路　　B. 时逆逻辑电路　　C. 译码器　　D. 时序电阻

3. 中规模十进制计数器CC40192:是同步(　　)计数器,具有双时钟输入,并具有清除和置数等功能。

A. 十进制可逆　　B. 二进制　　C. 十进制　　D. 二进制可逆

4. 同步十进制加法计数器:第十个(　　)来到后,计数器返回0000状态,完成一次十进制计数循环。

A. 计数脉冲　　B. 计数频率　　C. 计数波形　　D. 计数波动

5. 计数器:是一个用以实现计数功能的时序部件,它是一种记忆系统,它不仅可用来计(　　),还常用作数字系统的定时、分频和执行数字运算以及其他特定的逻辑功能。

A. 脉冲数　　B. 频率数　　C. 波形数　　D. 波动数

二、判断题

1. 将二进制数码指令或数据暂时存储起来的操作称为寄存,具有寄存功能的电路称为寄存器。(　　)

2. 时序逻辑电路特点:时序电路通常包含存储电路和组合电路两个部分;存储电路的输出状态必须反馈到组合电路的输入端,与输入信号一起,双方信号决定组合电路的输出。(　　)

3. 同步时序电路:所有触发器状态的变化都在同一时钟信号操作下同时发生。(　　)

4. 计数器:是一个用以实现计数功能的时序部件,它是一种记忆系统,它不仅可用来计频率数,还常用作数字系统的定时、分频和执行数字运算以及其他特定的逻辑功能。(　　)

5. 用四个主从JK触发器组成的四位二进制加法计数器就是异步二进制加法计数器。(　　)

【评价与反馈】

序号	考核项目	分值	考核内容	配分	考核标准	得分
1	出勤、纪律	5分	出勤	2分	违规一次不得分	
			行为规范	3分	违规一次不得分	
2	安全、防护、环保	20分	着装	2分	违规一次不得分	
			个人防护	3分	违规一次不得分	
			“5S”“EHS”	5分	违规一次不得分	
			设备使用安全	5分	违规一次不得分	
			操作安全	5分	违规一次不得分	
3	任务检测	20分	任务测验成绩	20分	测验成绩的20%计	
4	技能考核	35分	技能测验成绩	35分	测验成绩的35%计	
5	学习能力	10分	工单填写,工艺计划制订	4分	未做不得分	
			组内活动情况	5分	酌情扣分	
			资料查阅和收集	1分	未做不得分	
6	任务拓展	10分	知识拓展任务	2分	未做不得分	
			技能拓展任务	8分	未做不得分	
总分		100分				

【教师评估】

序号	优点	存在问题	解决方案
教师签字:			

【学习后记】

任务五　汽车数字转速表、车速表电路的读识与测量

【任务目标】

目标类型	目标要求
知识目标	(1)认知汽车车速表、发动机转速表、里程表 (2)掌握汽车车速表、发动机转速表、里程表的作用及工作原理
技能目标	(1)会检测汽车车速表、发动机转速表、里程表 (2)能熟练使用汽车专用万用表
情感目标	增强安全用电意识,养成良好的用电习惯

【任务描述】

了解汽车仪表的分类和电子化仪表的优点;了解汽车常用电子显示器件;掌握传统式车速表工作原理;掌握传统式转速表工作原理;掌握电子式车速表工作原理;掌握数字式转速表的工作原理;能够熟练掌握帕萨特B5轿车数字仪表的故障诊断。

【知识准备】

一、汽车仪表的分类

(一)按工作原理划分

机械式仪表:就是基于机械作用力而工作的仪表。

电气式仪表:就是基于电测原理,通过各类传感器将被测的非电量变换成电信号(模拟量)加以测量的仪表。

模拟电路电子式仪表:其工作原理与电气式仪表基本相同,只不过是用电子器件(分立元件和集成电路)取代原来的电气器件,现在均采用各种专用集成电路。

数字式仪表:就是由ECU采集传感器的信号,将模拟量转换为数字量,经分析处理后控制显示装置的仪表。

(二)按安装方式划分

组合式仪表:就是将各仪表组合安装在一起。

分装式仪表:就是将各仪表单独安装。

二、汽车电子化仪表

(一)汽车仪表电子化的优点

(1)电子显示装置能提供大量、复杂的信息,显示直观清晰。

(2)为满足汽车排气净化、节能、安全和舒适的要求,汽车电子控制装置必须能迅速、准确地处理各种复杂的信息，并以数字、文字或图形显示出来，供汽车驾驶员了解，并及时处理。

(3)能满足小型、轻量化的要求。为了能使有限的驾驶室空间尽可能地宽敞些，用于汽车的各种仪表及部件都必须小型、轻量化。

(4)具有高精度和高可靠性。由于实现汽车仪表电子化，可为操纵者(或使用者)提供高精度的数据信息；由于没有运动部件，反应快、准确度高。

(5)具有“一表多用”的功能。采用电子显示器显示易于用一组数字去分别显示几种信息，并可同时显示几个信息，不必对每个信息都设置一个指示表，故使组合仪表得以简化。

(二)汽车常用电子显示器件

电子显示器件大致分为两大类，即主动显示型和被动显示型。主动显示型的显示器件本身辐射光线，有发光二极管(LED)、真空荧光管(VFD)、阴极射线管(CRT)、等离子显示器件(PDP)和电致发光显示器件(ELD)等；被动显示型的显示器件相当于一个光阀，它的显示靠另一个光源来调制，有液晶显示器件(LCD)和电致变色显示器件(ECD)等。如图7-5-1、图7-5-2所示均可作为汽车电子显示器件使用。

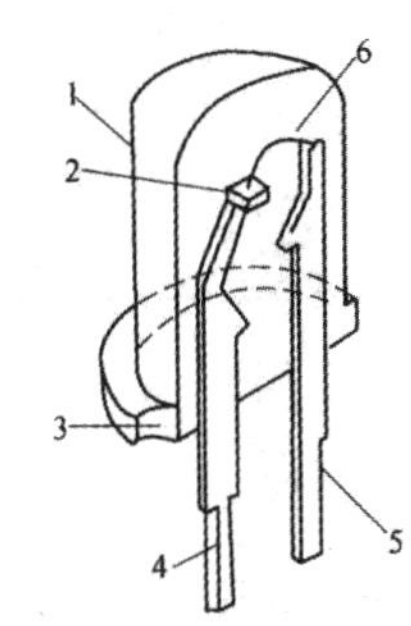

发光二极管结构

1—塑料外壳；2—二极管芯片；3—阴极缺口标记；

4—阴极引线；5—阳极引线；6—导线

1-塑料外壳；2-二极管芯片；3-阴极缺口标记；4-阴极引线；5-阳极阴线；6-导线

图7-5-1　发光二极管结构

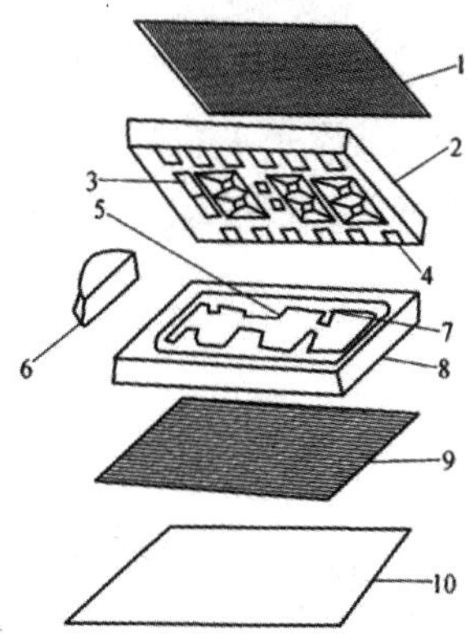

1-前偏振片；2-前玻璃板；3-笔画电极；4-接线端；5-背板；6-反射光；7-密封面

8-玻璃背板；9-后偏振片；10-反射镜图

图7-5-2　液晶显示器结构

(三)传统式车速里程表

1.作用

车速里程表是用来指示汽车行驶速度和累计行驶里程数的仪表。

2.组成

它由车速表和里程表两部分组成,有的车速里程表上还带有里程小计表和里程小计表复位杆。

3.磁感应式车速里程表结构

磁感应式车速里程表由变速器(或分动器)内的蜗轮蜗杆经软轴驱动。其基本结构如图7-5-3所示。车速表是由与主动轴紧固在一起的永久磁铁1、带有轴及指针6的铝碗2、磁屏3和紧固在车速里程表外壳上的刻度盘5等组成。里程表由蜗轮蜗杆机构和六位数字的十进位数字轮组成。

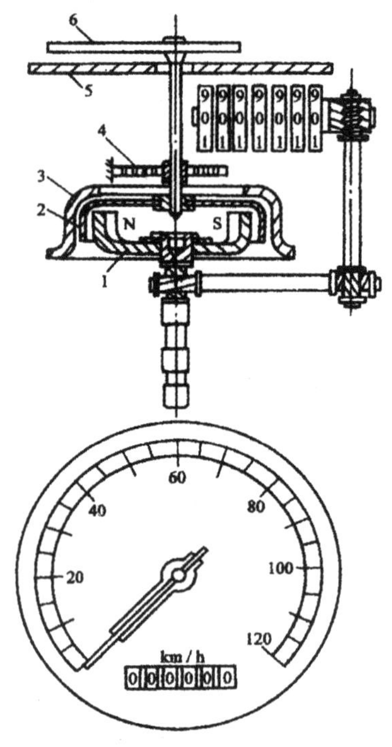

1-永久磁铁;2-铝碗;3-磁屏;4-盘形弹簧;5-刻度盘;6-指针

图7-5-3　磁感应式车速里程表

4.工作原理

(1)车速表工作原理。

不工作时,铝碗2在盘形弹簧4的作用下,使指针指在刻度盘的零位。

当汽车行驶时,主动轴带着永久磁铁1旋转,永久磁铁的磁感线穿过铝碗2,在铝碗2上感应出涡流,铝碗在电磁转矩作用下克服盘形弹簧的弹力,向永久磁铁1转动的方向旋转,直至与盘形弹簧弹力相平衡。由于涡流的强弱与车速成正比,指针转过角度与车速成正比,指针便在刻度盘上指示出相应的车速。

(2)里程表工作原理。

汽车行驶时,软轴带动主动轴,主动轴经三对蜗轮蜗杆(或一套蜗轮蜗杆和一套减速齿轮系)驱动里程表最右边的第一数字轮。第一数字轮上的数字为1/10 km,每两个相邻的数字轮之间的传动比为1:10。即当第一数字轮转动一周,数字由9翻转到0时,便使相邻的左面第二数字轮转动1/10周,成十进位递增。这样汽车行驶时,就可累计出其行驶里程数。

(四)电子式车速里程表

电子式车速里程表主要由车速传感器、电子电路、车速表和里程表四部分组成。如图7-5-4所示为奥迪100型轿车的电子式车速里程表。

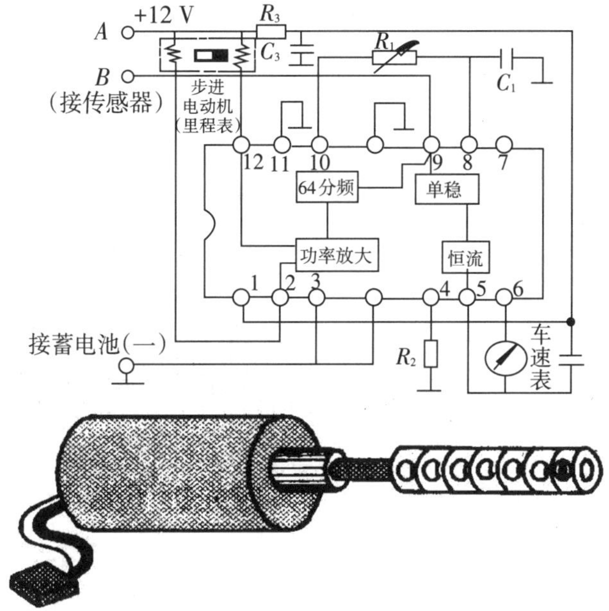

图7-5-4　奥迪100型轿车电子式车速里程表

1.车速传感器

车速传感器的作用是产生正比于车速的电信号。

它由一个舌簧开关和一个含有4对磁极的转子组成。变速器驱动转子旋转,转子每转一周,舌簧开关中的触点闭合、打开8次,产生8个脉冲信号,该脉冲信号频率与车速成正比。

2.电子电路

电子电路的作用是将车速传感器送来的电信号整形、触发,输出一个电流大小与车速成正比的电流信号。

其基本组成主要包括稳压电路、单稳态触发电路、恒流源驱动电路、64分频电路和功率放大电路。

3.车速表

车速表是一个电磁式电流表,当汽车以不同车速行驶时,从电子电路接线端6输出的与车速成正比的电流信号便驱动车速表指针偏转,即可指示相应的车速。

4.**里程表**

里程表由一个步进电动机和六位数字的十进位数字轮组成。车速传感器输出的信号，经64分频后，再经功率放大器放大到足够的功率，驱动步进电动机，带动数字轮转动，从而记录行驶的里程。

(五)发动机转速表

(1)常见的类型有:机械式、电子式和数字式。

(2)汽油机用的电子式转速表，传感器信号取自点火系统初级电流的脉冲电压。

(3)柴油机用的电子式转速表，传感器信号取自飞轮壳上的传感器或者与发动机曲轴联结的测速发电机。

(4)数字转速表。

数字转数表的电路如图7-5-5所示。它主要由装有永久磁铁的磁盘、霍尔集成传感器、选通门电路、时基信号电路、电源计数及数码显示电路等组成。计数及数码显示电路采用MOS-LED数码显示组件CL102，它可以计数并显示数码。

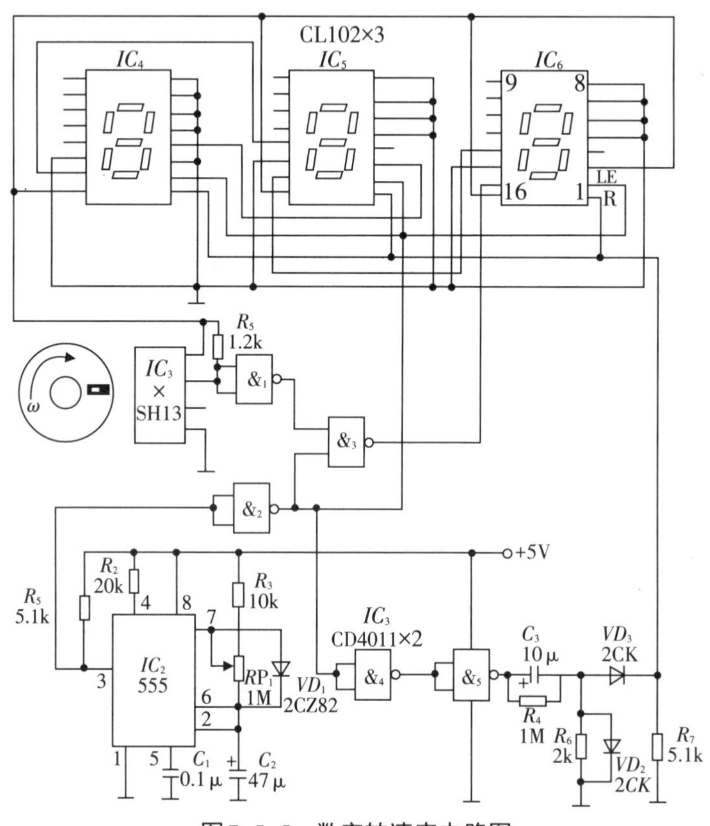

图7-5-5　数字转速表电路图

【任务实施】

一、实施内容

汽车仪表认知与检测。

二、准备工作

(1)所需设备、工具和材料。

电源、导线、万用表。

(2)安全防护用品。

标准作业装、安全鞋、线手套等。

三、技术规范与注意事项

(1)严禁违规操作。

(2)使用维修手册和电路图时,要注意避免残缺不全,资料应与使用车辆型号相对应。

(3)要遵守维修手册规定的其他技术和安全要求。

四、任务实施步骤及方法

(1)清点所需工具、量具数量和种类。

(2)检查设备、工具、量具性能是否良好。

五、汽车仪表认知与检测

<table>
<tr><td>课程名称</td><td></td><td>小组编号</td><td></td></tr>
<tr><td>小组负责人</td><td></td><td>任务接受时间</td><td></td></tr>
<tr><td>任务完成人</td><td></td><td>要求完成时间</td><td></td></tr>
<tr><td>任务名称</td><td colspan="3">汽车仪表认知与检测</td></tr>
<tr><td colspan="4">任务内容和要求:检查汽车仪表各个状态表</td></tr>
<tr><td colspan="4">1.器材准备
数字实验台;电源;汽车仪表、汽车专用万用表
2.操作说明
(1)认知汽车仪表各个零部件。
(2)检测汽车车速表、发动机转速表、里程表。
(3)与不同车型之间相互比较,看看有什么不一样。
3.任务步骤
(1)根据维修手册检测汽车车速表、发动机转速表、里程表。
(2)检测结果填写在下表,并判断测量原件是否正常。</td></tr>
</table>

名称	类型	电压	电阻	电流
车速表				
车速表				
发动机转速表				
发动机转速表				
里程表				
里程表				

车速表与其他车型相比,有什么特点:
发动机转速表与其他车型相比,有什么特点:
里程表与其他车型相比,有什么特点:
任务总结:
自评打分:

【任务检测】

一、选择题

1.(　　)是用来指示汽车行驶速度和累计行驶里程数的仪表。

A.发动机转速表　　B.车速里程表　　C.水温表　　D.油箱表

2.车速传感器作用是产生(　　)的电信号。

A.反比于车速　　B.正比于车速　　C.反比于发动机转速　　D.正比于发动机转速

3.里程表由一个(　　)和六位数字的十进位数字轮组成。

A.步进电机　　B.传感器　　C.车速传感器　　D.调节器

4.发动机转速表常见的类型有:(　　)、电子式和数字式。

A.机械式　　B.霍尔式　　C.光电式　　D.光阻式

5.车速传感器输出的信号,经64分频后,再经(　　)放大到足够的功率,驱动步进电动机,带动数字轮转动,从而记录行驶的里程。

A.步进电机　　B.功率放大器　　C.滑动电阻调节器　　D.调压表

二、判断题

1.基于机械作用力而工作的仪表就是机械式仪表。(　　)

2.电子显示装置能提供大量、复杂的信息,显示直观清晰;能满足小型、轻量化的要求;为了能使有限的驾驶室空间尽可能地宽敞些,用于汽车的各种仪表及部件都必须小型、轻量化是汽车仪表电子化的缺陷。(　　)

3.发光二极管在两端加电压就能点亮。(　　)

4.磁感应式车速里程表由变速器(或分动器)内的蜗轮蜗杆经光轴驱动。(　　)

5.汽油机用的电子式转速表,传感器信号取自点火系统初级电流的脉冲电压。(　　)

【评价与反馈】

序号	考核项目	分值	考核内容	配分	考核标准	得分
1	出勤、纪律	5分	出勤	2分	违规一次不得分	
			行为规范	3分	违规一次不得分	
2	安全、防护、环保	20分	着装	2分	违规一次不得分	
			个人防护	3分	违规一次不得分	
			“5S”“EHS”	5分	违规一次不得分	
			设备使用安全	5分	违规一次不得分	
			操作安全	5分	违规一次不得分	
3	任务检测	20分	任务测验成绩	20分	测验成绩的20%计	
4	技能考核	35分	技能测验成绩	35分	测验成绩的35%计	
5	学习能力	10分	工单填写,工艺计划制订	4分	未做不得分	
			组内活动情况	5分	酌情扣分	
			资料查阅和收集	1分	未做不得分	
6	任务拓展	10分	知识拓展任务	2分	未做不得分	
			技能拓展任务	8分	未做不得分	
总分		100分				

【教师评估】

序号	优点	存在问题	解决方案
教师签字:			

【学习后记】

参考文献

[1]张大鹏,张宪.汽车电工电子基础(第3版)[M].北京:北京理工大学出版社,2012.

[2]王霆,杨屏.汽车电工电子基础[M].北京:清华大学出版社,2011.

[3]沈忆宁.汽车电工电子基础(汽车运用与维修专业)[M].北京:高等教育出版社,2004.

[4]刘军,杨浩.汽车电器设备构造与检修[M].重庆:重庆大学出版社,2015.